创意写作论集

薛亚军 主编

浙江工商大学出版社
ZHEJIANG GONGSHANG UNIVERSITY PRESS
·杭州·

图书在版编目(CIP)数据

创意写作论集 / 薛亚军主编. —杭州:浙江工商大学出版社,2022.3

ISBN 978-7-5178-3256-0

Ⅰ. ①创… Ⅱ. ①薛… Ⅲ. ①写作—文集 Ⅳ. ①H05-53

中国版本图书馆 CIP 数据核字(2021)第272279号

创意写作论集

CHUANGYI XIEZUO LUNJI

薛亚军 主编

责任编辑	熊静文
责任校对	李远东
封面设计	沈 婷
责任印制	包建辉
出版发行	浙江工商大学出版社 (杭州市教工路198号 邮政编码310012) (E-mail:zjgsupress@163.com) (网址:http://www.zjgsupress.com) 电话:0571-88904980,88831806(传真)
排 版	杭州朝曦图文设计有限公司
印 刷	杭州高腾印务有限公司
开 本	880 mm×1230 mm 1/32
印 张	10.5
字 数	243千
版 印 次	2022年3月第1版 2022年3月第1次印刷
书 号	ISBN 978-7-5178-3256-0
定 价	58.00元

“钱塘潮创意写作书系”总序

浙江理工大学是一所特色鲜明，优势突出，理、工、文、经、管、法、艺术、教育等多学科协调发展的省属重点建设大学。学校坐落于“上有天堂，下有苏杭”的历史文化名城杭州市。学校前身为蚕学馆，由杭州知府林启于1897年创办，是我国最早创办的新学教育机构之一。学校具有悠久的创新创业的育人传统，培养了以报业大亨史量才、戏剧家夏衍、丝绸大师都锦生等为代表的优秀人才。新中国成立以来，学校响应党的号召，积极进取，锐意改革，于2006年获得博士授予权；近年来，学校秉持“厚德致远，博学敦行”的校训，坚持立德树人，不断拓宽办学路径，在习近平新时代中国特色社会主义思想指引下，取得了跨越式发展。

“钱塘潮创意写作书系”是对浙江理工大学史量才新闻与传播学院（以下简称“新传学院”）创意写作办学成果的一次集中展现。新传学院成立于2003年，自2005年开始“工坊制”写作人才培养探索，全国著名作家李杭育、朱晓军亲自担纲主讲教师，2007年9月面向全校招收写作实验班学生，实施小班制教学。2012年被列为校级创意写作中心，2016年试行中文本科生写作改革，形成了由创意思维训练、创意写作基础、虚构写作、非虚构写作、商务写作与公文写作、虚构写作实践、非虚构写作实践等课程构成的全新的写作课程体系。这一以个性化、创造性和实践性为特色的教学改革，取得了系列培养成果，受到了学生的一致欢迎，产生了一定的社会影响。

本校创意写作师资队伍雄厚，专兼职教师齐备，年龄分布合理。既聘有国家一级作家李杭育、鲁迅文学奖获得者朱晓军为专任导师，又聘有鲁迅文学奖获得者陆春祥、知名编剧李森祥、媒体资深作家孙迅雷等八位作家为兼职教授。同时还拥有一支十人左右的博士教学团队，其中有的是具有海外访学经历的资深学者，有的是具有写作专长的“90后”博士。经过长期的教学实践和科学研究，浙江理工大学创意写作中心专兼职教师在创作和科研方面取得了丰硕的成果，培养了社会需要的写作人才，发表了不少高质量作品。一些学生毕业后从业于新华网、《浙江日报》社、浙江电视台、浙江在线、《家庭》杂志社、《知音》杂志社及浙江影视公司等单位，实现了较大比例的高端就业，有的与网站签约，从事网络文学创作，有的于澳大利亚墨尔本大学、香港中文大学、复旦大学、浙江大学等国内外高校继续深造，还有的活跃于浙江省内外创意文化产业。

“听说读写”一直都是中文系学生的基本功。但是，把“写作”特立出来，凸显其“创意”属性，则有两层含义。第一，是对时代变革的呼应，强化基础学科的应用实践能力，重“产出”，建立以语言文字“表达”为目标的中文教育体系，即要求阅读能力、理解能力和思考能力转化为看得见听得到的语言表达。对这种语言表达不能从“言有尽，意无穷”的维度去理解。第二，“创意”二字，则显示出其与以往写作课的不同，其目的是通过创意写作系列课程训练，达到“解放自我”的观念变革，探索向外（他在、现实及历史）敞开的多种可能性。这次推出的“钱塘潮创意写作书系”第一辑共有五本，既有创意作品，又有对创意写作的研究。创意作品中既有老师的创作，也有学生的创作。其创作的文体主要聚焦于诗歌、散文、杂文、小说，既有虚构创作，也有非虚构创作。

“八月十八潮，壮观天下无。”自古以来，浩浩荡荡的钱塘江滋养了两岸人民，其波澜壮阔、声势浩大的钱塘潮还招引着人们观潮弄潮吟潮。“弄潮儿向涛头立，手把红旗旗不湿”，这种勇立潮头、敢为天下先的精神也是对新时代精神的一种阐释。本书系冠名为“钱塘潮”，所体现的就是这种创新、开拓的精神。

钱塘潮创意写作书系编委会

2020年10月

边缘化的尝试(代序)

——浙江理工大学创意写作人才培养实践

浙江理工大学的创意写作人才培养起步较早,具有“起点高、模式新、覆盖广”的特点。下面分别从三个方面进行简要回顾,既充当该书前言,亦寄雪泥鸿爪之慨。

一、发展历程

2003年底浙江理工大学原文传学院引进李杭育和朱晓军两位著名作家,2005年承办第十届全国应用写作学术研讨会,2007年正式启动创意写作人才特色培养项目。写作项目起初以“写作实验班”为名在学院内选拔学生,2010年后以“写作创新班”为名面向全校招生,并一度纳入学校培优计划。

写作实验班以培养从事影视剧本、纪实特稿、文案策划和报刊专栏写作等方面工作的写作高级专门人才为目标,聘请著名编剧李森祥(时任嘉兴作协主席)和著名评论家盛子潮(时任浙江文学院院长)为兼职教授,与李杭育、朱晓军一起组成首届写作实验班四大导师,师资阵容强大,发展野心十足。开班之际,《浙江日报》《钱江晚报》等省内主流媒体均予以专题报道。

经过一年多的教学探索和培养实践，第一届写作实验班的成效初步显现，成果渐次形成。于是在2008年秋季学院举办了成果展，展出实验班师生在国内报刊公开发表的文学作品三十五篇。

两年之后，写作班培养逐渐集中于散文和特稿写作两个方向，学生创作的作品累计达一百五十篇左右，公开发表六十多篇，因而学院于2010年编印了《写作创新班作品集》，共收录学生作品一百一十四篇。与此同时，中文系培养计划中的写作课程也逐步转向创意写作，开展了一系列的课程改革。

2012年学校成立创意写作研究中心，2013年“创意写作创新团队”成为校级创新团队，2014年“纪实特稿写作”课程获得校教学成果一等奖，并获荐申报2016年浙江省高等教育教学成果奖。2016年，汉语言文学专业培养计划中创意写作课程群定型，取代了传统写作系列课程。2018年前后“写作创新班”因故暂停，创意写作研究中心主要承担中文系创意写作教学组织、优化及研究工作；近两年开始探讨新文科改革背景下创意写作可能承担的角色和任务等问题。

二、所获成效

在十多年的创意写作人才培养中，浙江理工大学创意写作研究中心取得了一定的成效，约略述说如下。

首先，实行“双轨制”写作人才培养模式，公开发表大量文学作品，其中教师作品十多部，文章若干篇，学生作品九十八篇（不完全统计），这些成果充分体现了中心的教育实绩。

其次，创办《鸿渐》和《传奇》两本文学期刊（内部发行），结集出版学生作品集，策划出版创意写作书系六部，又多次举办教师作品研讨会,并在2018年成功举办了非虚构创意写作学术研讨会暨创意写作研究中心十二周年成果展。

再次,组织系列创意写作活动,并建立了十多个写作实践基地,前者有校园散文大赛、中学生写作高峰论坛等,后者包括桐庐、乐清、龙港等实践基地。

最后,培养了大量写作优秀人才,有的在《浙江日报》社、家庭期刊集团、《求是》杂志社、衢州电视台等媒体从事与写作相关的工作,有的考取复旦大学、浙江大学、浙江师范大学等创意写作专业研究生继续深造。

三、一些思考

创意写作,不论是作为传统中文改革的突破口,或是作为文科发展的学科增长点,还是作为创意产业人才培养的重要途径,现在已经走过了以学科突破、著作译介和课程探索为主要特点的开拓阶段。未来十年,创意写作将进入快速扩张的第二阶段,以下问题需要引起重视。

首先,需要构建立体的人才培养体系。这种体系既有高校常规的本科、硕士研究生和博士研究生的培养序列,又能拓展到各所高校对优秀学生的培养,还能延伸到校企联合培养。该体系还需要建立包括创意写作中心等在内的依托平台,聚合理论研究力量,提供教研交流空间,拓宽写作实践渠道。

其次,需要兼顾专业共性和学校特色。既需要在人才培养实践基础上凝聚创意写作的核心课程、各类培养目标(知识目标和能力目标),为其专业化或准专业化做准备,也需要结合各高校实际情况打造各自特色，如影视剧本创作、网络类型化写作、软文写作、非虚构写作等。只有这样，才能在量和质两个方面实现创意写作的突破。

再次，需要结合学科发展和专业培养。尽量避免高校普遍存在的学科焦虑，在本科生培养的充分实践和学科规定性的明晰把握基础上寻求学科拓展空间。

最后，需要加强学科融通及校际合作。当前创意写作的概念已被用于小学到成人的各类社会培训上，部分高校将其与口语表达融合成通识课程，其跨学科的性质和功用越来越受到正视，所以它的进一步发展需要打破学科壁垒，同时也需要高校间加强沟通。

此外，师资也是高校创意写作发展的瓶颈，拥有为数不少的作家教师固然是当前高校创意写作师资队伍的优势，但仍需要更多社会化的专业作家深度加入创意写作人才培养中来。

浙江理工大学创意写作研究中心，不论是培养计划中的创意写作课程还是培养计划外的写作创新人才培养，不论是双轨制还是工坊制，不论是经验还是教训，仅是我国高校改革实践中的一小面镜子，或有可资其他院校借鉴之处，具体情况颇难于此处缕述，俟以他日。

是为序。

薛亚军

2021年9月

目 录

李杭育谈小说创作

朱晓军论报告文学

文心诗思

教学研究

他山之石

中心履痕

李杭育谈小说创作

2014年8月—2017年5月

李杭育[①]

2014年

1

写了一下午，遇到一个关键点，有三种选择：第一种是按原来的写法，即梨花怀孕，瞒不住了，当即说出孩子是阿标的。可我觉得这么写过于简单。第二种是现在这个样子，梨花一直不肯说她怀上了谁的孩子，这就有了悬念，引起周围的人这样那样的猜测，直到后来阿标找到储老爷承认是他干的，然后再接回原来的故事进程中去。这样写虽然多了些曲折，却还是不能让我满意。第三种最复杂，我考虑让来福的母亲储太太在此事还没几个人知道之前，企图瞒天过海，明知梨花肚里的孩子不是来福的，却当他是，并且骗得储老爷也信以为真，最后才是阿标出来搅局，说孩子是他

① 李杭育，浙江理工大学史量才新闻与传播学院教授，国家一级作家，主要从事小说创作、纪录片撰写、油画创作和古典音乐与电影研究，中国当代文学"寻根派"代表人物，曾获全国短篇优秀小说奖，浙江理工大学创意写作研究中心特聘教授。

的。这样写最富挑战性，阿标的做法不是认错，而是搅局，这一点很重要。可最大的麻烦是，母亲如何说动来福也对此信以为真。梨花虽是他的童养媳，可他从来不碰她，而且这一点他对采月楼的月秀再三信誓旦旦地说过。他这个弯怎么转得过来？（8月26日）

2

据我的经验，一部小说写到了三分之二还多，接下来的三分之一说好写也好写，说难写也难写，甚至是最难写的。说好写，毕竟故事的大部分都在了，路就在面前，你顺着它往下走就是。说难写，是到了这个时候，当初憋足的那股"气"，差不多泄尽了。你若想在后面的三分之一保持质量，你得重新"运气"。以我的阅读经验而论，这个世界的大部分小说都是后半部分明显差于前半部分，尤其后面的三分之一明显地往下掉。当然这里面也有读者的新鲜感随着阅读进程的深入而逐渐减弱、消退的所谓"审美疲劳"在作祟的成分。既然知道会这样，你就得想办法去消除他的疲劳。你得再"运足气"，再给你的既定故事一些貌似不确定的走向，目的就是给读者持续的刺激，尽量保持他的好奇心直到最终结局。如若做不到这一点，退一步，起码你要多动些脑子，把既定故事写得更生动些。悬念已不复存在，他已经知道你要说什么了，可是你的说法实在有趣，能让他会心一笑，这也算得一招。总之，写好后面的三分之一，我得重新"运气"。

将近三十年前，我写我的第一部长篇小说《流浪的土地》时就曾有过类似的创作谈。记得我那时说，更适合我的小说体量是中篇，因为那个体量我可以一气呵成。体量再大，一个猛子扎不到对岸，我得中途"换气"。换不上来，后面就会有为完成任务草草了事的那种感觉。（12月20日）

3

我打算用两天时间做“换气”的工作,就是把前面已经写成的七万字仔仔细细回顾一遍,既能从“温故知新”中获取继续前行的动力,也能梳理出一些尚待抽取的线头。好的小说犹如好的交响乐,并不是往里面加入越多情节或越多的旋律就越好,而是能把已有的素材写足写透,让它们效应最大化并且彼此映照,产生交响式效果。比方说,有一种对话模式我已经在不同人物嘴里针对不同话题用过五六次了。这是个很小说化的做法,举重若轻,让不同时空的人物和故事彼此间有了可以意会的关联。(12月21日)

2015年

4

我今天主要讲了文章要有独特性。你说是特立独行也行,你说是识别度高也行,总之要独特。这个世界不缺文章,缺的是有独特性的文章。独特性本身就有价值,正如同我们肯定并赞美文化的多样性、生物的多样性那样,多样性本身就是价值。多样性是从哪里来的?众多的独特合在一起就构成了多样性。千篇一律不好,千篇千律,那就很好了。

当然,对独特性的理解也要多样化。民族、地域、特殊的职业等,都有独特性,这个容易理解。我当年守着富春江、钱塘江写葛川江,肯定有独特性,谁也不怀疑。可你们看王安忆,她有独特性吗?上海是个大都市,很多人都在写。乍一看,王安忆哪有独特性?可是你们注意到了吗?她写得那么絮絮叨叨,却又那么有滋有味,就像普鲁斯特写《追忆逝水年华》那样,你们做得到吗?我肯

定做不到。这就是王安忆的独特性,她的叙事态度、叙事风格就是她的独特性。(9月30日)

5

下午去学校上课,八个学生来了七个。这一周他们的文章有点起色了,问题也跟着来了。李婷婷问我,怎样才能把故事写得长些?我说,其实不是拉长,而是写细。这就需要投入更多的观察和想象,让故事有更多细节和更多趣味。譬如写对话,你们写到对话总是只有一来一回的两三句,再多了就都是废话。为什么呢?因为你们写的对话几乎都是寒暄式的,没有信息量,更缺乏层次,那就没话可说了。接着,我给学生们看了《公猪案》中两段很长的对话,每段对话里都包含着故事,都是没有正面去写的,却在对话中层层解析,步步演进。唯有这样,有意思的对话而非废话,才能写得长,其实是写得细。(10月14日)

6

在今天下午的课堂上,我主要给学生讲了两点。

一是行文上的。常有学生行文啰唆,在同一层面上的叙述,后句的句首重叠前句的句尾,读起来很不爽。譬如姜晓青的文章里有这样的叙述:"……保留了东边的旧楼房。东边的旧楼房里只住了三户人家……"我问姜晓青,在后面这个句子里,你难道不能用"那里面"来替代你前一句已经说过的"东边的旧楼房"吗?

我对学生们说,只有在叙述中出现转折,有层次变化,譬如对上句做出说明或更深一步叙述这类情况,后句句首重叠前句句尾才被允许。我举了《公猪案》里的一个例子:"他俩都尽量贴着路边走。路边是土,长着稀疏的草。路中间则铺着坚硬的碎石,很硌脚。"这里的三句话，后两句是对第一句的注解，不在一个层面上。

第二点，我给学生讲了第一人称误用的问题。他们写文章爱用第一人称，似乎是信手拈来，很方便。但文章中的那个"我"，却常常没戏，不卷入故事，仅仅是一个旁观者和叙述者。我对学生说，比起视角无所不在的第三人称叙事，第一人称受限制很大，譬如你不能写别人在心里想什么，也不能去写别人在屋子里怎样做爱，除非你给自己设置了一个偷窥的角度。

有限制是一个损失，必须有所补偿，不然何苦来着？这个补偿就是第一人称叙事有天然的真切感。仅仅是做旁观者，显然辜负了这天然的赠予，让这份真切感基本落空。因此我很肯定，第一人称叙事的这个"我"，应该是故事的主角，或至少是故事中的第二号人物。

我以两部优秀的电影为例。一是《阿甘正传》，由于阿甘不断对人讲"妈妈说……"且常有近乎自言自语的内心独白，这部影片有第一人称叙事的特征。而其中的"我"即阿甘，他无疑是故事的主角。另一部影片是《莫扎特》，该片的第一人称叙述者是和莫扎特同时代的奥地利作曲家萨列里。他虽不是主角，却是故事的主要参与者，绝对的第二号人物。

总之，像这样使用第一人称，把"我"投入故事的中心，才有道理。(10月28日)

7

接着我跟学生们说，超现实并非无厘头，并非一地碎片胡乱散落，那里面还是有故事的，即使再荒诞，还是能让读者辨识出是个什么故事的。因为你写梦境，除非极端的例外，模仿梦境的稀里糊涂，让读者看得一头雾水，并非你的写作目的。你其实是在托梦说事,因为你要说的事(故事)不合常规,用写实的手法来写,很别扭,所以才借用梦境来说。梦境可以扭曲事像,但即使是被扭曲的事像也是可辨识的,你不要写成互不关联的一地碎片,无从辨识。那虽然或许更像做梦,却没有了普通阅读上的意义。(11月11日)

8

另一个问题是《公猪案》到底有什么意义。我回答说,《公猪案》其实是有很多个意义单元的,譬如其中的一个是怎样认识猪。我举了前天刚从网上看到的一篇短文的例子,短文说的是一个英国男孩学汉语,查阅《新华字典》,看到字典上对"猪"的解释是:"猪,哺乳动物,肉可食,鬃可制刷,皮可制革,粪是很好的肥料。"

还有对"牛"和对"驴"的解释,《新华字典》都是这个套路,或是可以吃,或是可以驭使其干活,或是它身上的什么可以做成什么东西。

这男孩看了,惊叹道:"这太让人震惊了,居然这样解释这些动物!"而他的汉语老师却并不觉得这样解释有何不妥。

我评论说,那位老师没有觉得不妥,亦即坚持《新华字典》对"猪"的解释,就是那种对人而言的实用主义考量。而我在《公猪案》里对"猪"的解释,显然是大大地丰富了。小说有很多个意义单元,读者对其中任何一个或几个意义单元感兴趣,能解读,这就够了。(11月29日)

9

下午给学生上课,最后的单元接着讲两周前开讲的人物关系或谓矛盾冲突的结构。上周讲的是正反关系,即二元结构,绝大多数警匪片都是这种结构。今天讲三角关系,或者叫三元、三极、三足鼎立,都可以。

三元结构,至少有三种模式。第一种是“三人行”,三者共生共存,大致上是个静态而稳定的三角,三者之间主要是相互利用,只有轻微的排斥。如若冲突加剧,最终走向解体。著名的事例是萨特、波伏娃和奥尔加三人的同居。在他们散伙之前,这个三角关系共生共存了相当长的一段时间。

第二种模式是“石头、剪刀、布”。这是一个循环,一物降一物,被“布”包裹住的“石头”可以期待“剪刀”把“布”剪破。最典型的故事就是《三国演义》,在很长一段时间里,魏、蜀、吴互相牵制,谁都赢不过谁。

第三种是“螳螂捕蝉,黄雀在后”。这个三角是不循环的,吃掉一个少一个,最后只剩下了“黄雀”。

这三种模式可以兼容,一会儿是这样,一会儿是那样,《三国演义》里都有。

说完三元的,又有学生问,四元、五元的怎么说?

我回答,基本的矛盾结构就是二元和三元,你们讲的四元、五元等,都是在此基础上的叠加,二加二或者三加一。譬如萨特和波伏娃、奥尔加,他们原本是一个闭合的三元,内部矛盾重重。可是,假设他们遇上了一个外来的捣乱者,三人团结一致,共同对外,那样一来,矛盾结构就转化为正反二元的了。(12月2日)

2016年

10

下午的讲课,主要围绕学生雷灿宇的小小说《他丢了他的果儿》展开。此文写一个叫吉子的青年和他的哑巴女友果儿结伴去莫斯科，途中吉子把自己的钱包和手机都塞进了果儿的包里，故意让自己落下了火车，滞留在乌兰巴托火车站，坐在一张木椅上胡思乱想。这就是全部了。

我分析说，对于叙事本体（或谓故事本体）而言，你刚有个起点，就到终点了，没有叙事过程，因此叙事本体也不成立。你说的那些，不能作为叙事本体。譬如做一个萝卜肉圆汤，你固然可以加进小葱、姜末、香菜等，但那些都是配料，不能取代这锅汤的主料，即萝卜和肉圆。

接着我以我刚写完的《差点没长大》第三章为例，分析了其中什么是叙事本体，什么是配料。再回到雷灿宇的小说上，我问：你若不是就此结束，你将展开怎样的叙事呢？譬如，果儿早晚会知道和男友走散。她怎么办？应该会掉头回来找他吧？会有一个怎样的寻找过程？这样写，无论如何，叙事本体有了。但这个叙事形态不好，太一般，而且一旦实写果儿怎样怎样，你就没了别的选择，并且还有许多细节和场景方面的麻烦。而若这一切都发生在吉子的脑子里，是在他的想象中果儿怎样行事，选择就很多了，在想象中果儿既可这样也可那样。吉子的脑子里有一块橡皮，动辄把他刚才想的情景擦拭掉了，再重新想象另一番情景。这样就有很多的不确定性、很多的猜测、很多的念想、很多的意淫……包容性巨大，这才是好的叙事形态。

后来我又说了叙事策略。再次举《差点没长大》的例子：我成了“黑五类”子女，别的孩子不跟我玩了，而我终于找到了一个玩伴，譬如他叫王五，接着我就要跟读者解释为什么偏偏只有他会跟我玩。这样的叙事，把现成的故事告诉读者，没有带动读者参与，不高明。好的策略是写出我在思忖谁会跟我玩，进而得出结论，那人也孤独，也是没人跟他玩的。那是谁呢？张三吗？他也是“黑五类”子女,也没人跟他玩。可他太娘娘腔了,我烦他。李四怎样?他也不行,他太胆小,我跟他玩不到一块儿去。就这样,最后才想起了王五,“撒溲泡”,大家看不起他,嫌他身上总有股尿骚味,也因此,他早就是一匹孤独的狼,玩法很嗨……这样的叙事才够策略,因为我已经带动读者和我一起纠结于此了。

我最后跟雷灿宇说,你有一个很好的叙事基点,这点子很不错。顺便说说,年轻人总是会有好点子冒出来,我年轻时也这样。后来我之所以二十年不写小说,主要原因就是我没有好点子。而一旦有了好点子,就应该牢牢抓住,做出一篇好东西来。(3月16日)

11

课堂上,同学们看了李婷婷的《举手》。这故事说的是一个小学男生在上课时想撒尿了,一再举手,却因老师不待见他,不得不憋了又憋,直到把尿撒在了裤子上,遭到老师和同学们更大的奚落、羞辱。

看完后,一名女生向我提问,这篇文章意义何在?

我说,你若不觉得有意义,是因为你对“意义”这个词的理解与我不同。我在课堂上一向慎用这个词,原因就在这里。在中国,长期以来中小学语文教学灌输给你们的对课文的“思想意义”的分析、认识,那套方法、标准和我的认识大相径庭。我的观点是,客观存在的事物都是有意义的,只是你有没有感知到它的意义。譬如我今天来学校之前看了会儿电视新闻,那上边在讲从去年到今年的这次厄尔尼诺事件是自1951年以来最严重的一次。这个厄尔尼诺,你可能完全没在乎它,对你来说它就没有意义。可是,难道它真的没有意义吗?此时此刻,赣江流域正经历着洪灾,气象专家知道，这就是此番厄尔尼诺的意义之一。你不理会，不等于它没有意义。

而当你理会到某个事物了，接下来在你头脑中产生的“意义”，却是主观的了，是你对它的解读。我想，你们从中学语文里学到的“思想意义”的意思，应该是指这一层，其实是指你对“意义”的主观认识，是你的解读。

其实，这是个哲学上或美学上的话题。对作家来说，他不会让自己纠结在这上边，因为他知道，他只需把他的人物和故事写得独特、鲜活、好玩，他的作品必定是有意义的。至于是什么意义，他才懒得告诉你呢。说穿了，他还巴不得一万个读者读出了一万个意义呢！

因为你可以这样解读，别人可以那样解读，所以你们的解读都是主观的。客观事物都是有限定的，这次厄尔尼诺就是这次厄尔尼诺，赣江洪水就是发生在赣江流域。而主观的认知、解读，可以千姿百态，可以无穷无尽。研究、评论鲁迅的文章，肯定是远远超过了鲁迅本人文章的数量。一万个人读鲁迅可以有一万个读法，这取决于你的认知能力和你的解读水平。

说完了这个话题，我又讲了一个大题目，就是要求学生们在写文章时尽可能摆脱同质化，尽最大努力追求差异性，也就是你的个性、独特性。

比较表面的、容易识别的做法，就像我当年弄出个“葛川江系列”来，以一个地域及其风貌特征来标示我的与众不同。20世纪80年代的“寻根文学”简直就像一场笔耕者们的圈地运动。这个是比较浅层的。

深层一点看，这话题其实和上面的话题有关联，就是每个人的认知、感悟都有自己的特点，或者说是特别的兴奋点、特别的敏感处。你要发现你的兴奋点在哪里，怎样才能触发你的敏感，然后朝着这个方向、路径去发掘，去调动。渐渐地，你就有了你在写作上的个性、独特性。(3月23日)

12

今天的课堂上，主要话题是李婷婷提出来的，即如何把一个既定的故事尽量写得好些。

我着重说了小说的开头，先拿学生金鑫的《谁能让我睡觉》为例。她这篇小小说讲的是一个退休教授老是失眠，毫无办法，连心理医生给他催眠都不管用。后来他到学校去听一场两小时的学术报告会，听着听着就睡着了。报告会结束，他被掌声闹醒，激动地冲上台去对那位专家大加赞美，因为此人让他睡了一觉。

小说才一千一百字，却有一个与故事毫无关系的开头："炉子上的水咕嘟咕嘟地冒着泡，伍四六狠嘬了最后两口烟，把烟掐了，拎起水壶往精致的茶壶里倒水。午后的阳光透过纱帘，照在小小的茶几上，茶香伴着白烟混入阳光中。"

我对金鑫说，你这个像是长篇小说的开头。而且，即使放在长篇小说中做开头，也没啥意思，不精彩。

说这个话的时候正好是第二节课下课，我照例回办公室抽了根烟。今天收到了《江南》杂志第二期，我顺手翻了翻，看到上面有一个短篇小说叫《谁不想人五人六》，作者我不认识。小说是这样开头的："蔡小兰，在见到周生之前，我得认真忆一忆这个女人。"

抽完烟，回到教室继续上课，我把这二十几个字输入电脑投影给学生看，说这才像是一个好小说的开头，尽管我还没来得及往下看，不知道这篇小说究竟是不是好。接着我分析说，在这段话里，首先我们知道有三个人物，即蔡小兰、周生和"我"。其次，小说里将出现的一个情节已经隐含其中，就是“我”将和周生见面。再次，“我”和蔡小兰很久没见了，不然就不必“认真忆一忆”。我说，二十来个字，包含了这么多信息，这个开头有点牛。

接着，我又给学生念了一段马尔克斯《百年孤独》的开头：“许多年以后，面对行刑队的枪口，奥雷连诺上校一准会想起父亲带他去见识冰块的那个遥远的下午……”

我继续发挥说，小说的开头其实是带有诱导性的。《谁不想人五人六》的开头诱导我猜想它是个三角恋的故事，而在马尔克斯那里，他是要让你一开始就跟随他做大幅度的时空穿梭，用这样的方法来引诱你读他的小说。（3月30日）

13

今天下午的课堂上，我主要给学生演示了如何去掉句子中的冗余成分，就拿昨晚收到的卢忆晋和李婷婷的两篇文章为例，用的是Word中加方框的办法。

每删去一个字或一个词，我就问学生：句子的意思有变化吗？他们说没有。那好，我说，那就把这个字去掉。直到把两篇文章的行文都处理干净了，每篇千字文都压缩掉几十个甚至上百个字，我再问学生：你们看到我删掉的词，有没有名词和动词？他们说没有，所有的名词和动词都保留着。那么，被我删掉的就是各种虚词、副词，不恰当的形容词和冗余的代词。

接着我一项一项说，首先是各种虚词、副词可不用尽量不用，如“的”“就”“然而”“并且”等，它们并无实际意义，徒增行文的累赘，尽量少用。

说到形容词，譬如卢忆晋的文章里说到一双鞋，她想形容它一下，但不准确，怎么办？我告诉她，没有好的形容索性就不形容，就简简单单说“一双鞋”。

接着我做了一个比较重要的分析，我说我把形容词分为两大类：一类是比较客观的，如“大小”、“高矮”、“红苹果”中的“红”等，这类形容词的使用是为更细致地说明事物，但用无妨；另一类是主观的，譬如“高贵”“美丽”“凶恶”等，这类词语因其主观性，意义很含糊，经常是用了也白用，所以尽量少用。其中有些还是很夸张的，如“战无不胜”“顶天立地”“呼风唤雨”之类，在我们讲的叙事作品中应该杜绝，除非是拿来供讽刺用的。

即使有妥当乃至精妙的形容，我告诫学生，也不要写到什么都去形容一番。不要平均用力，好钢要用在刀刃上。不仅如此，你若在文章中处处显示你的聪明，实际上就降低了文章的客观性，随之也降低了文章的可信度和感染力。

最后我总结说，在语词这个层面讲文章，这首先是个低层次的却是最基本的写作教学。我今天跟你们演示去冗词，实际上是在替你们的中学语文老师给你们补课。之所以你们需要补这个课，约莫你们的中学老师没有跟你们讲清楚的是，这同时也是一个很高端的话题，涉及真正有价值的表述以及由此牵动的接受心理学现象。

我抬出爱因斯坦来说事。爱因斯坦有“理论洁癖”，他认为真正好的理论表述都是很简洁的，最著名的就是他的质能公式$E=Mc^2$。这个公式不仅是真理，更让爱因斯坦得意的是它的简洁，他甚至称赞它“优美”。在他的心目中，那种冗长、杂芜的公式不仅不“优美”，而且肯定是有毛病、有漏洞的，所以需要叠床架屋地附上许多变量来校正，令人觉得可疑。

说到文章，我以为道理也是一样的。一方面，真正有道理的话语，你又想清楚了，说来一定很简洁。另一方面，你说得简洁，就显示出自信，就有感染力。而若你把话说得絮絮叨叨、吞吞吐吐，就算你说的是真理，也没有几个人相信你，因为你这样的表述本身就显出疑虑，感觉是你说不清楚，才絮絮叨叨。接受心理学会告诉你，人们信仰的是被表述得铿锵有力的真理，哪怕有时候这恰恰是利用了这种心理而精心包装的谬论。

总之，把话说得简单明了，这里面有很深的美学依据。（4月6日）

14

今天在课堂上我讲评了四篇学生的文章。四篇都是小小说，但都没把故事讲好，因此我今天着重讲了构建故事的话题。

首先，我说“故事”这个词有两层意思。一层是广义的，譬如我今天中午十一点起来，吃了午饭，开车到下沙，一点半开始给你们上课……我们通常说这就是我今天的故事。但这其实只是生活起居录，并非文学意义上的故事。文学的，小说的，或者更广泛地说，叙事艺术的故事，是要发生情况，要“出事情”，譬如假设我在来下沙的途中遭到劫持，这才开始有故事了。

第一节课下课后，我照例去办公室抽了根烟。这时，我看到微信朋友圈有杭州台的张平发的一篇小学生作文手稿，题目叫《鱼》，上面写道：

> 今天在路边看见了一条鱼，到底是捡还是不捡呢？
>
> 捡起一看，还是条活鱼，回家油炸可好吃了，又想了想，有鱼还要有油，还要厨房，还要找个媳妇来做，媳妇一定有娘，又多了个丈母娘！要娶她姑娘一定开条件，要房、要车、要钱……我恍然大悟，赶紧把鱼扔了。现在房

价跌得这么厉害,肯定是开发商扔的!我的妈呀,差点上当!

看完,我不光转发了,还信手拈来当教材。第二节课开始,我就拿这篇才一百多字的小学生作文做例子,讲解什么叫“故事”。我对学生说,我们就姑且当它是一个四年级小学生写的。这孩子应该有个妈妈的吧?他要是把鱼拿回家让他妈妈做,妈妈做得很好吃,这就没有文学故事了。

同样道理,若是没有薛宝钗出来打横炮,让黛玉顺顺当当地嫁给了宝玉,这也算不上什么故事了。

可是作文里的孩子偏偏想到“还要找个媳妇来做”,这就出现了故事的节点,甚至是转折,就是我说的“出事情”了。在这个例子中,“事情”是出在这孩子的念头上,他没有按照常规的想法把鱼拿回家让妈妈做,而是想到了“媳妇”,这才有了后面这一连串的担忧。

我们构建故事,就是要有不寻常的事情发生,让故事至少有一个异常情况的“节点”。我举金鑫的文章为例,她上周的那篇与今天的这篇写的是同一个人物,此人患失眠症很严重,连催眠术也治不好他,却让他意外地在一次听讲座时睡着了。今天的这篇,前面有一段说:“郭老自从上次在王教授讲座上睡着过一次,便开始热衷于听各种各样的讲座,像什么‘可持续发展与健康生活’‘人生大智慧’‘职场厚黑学’,每天至少听一场。有一次实在找不到其他讲座可以听,只好去听了‘女性健康知识讲座’。”

这本是个很有幽默感的开头(起始点),可是金鑫后面走偏了,写的全是郭老坐公交车去听讲座的途中跟乘客和司机吵架的事,很没意思。我问金鑫,你何不写写郭老来到“女性健康知识讲座”

的现场听讲座，这会是什么情形？肯定比你写公交车上吵架好玩。不过，你若让郭老听着听着，如愿以偿地睡着了，你这个故事还不能算是好故事，严格说还没有故事，因为是如愿以偿，意料中的，没“出事情”。怎样才算“出事情”了？郭老越听越兴奋，睡不着了！

这叫“反转”，是构建故事的招数之一。由此我说起意大利小说家莫拉维亚，他的代表作《罗马故事》中的许多短篇都用了类似的招数，而且往往是用在结尾，造成一个突起，乃至一个颠覆。这可以说是很经典的小说手法。我在初学写作时常借鉴莫拉维亚的手法，其实就是向他学习如何构建故事。当然，这样的小说看多了，难免有俗套之感。但是对于初学者来说，用这样的经典手法来打好构建故事的基础，很实用。（4月13日）

15

不过第一节课她们还是提了几个写作上的问题，怎样考虑人物关系啦，长句子或短句子啦，等等，我都简要地回答了。

我告诉她们，隐藏在人物关系背后的是角色关系，这是更重要的。有的小说，人物之间没啥关系，可能是临时凑在了一起。但他们之间必有角色关系。首先，角色不能重复；其次，角色之间互相对比、衬托；再次，特定的角色担负着某种功能。我以《堂吉诃德》为例。一方面，堂吉诃德是骑士、封建领主，潘丘是堂吉诃德的仆从，这是他俩之间的人物关系；另一方面，他俩又是彼此的“话搭子”，这一点在影视作品中尤其重要，不然就只能让堂吉诃德老是自言自语了。（4月20日）

16

因为是第一周，学生都没有提交文章，讲课缺乏针对性，所以今天的课就只能是学生问啥我讲啥了。他们的提问几乎都是跟小说相关的,让我觉得他们的写作兴趣都在小说上。其实我不太赞成他们写小说,因为一般来说他们这个年纪的人还不具备小说家应有的对真实生活的敏锐观察和对复杂人生的深刻感悟。他们能写的小说,顶多是网络上那些十分虚玄的故事性读物。有人称它们为"网络小说",我不苟同,更不认为它们有什么文学价值。它们只是中国特色的一种写作与阅读现象,离我所理解的文学相当遥远,尽管我也知道它们很能赚钱。可我教不了学生赚钱,不然我自己也不会这么穷了。

所以,我主张学生学习写作从非虚构叙事开始,主要就是散文和日记。尤其是日记,它是一种极好的叙事训练,会倒逼那些长期写日记的人更留意日常生活的点点滴滴,养成更敏锐的观察,不然你就没东西可写,只能写成流水账,久而久之,你就厌倦了,放弃了。写日记还有另一个"倒逼",就是你要努力学会怎样把平凡的日常生活写得有滋有味。对于初学写作的人来说,"倒逼"是必须的,"倒逼"就是训练。他们还没有资本"扬长避短",而必须是"扬长补短",既扬长,也补短。

我跟学生说,将来你们当中若是有谁做了很好的小说家,我相信他(或她)会具备三种特质:一是靠敏锐的观察力让自己"接地气";二是用奔放不羁的想象力让自己"飞起来";三是以得心应手的语言表现力让自己无所不能。

接着我分析说,"接地气"是必须的,直面生活,既是对成熟的文学读者的尊重,也体现出小说家对人的敬畏和对人类生存状态的关切。否则,你一上来就玩虚的,支支吾吾,模模糊糊。焦距都对不准,情绪都没来由,感觉都落不到实处……这样的东西,哪能是好小说?

可是，一味地“接地气”，也等于是在爬行了，那也不会是好小说。你不能“飞起来”，说你婆婆妈妈、絮絮叨叨还是说轻了，实则是你没能向读者提供超越他日常经验的阅读体会，没能调动起他想象力驰骋的快感，你这个小说的文学价值就打折扣了。

好的小说，不仅要让人读故事，还要让人读味道。这就需要很好的语言表现力。好比电影镜头，它不仅要表现画面中的事物，它本身的运作，节奏呀，角度呀，特写呀，等等，也是有表现的。它让观众在看到画面中的影像主体之外，获得了更多的观看体验。(9月21日)

17

这几周下来，已经看过十四个学生的文章，从中可以归纳出三种类型：一是小说；二是随笔式议论文；三是普通记叙文。今天在课堂上，我主要跟学生讲了写好这三种文体的最基本要求。我将其概括为：第一，小说的叙事要曲曲折折地前行，不能一路走直线。小说的过程比结局重要。譬如爱情故事，结局不外乎那么几种，过程却可以是千姿百态。第二，写好议论文，有两点很重要，一是设反题，二是要“对榫”。没有反题，这叫喃喃自语，议论乏力，无关痛痒。而要议论有力，又须得指点精准，不可错位，是谓“对榫”。第三，短篇记叙文，即便叙述很小的事，也得有至少一处、一个故事或段落，能让人感动一下，鼻子一酸，或者会心一笑，都行。(10月12日)

18

在课堂上，因为学生陈雯珊的作业《抉择》写的是在乡村的父母不断地问边读大学边打工的女儿要钱，为的是给痴呆的儿子治病，由此引起一场家庭冲突。我在分析和点评了这篇小说后，告诉学生们，年轻人逃离家乡和家乡的沉沦，是你们这代人最重大的文学主题。你们离开在农村的家乡，来到城市念书或打工，而你们的在城市生长的同龄人，很多去了国外念书或打工。逃离家乡和家乡连人带土地的沉沦，提供了这个时代最具人性、人伦、人生状态的有深度和广度的思想材料。这是你们的时代，你们就在其中，逃也逃不掉的。你们若真正有志于文学创作，我劝你们从现在起十分关注这个主题。

有学生问我，李老师会写这个主题吗？我回答说，我也可以写，但主要应该由你们来写。我已经写过我的时代，那是20世纪80年代，我们那代人在最初改革开放浪潮中经历着剧烈的新旧对抗和新旧交替，一边欢呼改革开放的节节挺进，一边抵抗着落到自己头上、让自己蒙受损失的改革举措。我的时代到1989年就结束了。(10月26日)

19

在今天的课堂上，因为学生李紫媛的文章(小说)《不死的猫脸幽灵》，我觉得蛮好，就着重讲这篇作品的“碎片”构成。它的五个“碎片”，因为开头和结尾是同一个场景，我们可以看成四个，它们彼此没有直接的情节关联。能够把它们贯穿起来的，是两个人物言谈举止的“乖张”，以及那只被他俩活埋的病猫的“幽灵”。这个“幽灵”的加入很讨巧，它让叙事方式有了弹性，说白了就是变得更容易、更随意了，因为“幽灵”无所不在，又有超现实性，由它带动人物的意绪在一堆碎片化的故事中进进出出，游刃有余，就像我们在梦境中漫游那样。这样的小说若是写得好，直指小说艺术的现代性了。

说到具体的意见，我建议李紫媛再加几个“碎片”进去，四个“碎片”少了点儿。

我接着对学生们发挥道：其实大多数情况下，你们的人生经验以及由此生成的写作材料，都是碎片化的。况且你们现在的虚构能力还达不到把大量故事材料缜密编织、天衣无缝的水平，所以你们现阶段能够做到甚至做得不错的，很可能就是碎片化的写作；如何处理好碎片化叙事，应该就是你们跟我学习写作这短短的一个学年里，真正有可能学到的东西了。（11月2日）

20

今天在课堂上，我对学生们说的最要紧的话题，是关于人物行为或谓情节的“可能性”的。当我向学生祝杭琪提出一个情节建议时，她说那不可能。其他学生也和她有同感。

我斩钉截铁地告诉他们，小说家就是制造可能性的！小说中的这样那样的可能性都是被小说家营造出来的，小说家生活在形形色色的可能性中。你们这么年轻，本应对世界、对人生故事的可能性，有着极为广阔的思考，可你们却作茧自缚，如此狭隘、如此单一地考量人物和情节的可能性，拒绝更多的选择。只有一种可能，还写什么小说？（11月9日）

21

在今天的课堂上，我主要针对两名女生的小说《妈妈》和《唐元》展开批评，指出她们在小说写作上的两个主要缺点。一是每当面对比较重大或比较复杂、微妙的情节或场面时，她们自知难以驾驭，就会临阵脱逃，避重就轻地把故事拐向了另一条容易走的路，也往往是不太有意思的路。我对学生们说，其实这个避重就轻的毛病连许多成名的作家都会犯，都是人嘛，其本能都是捡容易做的去做。但这样一来，容易做的，或者说是谁都能做到的，那就不免平庸，怎能显现你的本事？真正好作家的好作品，必定都有知难而上，越难越显现他的本事——越能把别人都比下去的那种东西。

再一个缺点是他们写细节不够好。我对写细节有两个层面的要求，两个层面的相互作用几乎就是小说艺术的全部精髓所在。

首先，细节要扎实，真货实料，“接地气”，说来头头是道。《唐元》这篇就有这个优点。注意，头头是道的好处不是卖弄（虽然有些成名作家也会情不自禁地卖弄起来），而是能够把读者“诱入”一个特定的情景，让读者感同身受。当读者（观众）跟随哈姆雷特一步步登上城堡顶端的露台，和他一起聆听着风声、海涛声甚至是若有若无的老鼠溜过的声音，在这个由种种细节堆成的足以让人疑神疑鬼的时刻，接下来会怎样呢？哈姆雷特见到了“鬼魂”。读者（观众）相信哈姆雷特真的见到了“鬼魂”。

这也是一个细节，却是我所谓“飞起来”的细节。

《唐元》的作者让一对素未谋面的年轻男女成了线上玩游戏的师徒，女徒弟见师傅被群殴致死，躺尸在地，又没有别的朋友前来相助，只得由她挺身而出，结果也被群殴致死，躺尸在师傅身旁。

写到这里，小说前面的细节都很扎实，头头是道，男女并排躺尸，足以构成一个很能出彩的情景了。但作者没有让下面的细节“飞起来”，依然是让师徒二人在线聊天，依然是那么实的，相当于没让哈姆雷特眼前出现“鬼魂”。

怎样才算“飞起来”呢？换作我，我就开始像哈姆雷特那样“出神”了，让接下来的故事发生在一片真实的林间草地而非线上游戏的屏幕上，两个并排躺尸的男女在这里喃喃私语，听着草虫唧唧，闻着野草的气息，偶尔还有片树叶飘落到脸上……在这样一个特定的情景里，让读者去感受他俩之间的朦朦胧胧、似有若无的爱意。若是这样处理故事和细节，用我的话说就是“飞起来”了。

为加深学生的理解，我还举了我在三十年前写的长篇小说《流浪的土地》中的一个例子。孤独的滩哥以打鱼为生，很懂“鱼性”。有一回，一条足有百斤的大鱼被他用鱼叉扎伤后逃脱了。接下来的日子，滩哥就在葛川江的某一江段四处寻找这条大鱼。他满脑子都是这条鱼，他在不断地揣摩鱼的行踪、去向，他的种种所思所为全都十分“专业”，亦即细节扎实，头头是道，读者被“诱入”了一个情景。这个铺垫我做得很好，接下来怎样呢？如果继续写滩哥的行止、思绪，小说这个段落的“接地气”就只是一味地贴地爬行了。

实际是，我反转过来，写了这条鱼在如何揣度滩哥，写了鱼的想法、鱼的态度、鱼的逻辑。

我告诉学生们，当读者被“诱入”一个细节扎实、丰富且生动的情景中，优秀而敏感的读者已经自己在那里幻想连连了，你没有说的他已经想到了，一切都在向外溢出，一切皆有可能。我上周跟你们说的那个话，小说中的可能性是被小说家制造出来的，就是这个意思。（11月16日）

22

今天跟学生讲课，主要讲了两条。

一是针对学生应霭霖写的一篇悼念她高中同学的文章，我批评它叙事拉杂，议论太多且不得要领。我说，即使这些毛病都没有，像这样的悼念文章套路也很一般，就是说说死者的好话，回忆一两桩和他（她）相处的往事，描画一下音容笑貌，倾诉一番怀念之情，如此这般，千篇一律，了无新意。

我告诉学生们，我也曾写过悼念文章。三年前，我的一个大学同学病故，我为此写了一篇《悼亡友》，套路就跟一般的悼念文章很不一样，没有说死者的好话，反倒是对他有些批评，更多笔墨是满怀悲愤地控诉他所处的环境如何把他害了。

悼念文章还可以这么写？学生们好奇了，当即从网上下载了这篇文章阅读。他们看到文章这样开头——“那天上午，好友叶芳发来短信：陈文育去世了。你保重！”

我让他们体味一下：好友告诉我某同学去世了，紧接着要我“保重”。什么意思？怎么这样说话？有一点可以肯定，这个开头直截了当，又意味深长。

在表达完我对同学之死的伤感和悲愤之后，文章的结尾是这样的：“可事到如今，我也只能祈愿我这位老同学的在天之灵安详、和顺。我将记住你青春时代那极具感染力的朗朗笑声。”

我问学生，你们注意到，最后一句换了人称吗？用了“你”，便是直接跟亡友说话。这样做有什么好处吗？有同学回答，感情更真切也更强烈了。

所以我跟学生解释说，因为我不担心我的情感分量和我能做到的表达质量，所以我敢在文章的中间部分对亡友有所批评，不怕别的朋友责怪我薄情寡义，所以能成就这样一篇不同寻常的悼念文章。

拿这个说事，意在说明连悼念文章都可以推陈出新。我要学生们举一反三，写任何文章都不要被既有的套路框死。任何文章都可能有别的写法，要善于求新、求变，至少要有求新、求变的意识。

第二个话题，是因为有学生写爱情故事却又写得很肤浅，我说你们实际上没有多少这方面的真切体验，不太可能写得好。我要他们写自己熟悉的、有真情实感的生活。譬如，我对女生们说，我是个给女儿做爸爸的人，我知道，一多半的女孩子跟妈妈吵过架，甚至吵得很厉害。你们有时会写母爱话题的文章，都写得很一般，就是妈妈多么疼你呀，知寒知暖呀，给你做这个买那个呀……写这些其实很无聊，几乎像废话。能不能写写妈妈怎样使你产生敌意？能不能写写你怎样和妈妈对着干？最终，能不能在一场母女吵架中写出母女之爱？

其实，两个话题是相互有关联的，可以合成一个意思，就是不要想当然地写文章，而要跳出这个想当然去另辟蹊径。(11月23日)

23

今天的学生作业，有两篇是散文，都没有写好，毛病都是空而散，没来由地发一通感慨，让读者觉得很勉强。我跟学生说，散文是可以发感慨的，但不能没着没落。何谓来由？如何着落？最好的办法是写出一个具体的有点故事的情景，然后再去发挥，去发你的感慨。仅仅是看到学校大门外马路两旁的法国梧桐树，入冬后树叶开始发红了。这还不够，这还不是我说的“情景”，只能算是一点风景，由此就大发感慨，多少有点矫情兮兮了。

还有一篇学生作业《失踪》是七千多字的小说，写得很像小说了，细节、结构、种种穿插，大体都不错；但毛病还是我以前跟他们指出过的，到了情节的要紧关头，作者就避重就轻，不敢正面强攻去打通这个重大关节，轻身一跳，逃走了。这么一来，不仅留下了破绽，更要命的是冲淡了作品的味道，把原来应该有的这点意思弄得没意思了。我对此文的作者李紫媛说，我们汉语讲的“故事”二字，意思很多，譬如我昨天做了红烧羊肉，做得很不错，也算是故事。但小说上讲究的“故事”，不能是这么日常的，要有点不寻常的乃至反常的东西。小说中“故事”的意思实在就是“出事情了”，譬如我做羊肉,顺顺当当地做好,吃了,这还不算有故事,而应该是做着做着,意外地出了什么事。

我接着说,“要出事情了!”这是很多读者读小说时常常会产生的一种预期、期待,是由作者营造出来提供给读者的。我年轻时读司各特的小说《艾凡赫》《掘墓老人》等,每当读到小说中的人物进入一片树林,我觉得前面那棵大树的背后随时可能转出一个人来。或许在这个段落里司各特并没有这样的打算,但是他既然营造了这个呼之欲出的氛围,他就得对我们读者负责,也就是他不能老是让我们的预期落空。这个道理跟“狼来了”的故事道理一样。作家绝不能要弄读者,不能因为担心读者预知了你的情节,你就故意避开,跟读者玩躲猫猫。你应该做的,是写出既迎合又超越读者预期的情节,比这些预期更精彩,更动人心魄。(11月30日)

24

这回看学生文章,得出一个印象,就是他们受中学作文要求“夹叙夹议”的影响太深了,写的小说一半是叙述,一半是议论,而几乎没有细节描写。所以在今天的课堂上,我针对这个情况提出了批评。我告诉学生,在现代小说里,通常没有议论的地位。尤其是第三人称小说,频发议论很犯忌。除非是特别精彩、精辟的议论,能打动读者,让读者获得一种醍醐灌顶的震撼,这样的议论可以有,但必须通过小说人物说出来,也算是塑造人物的手段之一。除了这种情况,小说里不要写议论,要把从普通中学生作文课上学来的“夹叙夹议”的习惯改掉,改成夹故事叙述夹细节描写。(12月7日)

25

果然，本周没有一个学生写成了完整的文章，在课堂上我只好和他们随便聊聊。过了会儿，学生谢诗豪要求我以我的小说《公猪案》为例，说说长篇小说的人物与故事的相互作用。

我就以小说中第二个来福，即抗战至土改时期的来福和他的故事来解说。这个人物的特征是似傻非傻，准确地说是他父母担心他是傻的，却又不甘心认定他傻。人物总是在一个环境里的，来福的环境是，他是有很多产业的储家唯一的儿子，理论上的继承人。这样一个人物放在这样一个环境里，问题就来了。注意，切记，有问题才有故事情节！一切都顺当哪来故事？有问题就得想办法去解决，而解决问题，这样解决，那样解决，或者解决不了，这就是故事。在《公猪案》里，来福他爸的解决办法是带来福去逛妓院，以此测试来福是不是真傻。这就是故事，而这个故事的结果，带出了此后的其他故事。尤其是，月秀这个人物出场了，于是相应地又带出了梨花和曹得标这两个人物，于是更多的故事开始纠缠。我们可以返回来想，如果来福一点儿也不傻或者真是傻的，全部故事的走向就不会是小说里现在这个样子了，就应该是另一套故事了。

这是人物主导故事的例子。反过来，故事又怎样影响人物呢？

在短篇小说里，故事的时间跨度可能只有一天半日，因此人物性格可以是没有变化的。但在有时间跨度的长篇小说里，人物没有变化，那就成了符号，就扁平化了，那样的小说就不算成功。随着岁月流逝，人物在变化。具体是什么在起作用呢？那就是故事，是故事让人物的身份、地位、意识、心态等发生着变化，或者说是故事呈现了这种变化。在《公猪案》里，曹得标由储家的雇工，在经历了一系列故事之后变成了土改时期掌控全乡生死予夺大权的"曹主席",他还能是以前的那个阿标吗?

概括起来说,人物与故事的相互作用,就是人物主导了故事的走向,而这个走向的故事则让人物在其中沉浮,最终导致了人物的命运。(12月14日)

26

我谈了我昨晚研究高考作文(议论文)的几点感想。一是出题不当,诸如"感恩""诚信",不宜作为议论文的题目,因为我相信没有人会说不要感恩、不要诚信,哪怕是小人、骗子,也不会对感恩、诚信持有异议。没有对手,没有反题,都是你自己在自言自语,这哪里还是议论文呢?那么,什么是适合议论的话题呢?我举例说,譬如"隐私",是多一点好还是少一点好,就大可以争论一番。而我就曾在二十多年前表达过一个观点,认为人们若过多地把个人信息当作隐私保护起来,尽管有预防受到侵害的一面,但也有自我隔离、阻碍正常人际交往乃至诱发人与人之间互相猜忌的副作用。

对于几篇高考作文范文的第二个不好的看法是,它们的论据几乎都是引经据典,来自古人、名人的格言、名句,几乎没有来自真实事件的判断、分析和个人感受,掉书袋,没个性。(12月21日)

2017年

27

今天讲的是议论文的论据。

有哪些东西可以作为论据呢?昨晚回家后我看了一下亚军提供的参考书《高中生议论文:论点、论据、论证》。在这本书的"论据荟萃”部分，大量罗列的论据被分成两类：一类是“名言警句”，无疑都是古人、名家的言论；另一类是“事例论据”，其中大量的是古人、名家的事迹，还有少量的专门知识和新闻事件。把这两类加起来，实际上有四种类型的论据了，即名言警句、名人事迹、百科知识和真实故事。

我就按等级顺序跟学生说，用名言警句做论据，虽说允许，却是底线了，档次最低。严格来说，这样做很容易造成用道理来证明道理，造成叠床架屋乃至循环论证，为正经学者所不齿。但因为是中学生的应试写作，要求降低，采用这类论据是被允许的。但这是下策，不得已而为之的。

用名人事迹做论据，这个档次也不高。因为既是名人事迹，妇孺皆知，说了又说，大家都在炒冷饭，没新意，重复率肯定也很高，容易让阅卷老师感到腻味。

比较高档的论据是后面两种。我鼓励两名学生，从自己的某项爱好中去发掘专门知识，用来做论据。我给他俩看了我自己的一篇文章《不信“古老”，没有“纯粹”》，其论点之一是文化从不“纯粹”，而是不断地交融、变化。因我熟知西方古典音乐，我就用了这方面的专门知识做论据：“就说音乐吧，看看现代西洋音乐管弦乐队的组成，小提琴出自意大利，长笛由德国人发明，圆号是法国的首创，三角铁由土耳其传入……这样一件件的来自各国各民族的乐器如涓涓细流逐渐汇聚到现代管弦乐队，由此构成西方音乐史或音乐文化最重要也是最辉煌的成果。经过历史长河的淘汰，许多乐曲现在没人演奏了，但博采众长、依据怎么好听怎么弄的管弦乐队这一音乐演出的形式架构却保留至今。每一件乐器都在这个过程中有所改进，每一个改进都是为了声音更好听、演奏更容易精准把握。这是个‘纯粹’的过程吗？”

可以看出来，这类论据有很大的信息量，本身就是加分的。

薛行健对日本动画片知道得很多，还很喜欢看排球。我说，从你的这两项爱好中，我相信你一定能提炼出许多你很在行的专门知识，经过举一反三，有许多可以作为你今后写议论文的论据来源。我还说到我外孙朱利安，他玩棒球好几年了，在这上边一定有不少心得。假如有一天要他写议论文，他拿棒球说事，肯定要比拿名言警句或名人事迹说事来得真切、精当。这样的素材包含着你自己的真切感受，你使用起来应该得心应手且又感情饱满。

当然，在我看来最好的论据应该是真实发生的故事。首先是要真实，你不能拿假的、虚构的事例去支持你的道理。议论文说到底就是六个字：摆事实，讲道理。事例越真实，指向越直接，论据就越有力。

而且拿真实而鲜活的故事做论据，文章就生动，可读性强。在议论文中，论据部分往往是最受关注，也最容易出彩的。论据生动而有力，这是最高境界了。（1月22日）

28

今天跟学生讲的是如何通过审题形成论点。我让两名学生做了一个试题实验，要求他们根据一则阅读材料形成论点和论据。这则材料大意是说，有两只猫在屋顶玩耍，不小心掉进了烟囱里，由于某种缘故，其中一只猫被弄得一脸黑灰，而另一只却一点黑灰也没弄上。它俩出来后，脸上干净的猫看到对方脸上很脏，以为自己也是这样，就赶紧到河边去洗脸。而那只一脸黑灰的猫，因为看到对方没弄上灰，以为自己也很干净，便大模大样去逛街了，结果一路丢丑。

两个学生给我看了他们形成的论点，主要集中在从别人身上怎样看到自己,但却是错误的看法。这样的论点太过复杂,甚至不怎么说得清楚,他俩为此颇觉困惑。

他们问我怎么看。我回答说,首先要找到两只猫的问题出在哪里。依我看,问题出在它俩没有交流一下。假如那只脏猫问一句干净猫,你干吗要去洗脸?接下来的对话就会使它俩都知道自己脸上是怎样的。没有交流,缺乏彼此告知,这是最近便也是最切中的问题所在。由此也可以往远处、深处去思考,譬如说一个人看不到自己的毛病,而通过交流,别人给你指出来,这就好了。

我接着告诫他俩,不要为着追求理解的深刻而舍近求远,或者换句话说,即使"求远",也不要"舍近"。故事的发生、发展都是有因果关系的,你撇开当下的、直接的近关系,一下子跳到了远关系上,不仅有逻辑缺损的毛病,而且论据很难找准,论证起来也会非常吃力。(1月23日)

29

今天是最后一次了,讲的是文章的行文方面,提醒他们要注意节奏和变化。论点提出要干净利落,论据部分的叙述要尽量客观,哪怕貌似客观,因此不宜加入个人情感。可以有点情感抒发的是论证部分,带点激情的论说会比较有力道。(1月25日)

30

在课堂上,三个学生提交了作业,其中一篇是读后感,两篇是小说。

那篇读后感讲的是《三国演义》里曹操的谋士杨修,自作聪明,揣度圣意,结果"作死"(学生用的字眼)。

我批评这文章,一上来就说杨修这个不行,那个不对,一路把他黑到死。读后感也是论说文，而我对论说文的看法是，一味地说谁好或者说谁不好，从头到尾只有一个角度、一种观点，你就论说不起来，说着说着你就没话可说了。好的写法是，你起头先说杨修这人还不错，有才华，够聪明，然后再论说他是如何让自己的聪明害了自己。这样就有层次了，话也有的说了。你可以论证说，聪明不聪明，聪明之大小，全看聪明用在了什么地方。我们平常说某人只有“小聪明”是什么意思？难不成，聪明本身有大小之分？

依我看，聪明就是聪明，或大或小，就看用在哪里。用在大处的聪明可谓大聪明，用在小处的聪明就是小聪明。我们看杨修，他的聪明都是用在小地方的，譬如把“一合酥”拆字拆成了“一人一口酥”，便擅自把曹操的点心分食于众人。这就是小聪明。无论杨修智商实际是高是低，他如此热衷于在“一合酥”之类的小事上表现自己，他的聪明就只能是小聪明。

假如学生的文章是这么个写法，那么文章至此已经有了两个层次：一是杨修的确是蛮聪明的；二是可惜他的聪明大都用在了小处。我对学生说，你还可以有第三个层次的论述，而且是更重要的论述——杨修到底是怎么“作死”的？你在文章里说，他是被自己的小聪明害了。这么说不准确。事实上，杨修并非死于小聪明，而是他把小聪明放大了，放得太大了！

在“一合酥”那件事情上，曹操虽有不快，却不会因为杨修耍了点小聪明就杀他。耍小聪明固然烦人，但只要守住小聪明的本分，继续让它在小处转悠，亦无大碍。可是杨修把他对“鸡肋”的小聪明解读（“食之无肉，弃之有味”）放大了，居然以此为依据揣摩曹操有退兵之意，先行动起来。小聪明被放大到妄断军机，扰乱了军心，罪名大了，这才惹来杀身之祸。

我对学生说，文章写到这里，你不仅把杨修的“作死”梳理清楚了，还可以提升到形而上的层面写出一句格言：大聪明是把聪明用在大处，而不是把小聪明之见任意放大。

当然，此时我心想，这实际上是我在写文章了。

讲完该女生的读后感再讲两个男生的小说。两篇都不怎么样，主要毛病有三：一是人物没个性，太正常，或者说太正面；二是作者老在用自己的评述讲故事，而不是让故事本身来呈现自己；三是开头太冗长，说了一大堆七七八八的这个那个，故事却还没开始。

先说人物，你光写他一些正面的品格，聪明呀，正直呀，善良呀，甚至怎么怎么帅呀，这都没用，人物形象还是站不起来，读者也不会记住这些虽然优良却很平常的东西。譬如鲁迅写的祥林嫂，很善良，很诚实，很有母爱，等等。可是人们记住祥林嫂的，却不是善良、诚实什么的，而是她近乎神经病的表现，成天念叨着“阿毛被狼叼走了”，乃至于“祥林嫂”成了贬义词、骂人话，斥责某人絮絮叨叨，就说“你怎么成了祥林嫂”。

又譬如，常听人说“男人不坏，女人不爱”，这话是什么意思？仔细琢磨琢磨吧。所谓“坏”，说穿了就是对令人生厌的世俗和常规有破坏力，让他显得与众不同。

结论是，小说中的人物，因其缺陷而非完美而成立。

再说故事。男生甲的小说写一个男人看到老婆手机里有她和另一个男人的聊天记录，什么具体内容都没呈现，光说了句有点“暧昧”就完事了。这个“暧昧”的说辞是作者对这个情况的评述，并非故事本身。故事并未呈现，读者什么都没看到。我告诉男生甲，这不是小说的写法。小说是让故事本身去呈现，去演进。作者躲在故事的后面悄悄使出伎俩，而不该跳到前面来，用作者的评述取代故事本身。

他们写小说还有一个通病，就是开头一大坨交代，什么都要急急忙忙地放在开头讲，迟迟不能入戏。我问学生，为什么不能从这一大坨当中剥离出一部分放到后面去讲？那样不是更有叙事层次吗？（3月15日）

31

后面的两节课，我主要对学生讲了如何梳理、把握人际关系的变化，让故事保有转机，甚至是反转。我拿一个女生打比方说，你和妈妈一直感情很好，这我相信。可是在你六七岁时母女如何相处，不可能到了你十六七岁的时候还是那样。我不相信人与人的关系随着时间的推移会一成不变。你若写你妈妈，必得事先梳理出这种关系的变化，并且领悟到这种变化意味着什么。若无变化，故事就停止了，你写得再多都是重复、絮叨。有变化才有故事的演进，才算真正有故事。（3月29日）

32

今天在课堂上，我跟学生讲的主题，是希望他们热爱写作，通过写作来滋润他们的人生。当然我说的是广义的写作，包括日记、各种应用文等。

我先告诉学生，我所认识的中国作家，凡是文章写得好的，人也都特别聪明。这当然可以理解为，因为人聪明，所以文章写得好。但也可以倒过来理解，因为持续地写文章，他们让自己越来越聪明。我不相信一个人的聪明程度到了你们这个年龄就定局了。早着呢！你们到了五十岁，甚至六十岁、七十岁，再说自己到底有多么聪明也不迟。和人的身体成长一样，人的智慧也是会成长的。我坚信，促成智慧成长的一个重要途径，就是写作，以及与写作相辅相成、互为表里的阅读。写作与阅读,合起来就是语文,就是一个民族文化的核心。文化不光是些坛坛罐罐,更是唐诗宋词。语文对于人类思维的形成和运作有什么作用,许多哲学家、心理学家都论述过了,不用我再多说。我想说的只是,持续的语文实践,尤其是写作,有助于我们的智慧持续成长。

说具体一点,譬如你热爱写作,你就不免要留意身边的事物,你就会有好奇心。在我看来,好奇心正是智慧的来源之一。一个人如果到老都能保持好奇心,他就很有可能在智慧上依然日新月异。

再者,写作过程可以帮助我们整理思路。你的一大堆想法,不可能都在你脑子里清晰呈现,你只有把它们写出来,该解析的解析,该归纳的归纳,才能形成那一条一条的清晰表述。

反过来也可以说,写作过程说到底是把各种事物,甚至是看上去彼此无关的事物,用某种方式联系起来。这也就是一个智力运作的过程。多做这样的联系,你就是在不断地训练你的智力。

通过写作,或者广义说通过持续的语文实践,你增长了智慧,其中很重要的一项就是理解力。学语文,读中文系,其实只有少数人后来直接从事语文工作。而对大多数同学来说,中文系只是一个平台,一个由写作和阅读构筑起来的强大理解力的平台。在这个平台上,你可以盖各种各样的房屋,而非仅仅只是作家、记者、编辑之类。我的大学中文系的同学们,现在做什么的都有,有好几位做了律师,甚至还有一位同学在美国的福特公司做了汽车工程师。他们之所以能顺利地改行,正是因为他们有很强的理解力,也就是有很强的再学习能力,包括自学能力。我本人就是一例,除了写作我还学古典音乐、学电影理论、学纪录片创作乃至学画画,都是自学的。当今世界变化太快,我们在大学学的那点东西肯定不够对付一辈子的,我们必须不断学习才不至于过早地被时代淘汰。学好语文,就是为自己学会了学习能力。我以为,一个人的学习能力对于他的人生一世来说是最最重要的能力。

说完智慧和学习能力这一层,我也说了写作对人生很实惠的一面。我举学生余帅帅为例,他是学建筑工程管理的,我对他说,你将来不管进了什么单位,在工作上发现了一些问题,要向你的老板提建议。你光是口头建议很可能没用,老板一忙就忘了。你得写成书面的,就叫备忘录,用很精练的语言把问题和你的想法说清楚,这样你才算真正尽到了你作为员工的责任,由此很可能得到你老板的赞许和器重。(4月26日)

33

今天是我退休前最后一次上课……还像前几周一样,因为没有学生文章可讲评,课就上成了聊天课。当然聊天也是可以聊得很有意义的,譬如有个陌生的男生问我,是不是人的经历越丰富就越有益于文学创作?

我说既是又不是,因为作家所需要的人生经历和我们一般讲的人生经历不是一回事。对作家有用的经历,不仅是被他仔仔细细地观察过,还被他津津有味地品尝过、咀嚼过、鉴赏过、把玩过,直至已经被他赋予了某种叙事艺术的格调、色彩、气息了的。你光是经历了什么事,并不等于你已经看明白了这件事的意义以及它的诸多细节块面。(没错,"细节块面",我把叙事的和造型的两种话语揉成一个语词来说。)对一个好的小说家来说,匆匆掠过的、粗枝大叶的、漫不经心的人生经历,几乎没啥用处。一个好的小说家,他真正有价值的资源,不在于人生经历的丰富,而在于他对日常事物的慧眼关注。我非常钦佩像王安忆这类女作家,她们擅长把几乎是人人都有经历的日常生活写得那么细腻而有滋有味。我告诉学生,上海的另一个作家陈村,曾经带点夸张地议论王安忆,说她写一个人穿棉毛裤,可以写六千字。这够挖苦的吧?可我觉得更多是羡慕和褒奖。(5月17日)

朱晓军论报告文学

报告文学的责任

朱晓军[①]

当前，中国的报告文学与文艺批评似乎患有一种相似的流行病：缺钙。这种病反映在文艺批评上，叫红包批评；反映在报告文学上，叫广告报告。这种流行病导致文艺批评家像过去唱堂会的艺人似的看着主人的脸色行事，甚至于充当廉价的书托，为了"一块牛排出卖巴黎"；报告文学作家身上的病状是写虚假报告，将一堆牛粪写成鲜花。报告文学和文艺批评还有一点相似，那就是在活着的时候就被人发布了讣告，如"文艺批评死了""报告文学死了"。

这几年，我在讣告频传之下重归报告文学写作，又在讣告中思考报告文学的责任。我希望这些思考能对处于低谷的文艺批评和报告文学有所帮助。

报告文学不同于小说、诗歌、散文，不是真正意义上的纯文学，

① 朱晓军，浙江理工大学史量才新闻与传播学院教授，一级作家，编审，主要从事报告文学、纪实特稿等非虚构文学创作，荣获鲁迅文学奖（第四届）、全国优秀报告文学奖、北京文学奖、徐迟报告文学奖等，浙江理工大学创意写作研究中心特聘教授、名誉主任。

是报告(或者说新闻)与文学相融合的产物,是“事学”与“人学”、告知与审美相结合的文体。报告文学不仅要像小说、散文那样具有高超的文学性和创造性,而且更需要有报告意识。

比较遗憾的是,随着文学的边缘化,报告文学也边缘化了。报告文学的边缘化,不是读者拒绝这种文体,而是写作者的自我流放。读者对报告文学不满意,就是对写作者的报告不满意。我认为,读者不想读的新闻不是真正的新闻,读者不想知道的报告是没有意义的报告。当报告文学的报告游离于读者关注点,那么自然就边缘化了。从某种意义上说,多数写作者知道读者想读的是什么样的报告,可是他们不想再像知识分子那样去思考和写作了,不再忧国忧民了,不愿再冒风险了,不愿再承担责任了。他们不再“深切地关注国家、民族、社会的命运”,他们开始关心自己,关心如何使自己的写作和文字获得更大的经济效益。他们将手里的枪(也许他们根本就没拿过枪)变成喇叭和锣鼓,待价而吹打,趋利和媚俗就不可避免了。于是社会上出现了让人不屑和厌恶的广告文学、马屁文学和谎言文学。

当今可谓盛世,无论是经济的发展速度、综合国力,还是科学技术的前进步伐,都远远超过以往。不过,在阳光灿烂的日子,阴影会变得浓重,还有一点也超过历史的新高,那就是腐败。腐败像摄取了丰富养分的癌细胞,在增长着,扩散着。于是,除了官员腐败之外,还有医疗腐败、教育腐败、学术腐败,这也许就是知识分子的视角、忧国忧民的目光。报告文学写作者往往需要用医生的目光去观察,关注的不是健康的部位,而是不正常的、有病变的地方。

报告文学已是我的战壕。两年来,通过对陈晓兰的采访,我意识到,良知比才能更重要,胆识比知识更重要。不管是医疗腐败还是其他行业的腐败,我们都不能再保持沉默了。作为一个有良知的报告文学写作者就应该站出来，跟腐败作战。

作家不仅要学会负责任，也要学会追究责任。这是提高社会免疫功能的手段之一。

（该文刊于《文学报》2009年2月6日）

报告文学存在问题浅析

朱晓军

报告文学在20世纪80年代出现过空前的辉煌,在20世纪90年代陷入低迷,这是事实,也是共识。报告文学进入21世纪后,评价有三:其一,"报告文学重新成为文坛和社会广泛关注的一种重要文体","报告文学在新世纪成为一种强势文体不仅是可能的,而且就目前的文学格局看来,它事实上已经显示出了某种强势"①;其二,当下报告文学的复兴和繁荣不过是种错觉,其已"被挤在了边缘的边缘动弹不得,呼吸困难,甚至被人宣称'恐龙已死'","报告文学的复兴在明天,这仍是迫切的希望"②;其三,报告文学"既文学又非文学、既新闻又非新闻的本性特征,客观上造成了社会接受的价值障碍。现在,报告文学的历史使命已经完成,我们有必要将它交还给历史"③。

---

① 丁晓原:《可能与现实:走向强势的报告文学》,《甘肃社会科学》2005年第1期,第7页。

② 范培松、程桂婷:《宏大叙事与报告文学的边缘的边缘》,《福建论坛(人文社会科学版)》2010年第1期,第101—104页。

③ 黄浩、黄凡中:《报告文学:文体的时代尴尬——对报告文学"生存艰难"的本体质疑》,《北方论丛》2009年第1期,第54页。

报告文学在新世纪到底是强势还是弱势？其生命力如何？该不该寿终正寝？事实自然会给出答案。作为报告文学写作者，不能不正面现实、直面报告文学赖以生存的生态，对现存问题和发展瓶颈进行分析。

一、文化生态与报告文学的困境

现实对报告文学来说犹如三九里的艳阳天——阳光灿烂、寒风凛冽。

这是一个经济高速发展的时代，这是一个阵痛与快感、阳光与阴影并重的时代。理论上讲，这是一个报告文学创作的大好时代，前几代报告文学写作者“踏破铁鞋无觅处”的题材，在今天“得来全不费工夫”，俯拾皆是。

可是，这是一个信仰与精神缺失、心灵被物欲淹没的时代，这是一个喧嚣与浮躁的时代，人心难以在文学生发根须，阅读时间和精力远比孔乙己还要囊中羞涩。中国出版科学研究所的调查显示，21世纪以来，书报刊阅读率连续走低，2007年，我国人均年阅读图书4.58本，人均阅读期刊7.4册，人均读报88.6份①；2009年，人均年阅读图书3.88本，期刊6.97册，报纸73.01份。2009年，国民的书报刊，包括数字出版物的阅读率比2008年增长2%，其中，图书阅读率增长0.8%，报纸阅读率下降5.6%，期刊阅读率下降4.5%。2009年，我国18—70周岁识字国民“人均每天读书时长为14.70分钟，人均每天读报时长为21.02分钟，人均每天读杂志时长为15.40分钟，

① 中国出版科学研究所：《从传统走向现代的国人阅读——第五次全国国民阅读调查综述》，《光明日报》2008年8月26日，第12版。

人均上网时长为每天34.09分钟，人均通过手机阅读的时长为6.06分钟”[①]。在这十分有限的阅读时间里，有多少分配给了文学，分配给了报告文学？即使没有调查统计，报告文学写作者也会清楚，少得可怜，不说也罢。

书报刊是文学的主要载体，书报刊阅读率的下降意味着文学读者人数的减少。在文学领域，报告文学早已被边缘化，曾有作家和评论家对报告文学的文学属性提出过质疑，甚至认为应该清理门户，将其逐出文学领域。文学是以小说为中心的，这一点在全国性奖项的设立上已充分体现，长篇小说有茅盾文学奖，中篇和短篇小说有鲁迅文学奖、全国优秀中篇小说奖和全国优秀短篇小说奖。其他文体仅有一项全国奖项——鲁迅文学奖，而且散文与杂文合并为一项，报告文学、纪实文学、传记文学、史志文学和回忆录竞争每届仅有的五个指标。

报告文学是在19世纪末20世纪初随着现代报纸登陆中国而诞生的，最初是散文与新闻融合的产物。报纸不仅是报告文学成长的摇篮，也是报告文学传播的“高铁”。在传统媒体中，只有报纸属于大众媒介，图书和绝大多数期刊均不是大众媒介。

可是，在20世纪80年代之后，报纸刊发的报告文学数量逐年减少，如今这一“高铁”基本上拒载报告文学了。当今的报纸在新媒体和视觉文化的冲击下，版面增加了，文字减少了，甚至将与新闻两小无猜的副刊也抛弃了。至今没有一两篇具有轰动性和影响力的报告文学被转载，恐怕在报纸上已难觅报告文学的踪迹了。

20世纪80年代，发表报告文学的期刊甚多，报告文学的发表

---

① 全国国民阅读调查课题组：《中国人越来越爱读书了》，《光明日报》2010年4月20日。

重镇有《报告文学》《文汇月刊》《人民文学》，还有各省市的文学期刊、文化综合类期刊，甚至体育期刊也将报告文学作为重点稿件。当今，诗歌有《诗刊》，散文有《散文》，杂文有《杂文》，文学王子——小说自有众多文学期刊侍候着，自不待言。报告文学呢？除《中国作家（纪实）》《北京文学》之外，可发报告文学的期刊少之又少，即使在个别文学期刊勉强露个脸，也像“拖油瓶”似的敬陪末座。

批评家纷纷指责报告文学写作者将短篇写成中篇、中篇写成长篇，殊不知发表短篇近乎登天之难！另外，不仅短篇难发表，还有一严峻现实批评家有所不知：过去短篇报告文学仅与通讯有得一拼，如今强手如林，如深度报道、调查性报道、新闻特稿、纪实特稿等。从某种意义上说，报告文学已被迫战略转移，或者说被短篇驱逐出境了。

中篇比短篇好发表，长篇比中篇易出版，即便不能正规出版还可以自费出版。

短篇写成中篇、中篇写成长篇往往是报告文学作者的无奈抉择。这也是获鲁迅文学奖的报告文学绝大多数为长篇的原因之一。

从报告文学承载媒介来看，报告文学已被大众传媒——报纸边缘化了，淘汰了。网络上的报告文学究竟有多少人阅读还没有统计。笔者通过近年出版的两部在社会上有一定影响的报告文学《一个医生的救赎》和《高官的良心》的阅读情况看，网上阅读报告文学的人寥寥无几。

当一种文体失去赖以生存的传播渠道，复兴与繁荣自然是困难重重。

二、泥石俱下与多元化

冯立三说："报告文学主要不是作为文学，而是作为社会良知的表现才备受推崇的。"[①]社会的良知体现在报告上。由此可见，报告比文学更重要。社会的良知是报告的灵魂，是报告文学的灵魂。

丁晓原认为，报告文学是知识分子的写作方式。[②]

20世纪70年代末至80年代，是一个让人怀念的报告文学年代，社会拨乱反正，思想界开展"实践是检验真理的唯一标准"的讨论，知识界反思历史的悲剧，富有社会责任感与使命感的报告文学作家创作了一大批具有批判精神与反思特点的力作。有人将这类作品称为"社会问题报告文学"，如《洪荒启示录》《阴阳大裂变》《土地与土皇帝》《西部在移民》等。

20世纪90年代后，报告文学写作已不再是知识分子的专利。报告文学的研究者将20世纪90年代称为报告文学的盘整期，部分报告文学写作者不再用知识分子的眼光来看待这个社会，不再用知识分子的思维去思考和写作了，不愿为"深切地关注国家、民族、社会的命运"而付出沉重代价了。报告文学写作的崇高感、责任感与使命感消失了，这部分作者像其他人一样关注自己的得失，图谋更多的利益，因此报告文学的趋利和媚俗也就不可避免了，令人不屑和厌恶的广告文学、马屁文学和谎言文学出现了。

进入21世纪后，报告文学在20世纪90年代的基础上更加多样

---

① 冯立三：《太行夜语——报告文学五人谈》，《光明日报》1988年9月23日。

② 丁晓原：《文化生态演化与百年中国报告文学流变》，博士学位论文，苏州大学，2001年，第3—14页。

化，出现了《中国农民调查》《昂贵的选票——“230万元选村官事件”再考》《集体离婚》等具有揭露性、批判性和战斗性的问题报告文学，出现了《长征》《温故戊戌年》《远东朝鲜战争》等历史题材的作品，还出现歌颂“共和国成立六十周年”“改革开放三十年”宏大叙事、以大见大的歌颂性报告文学，出现大量歌颂某项重点工程项目，歌颂一座城市、一个部门、一个企业或一个人的丰功伟绩的报告文学。

客观地说，报告文学写作者想保持知识分子的写作状态，坚持报告文学的批判性和战斗性是十分艰难的。首先，报告文学写作者也面临着生存的问题。当今报告文学写作者基本上都是业余的，需要另外打份工养家糊口。其次，报告文学写作不同于小说、散文和诗歌，要“七分采访三分写”，尤其是问题报告文学。这是一个法治社会，法律注重的不是事实，而是证据。对于歌颂性报告文学来说，不论是将三分成就说成十分，还是在牛粪上插枝鲜花，即使有人耻笑，也没人找你打官司。问题报告文学则不然，即便你将十分丑陋写成七分，也难免会有人跟你打官司，纠缠下去。

社会的价值取向变了，由过去重是非转为重得失，人越来越急功近利了。不仅“先天下之忧而忧”的报告文学写作者少了，而且具有“国家兴亡、匹夫有责”的忧国忧民的读者也少了。即使富有震撼力的问题报告文学，也不会产生像20世纪80年代《人妖之间》《阴阳大裂变》《神圣忧思录》引起的社会反响，也不会出现洛阳纸贵的现象了。拙作《天使在作战》被第四届鲁迅文学奖报告文学评委会认为是“充分体现了报告文学的战斗性，对关乎国计民生的重大问题敢于秉笔直书，是近年来涌现的最具震撼力的作品之一”。在此基础上创作的《一个医生的救赎》获得评论家和读者的一致好评，发行量仅有五万册，实用性的《求医不如求己》却在半年内再版十二次，发行量达百万册以上。

对业余报告文学写作者来说，写作是件相当艰难的事。报告文学写作者没有记者证，没有合法的身份，若不给某机构和个人歌功颂德的话也没人提供经费，万一出现难以防备的麻烦，还要自己默默承担。这不仅是报告文学创作上的困难，也是短篇报告文学与新闻特稿、深度报道难有一拼的原因。新闻特稿和深度报道基本出自本报或本刊记者之手，属职务行为，采访费用由报社承担，如《沈阳日报》特稿部的记者可乘飞机满天飞，到处采访，若不出现失实或有意诽谤，有麻烦也是由报社承担。

当今社会，不论在什么领域打一份工都很艰难，都要面临巨大的压力，都难以挤出大量时间和精力去采访和写作。这既是报告文学难以繁荣的因素之一，也是报告文学后继乏人的原因之一。

宏大叙事与"主旋律"报告文学、历史题材的报告文学的大量涌现与评奖导向有关。近三届获鲁迅文学奖的报告文学中，历史题材占40%，获"五个一工程"奖的作品均为歌颂性的"主旋律"作品。社会上和报告文学界备受推崇的富有社会责任感、使命感和批判性报告文学在历届鲁迅文学奖的评奖中往往仅占20%。奖项不仅关系到地方的政绩，关系到报告文学业余写作者的生存状态，也关系到创作条件的改善，不得不重视。

读者阅读的多元化、作者需求的多元化，必然导致新世纪报告文学的多元化。

三、报告文学的新闻性与真实性

当下报告文学的最大问题是片面地追求真实性。

报告文学是非虚构写作，必须要遵守真实性的原则。报告文学不完全等同于非虚构写作。非虚构写作并非文体，而是文体集合，其包括报告文学、消息、通讯、纪实文学、传记文学、史志文学、回忆录等。

报告文学定义的不准确，造成概念不清晰，文体间的边界模糊。当下最容易与报告文学混淆的文体是纪实文学(纪实文学也存在概念不清、文体边界模糊的问题)。因此，范培松与程桂婷严厉指出，获鲁迅文学奖报告文学奖的多部作品不是报告文学，而是纪实文学。众所周知，报告文学的三要素是新闻性、文学性和政论性。虽然报告文学与纪实文学都要求有真实性，但两者仍有不同。报告文学的第一要素是新闻性，纪实文学的第一要素是真实性。

报告文学的真实性源于新闻性。对于新闻的真实性来说，不仅要求现象的真实，而且要求本质的真实、历史的真实，报告文学远比纪实文学来得真实。另外，真实性仅是新闻性的两个不变要素之一，新闻还有一个要素——新鲜性。真实是新闻的生命，新鲜是新闻的灵魂。新鲜性要求：一是事实新，包含事件新、思想新和语言新；二是时间新，讲究新闻由头，需要为此时此刻写这篇作品寻找一个充实理由；三是角度新，即选题角度、立意角度和表现角度要新。

由此可见，报告文学片面追求真实性，而不追求新闻性，是降低标准，偷工减料。

报告文学可以多元化，但是报告文学不可以失去新闻性。有真实性没新闻性的作品注定不是报告文学，它可以是纪实文学，可以是传记文学，也可以是回忆录。

报告文学能否再现繁荣，这是每一位报告文学写作者和评论家所关心的。

从报告文学素材来看，存在着再现辉煌的条件与机会。社会现实是座富矿，含金量极高，只要有一批有志于献身报告文学创作的写作者创作出一大批具有震撼力的、深受读者欢迎的好作品，就既可以改变报刊的拒载现状，也可以改变读者的阅读情况。

事实证明，最具影响力的报告文学是问题报告文学，这类文学是高风险、难创作的。在社会现实面前，报告文学写作者，尤其是业余作者是弱者，作协要给予适当的保护，以解除他们的过分担忧，保证他们能创作出好的作品。

鲁迅先生在《未有天才之前》中写道："做土的功效，比要求天才还切近；否则，纵有成千成百的天才，也因为没有泥土，不能发达，要像一碟子绿豆芽。"①报告文学还处于弱势，还需要扶持。这就需要有一本像《人民文学》或者《诗刊》那样不靠拉广告、出卖版面就可以生存的，专门发表真正报告文学的期刊，而不是那种以非虚构写作为筐，什么都可以装的期刊。

在评奖中要将纪实文学、传记文学、史志文学剥离出去，为它们设立独立的奖项。对直面现实，富有强烈社会责任感、历史使命感和批判精神的深受读者欢迎的报告文学给予倾斜（歌颂性报告文学可以评"五个一工程"奖）。

在各级作协的重点作品扶持项目中，应考虑报告文学的采访需要，在数量和经费额度上给予倾斜。

对于报告文学评论家，要给予正面引导，鼓励他们多从事报告文学建设性的研究，少发表"语不惊人死不休"的讣闻，或颠覆报告文学的不能成立的观点。类似于报告文学的文体不仅中国有，西方也有。美国类似报告文学的文体是特稿。美国不仅没发现其存在"叙事伦理的固有症结"，反而在普利策新闻奖中单独设立了特

---

① 鲁迅：《鲁迅全集》（第一卷），人民文学出版社2005年版，第177页。

稿奖，评奖条件规定得十分具体："一篇杰出的特稿首要关注的应该是高度的文学性和创造性。"在新闻研究方面走在世界前列的美国学者怎么就没发现新闻性（包括真实性）与"高度的文学性和创造性"之间存在着"叙事伦理的固有症结"？不同的文学文体对文学性有不同的要求，小说的文学性与诗歌的文学性注定是不同的，报告文学的文学性与小说的也不相同。报告文学创作要严格遵守新闻性的要求，要情节真实，细节真实，人物的心理活动真实。不过"水至清则无鱼"，报告文学的真实犹如金子，不可能提炼到绝对的百分之百的纯度。同样，小说的虚构也不可能实现绝对的百分之百的虚构！

（本文刊于中国作家网2011年7月28日）

新闻性:报告文学生存的必要条件

朱晓军

当下对报告文学的态势评估有二:一是包容下的繁盛;二是恪守下的衰变。

有作家认为,报告文学与纪实文学是“把猫叫成咪,把咪叫成猫,都是一样的”[①];也有作家认为,报告文学已失却新闻性,失却自己的特点和个性。

繁盛指产量,即每年出品的报告文学种数之多已超过20世纪80年代之鼎盛;衰变指内质,即随外延的扩张,内质发生了变异,因此而衰落。

报告文学是恪守以新闻性为第一性、文学性为第二性的传统,还是与时俱进,兼收并蓄,将纪实文学、传记文学、史志文学、回忆录收于麾下,这不仅关系到这一文体的独立性,而且关系到其前途与命运。

---

① 王国平、苏雁:《报告文学,准备好了吗?》,《光明日报》2012年10月15日。

一、20世纪90年代的“甜蜜化”与报告文学新闻性的流失

报告文学原有三个基本特征，先是批判性、新闻性、文学性，后是新闻性、文学性和政论性。在新世纪，报告文学是否要坚持批判性（或政论性）有争议，姑且不提。不论是报告文学作家还是评论家，对报告文学的新闻性和文学性目前还是公认的，且新闻性位于文学性之前，也无异议。

新闻的底线有二：一是真实性；二是新鲜性（亦称时效性）。

美国哥伦比亚大学新闻学教授麦尔文·曼切尔将新闻称为“高度易腐的商品”，也就是说，对其新鲜性的要求甚高。诚然，具有新闻性的文体不仅有长短之别，而且有新闻性强弱之分。消息是新闻性最强的文体，被称为纯新闻。“今天的新闻是金子，明天是银子，后天就是垃圾”，指的就是纯新闻。其实，在网络时代，上午的新闻到晚上就成了垃圾。通讯的新闻性较消息弱之，报告文学又较通讯弱之。

改革开放前，报告文学在新闻性上甚至可以与通讯有得一拼，以至于一部作品横跨两种文体。如在2009年荣获“新中国60年优秀中短篇报告文学奖”的作品中，林韦的《记中央人民政府成立盛典》，王石、房树民的《为了六十一个阶级兄弟》，魏巍的《谁是最可爱的人》，穆青、冯健、周原的《县委书记的榜样——焦裕禄》，魏钢焰的《忆铁人》[①]等等作品最初是作为通讯发表在《人民日报》和《中国青年报》上；2009年，《记中央人民政府成立盛典》和《谁是最可爱

① 袁晞：《新中国60年优秀报告文学奖颁奖》，《人民日报》2009年12月24日。

的人》还被收录《人民日报60年优秀通讯选》。

由此可见,报告文学的新闻性弱于通讯绝非硬性规定。不过,报告文学的篇幅通常较新闻通讯长,因此创作周期自然长,这是报告文学新闻性弱于通讯的根本原因。若排除这一点,报告文学的新闻性是可以不逊于通讯的。

20世纪90年代,报告文学陡然委顿,不仅流失了原有的阳刚和血性,批判性和战斗性锐减,而且新闻性的底线也没守住,以至于报刊上的软广告都贴上报告文学的标签。范培松教授说:“报告文学在变革的浪潮中,进行着一场甜蜜的蜕变:变色变性变味,正在趋向甜蜜化,哪里有金钱哪里有买卖哪里有甜蜜,哪里就有报告文学,报告文学几乎成了广告成了侍女成了欲望的代名词。”①

这种淡新闻性,甚至去新闻性的“甜蜜化”导致了报告文学不该繁荣的“繁荣”,不该萧条的萧条。症状有二:

一是在权势和资本作用下,出品量激增,阅读量锐减,以至于年度新出品的报告文学阅读量之总和不敌《哥德巴赫猜想》或《阴阳大裂变》中的一部。当年这两部作品发表后,洛阳纸贵,全国各地的报刊纷纷连载,街头巷尾均在热议。

二是出版形势严峻,遭遇前所未有的冷遇,不仅传统的大众媒体——报纸和大众期刊纷纷拒载,甚至羞言发行量的文学类期刊也不屑刊发。

20世纪80年代是报告文学的天下,《人民日报》《光明日报》《中国青年报》等报业巨头哪家没发过具有轰动效应的报告文学?20世纪90年代,报告文学已是前朝名门,萧条冷落,除《北京文学》

① 范培松:《论九十年代报告文学的批判退位》,《当代作家评论》2002年第2期,第130页。

《当代》《中国作家》等少有的几种期刊坚持刊发报告文学之外，在其他报刊已难觅其踪迹，即便偶尔露一下脸，不是挂羊头卖狗肉的“软广告”，就是像“拖油瓶”似的敬陪末座。

二、报告文学以牺牲新闻性为代价的转场

报刊的拒载，迫使报告文学转场，退至图书出版领域。

笔者对1977—1988年及1995—2010年获全国优秀报告文学奖、“中国潮”优秀报告文学奖及鲁迅文学奖全国优秀报告文学奖的篇目出版形式进行了比较（见表1、表2）。

表1 1977—1988年获全国优秀报告文学奖、“中国潮”优秀报告文学奖的作品出版形式分类统计

奖项	报纸/%	期刊/%	图书/%	获奖数量/篇（部）
全国奖 1977—1980年	20.0	80.0	0	30
全国奖 1981—1982年	16.7	83.3	0	24
全国奖 1983—1984年	3.7	96.3	0	27
全国奖 1985—1986年	9.1	90.9	0	22
中国潮 1988年	0	100	0	40

表2 1995—2010年获鲁迅文学奖（简称“鲁奖”）的报告文学作品出版形式分类统计

奖项	报纸/%	期刊/%	图书/%	获奖数量/篇（部）
首届鲁奖 1995—1996年	0	80.0	20.0	15

续 表

奖项	报纸/%	期刊/%	图书/%	获奖数量/篇(部)
第二届鲁奖 1997—2000年	10.0	50.0	40.0	5
第三届鲁奖 2001—2003年	0	40.0	60.0	5
第四届鲁奖 2004—2006年	0	20.0	80.0	5
第五届鲁奖 2007—2010年	0	40.0	60.0	5

通过表1可以发现,20世纪七八十年代的获奖作品均以报刊形式出版,以图书出版的为0,而且期刊出版为强势,没低过80.0%。还可以发现,以报纸形式出版的在不断减少,从1977—1980年的20.0%降至1983—1984年的3.7%,1985—1986年虽然出现反弹,升至9.1%,可是到1988年却跌为0。

通过表2可以发现,除第二届鲁迅文学奖(1997—2000年)有一部以报纸和期刊两种形式出版的获奖作品之外,其余四届以报纸形式出品的作品为0。还发现以图书形式出版作品的比重不断上升,从首届(1995—1996年)的20.0%上升到第二届(1997—2000年)的40.0%。

在传统媒介中,新闻性强的为报纸,其次是期刊,而图书是没有新闻性的。报告文学的被迫转场是以底线失守为代价的。

21世纪以来,报告文学因包容与融合出现繁盛,其新闻性继续流失。从表1、表2发现以图书形式出版的作品已占大半壁江山。考虑到获奖作品尚不足以说明新世纪报告文学的主要出版形式就是图书,笔者对评论家李朝全的2010—2011年报告文学篇目进行了分类统计(见表3)[①],又参考了1976—2006年期刊所刊报告文学作品产量的统计(见图1),从中发现每年以报纸形式出版的报告文学屈指可数,以期刊形式出版的也由2000年的872篇降至2006年的38篇(在此,还要说明的是此期刊非彼期刊,20世纪80年代刊登报告文学的期刊发行量较大,动辄十几万、几十万册,现在的多则两三万,少则两三千,已不是大众媒介了),2010年发生反弹,这得益于中国报告文学学会创办的两种期刊——《中国报告文学》和《中国纪实文学》。

表3 2010—2011年报告文学篇目的分类统计

年份	报纸/%	期刊/%	图书/%	总数/篇(部)
2009	1.0	45.9	53.1	98
2010	4.8	47.6	47.6	126
2011	4.4	58.2	37.4	91

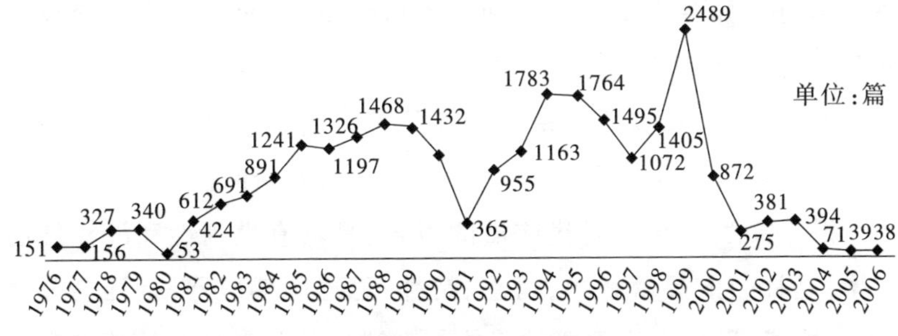

图1 1976—2006年期刊所刊报告文学作品产量统计

① 参考李朝全:《历史积淀与现实沉思——2009年报告文学创作述评》,《中国作家》2009年第24期,第216—220页;李朝全:《感受时代的心跳——2010年报告文学述评》,2011年1月31日,http://www.chinawriter.com.cn/wxpl/2011/2011-01-31/93812.html;李朝全:《2011年报告文学:在坚守中寻求突破》,《中国作家》2012年第4期,第217—224页。

20世纪90年代以来，尽管报告文学对纪实文学、传记文学、史志文学和回忆录持以包容的态度，却从没有专家、学者和作家对报告文学的新闻性提出过质疑，在作家和评论家的眼里新闻性仍然为报告文学的第一性。

新闻是新近发生的事实的报道。价值观念体系主要表现为新闻价值标准或新闻价值要素。西方新闻学者认为："新闻价值就是选择新闻的标准。""'新闻价值'就是新闻报道的'潜在兴趣程度'……以确定公众要求在新闻报道中读到什么、听到什么或看到什么。"[①]文学是人学，新闻是事学，新闻价值要素的作用就是帮助我们从数不清的新近发生的事实中挑选出公众共同感兴趣的事实进行报道。

新闻价值要素由两部分组成：不可变要素为真实性、新鲜性（亦称为时效性）；可变要素为重要性、显著性、接近性、人情味。

不可变要素是新闻的必要条件，也可以称为底线，对新闻来说缺之不可。如一个事实具备两个不可变要素，再有一个可变要素就有可能成为新闻。

由此可见，真实性仅是新闻性的不可变要素之一。具有新闻性的作品必然有真实性，有真实性的不见得有新闻性。

报告文学是来自时代前沿的报告，是具有批判性和战斗性的文体，是社会的灵敏触角，情感、精神、思想的感应器，是社会公众精神、情感、思想最为重要的载体与宣泄口[②]；是对公众的精神和思想具有感染力的，为公众所需要的文学，其根源之一就是新闻性。

---

① 徐耀魁主编：《西方新闻理论评析》，新华出版社1998年版，第137页。

② 傅书华：《当今报告文学缺位，当下性问题意识缺失是症结》，2011年12月7日，http://www.chinawrite.com.cn/2011/2011-12-07/108818.htlm。

新闻性让报告文学有了公众感兴趣的题材，决定了作品受众的广泛性，也就等于为作品插上翅膀，可以在大众媒介的天空翱翔。

大众媒介通常指报纸、广播、电视、电影、唱片等，其受众面广泛，人数众多，且包含不同阶层、年龄和文化程度的人。在传统媒体中，仅有报纸和极少数发行量大的大众期刊属大众媒介。期刊的主要功能是传播专业知识，图书的主要功能是传播思想、科学和文化。绝大多数期刊和图书都不属于大众传媒。

报告文学放弃新闻性，传播力和影响力势必减弱，为大众媒介所拒载，势必从大众传播的高速公路转为小众传播的羊肠小道。

三、新闻性是报告文学的命脉，是报告文学生存的要件

报告文学的新闻性衰退，以及从新闻媒介中退出是否必然？

持肯定观点的理由有二。

一是在新闻媒介受宠的年代，新闻文体单调，仅有消息、通讯和新闻评论三种。而这三种文体的作用均不能取代报告文学。如今，新闻增加新闻特稿、深度报道和调查式报道三种样式，这三种新闻样式不仅新闻性比报告文学的强，而且叙事特点也比报告文学更适合报纸。

二是如今已进入读图时代，报纸在扩版，文字在减少。文字尤其是篇幅较长的文字，往往让受众望而生畏。

这两点均是事实，不过认为随着新闻特稿等三种新闻形式的出现，报告文学自然要被新闻媒介所淘汰的说法有些偏颇。

2006年4月初，《北京青年报》发现在同一印刷厂印刷的《北京

文学》第4期校样有一篇反映医疗腐败的报告文学《天使在作战》，这是一部关系国计民生的颇具震撼力的作品，从地段医院写到国家药监局，从普通医生写到药监局局长、医疗器械司司长，深层次揭露了医疗腐败。他们跟《北京文学》商量连载事宜。《北京文学》同意报纸连载，前提是等他们发表后。《北京青年报》怕那篇作品发表后连载版面被占，不能及时连载那部作品。经多次协商之后，《北京青年报》在《北京文学》出刊前一周开始连载。这部作品在《北京青年报》连载后，在社会上产生强烈反响，随后《南方日报》《大众日报》《今晚报》等全国各地数十种报纸转载了这部作品。

不仅仅是《天使在作战》，《北京文学》的许多报告文学作品见刊后都被报纸转载。如：在知青上山下乡四十周年时发表的《留守在北大荒的知青》；在将孩子成才寄托于名校名师，而不重视家庭教育和对孩子素质培养的情况下，发表的《富翁是这样打造的——对中国式妈妈的批判》；农村民主化进程中，在当选的村主任无视村民意愿，损害村民利益的背景下，刊发的《让百姓作主——浙江省琴坛村罢免村主任纪事》。这些报告文学作品之所以能被报纸转载，就是具有较强的新闻性，其内容是公众共同需要、共同关注的。

报告文学只有保持新闻性才能进入新闻媒介这一高速公路，才能成为大众读物，才能产生其应有的作用和力量。“报告文学与新闻的亲缘关系，决定了它与生俱来的一个重要特性，就是它是感应现实兼灵敏的神经，它总是以高度的敏感注视着现实生活的变革和发展，真实地记录时代的风云……它直接取材于现实生活，通过具体的现实生活中实有的典型形象，正确评价各种生活现象，及时回答人们关切的问题，表现人民的意志和愿望。亦以它具有浓郁的时代气息和生活气息，和广大读者最贴心。”[①]

新闻性既是报告文学的个性体现和核心价值体现，又是其生存的必要条件。

① 周姬昌：《写作学高级教程》，武汉大学出版社1989年版，第399页。

非虚构与非虚构写作

朱晓军

非虚构写作在当下是个热词，众说纷纭，尚无公认的定义。算来，我从事非虚构写作已有三十五年，先是当记者，从事特稿写作，后又写报告文学，在《当代》《中国作家》《北京文学》等刊物上发表相关作品两百多万字。应该说，对非虚构写作的认识和体会还是有一些的。不过，在理论家、评论家和学者面前，犹如树下小草，有点诚惶诚恐。本文从三个方面谈谈我对非虚构写作的看法。

一、非虚构写作的源流

非虚构写作历史悠久，可以说是文学的初态，其历史远超小说。有一首歌，"我们坐在高高的谷堆旁边，听妈妈讲那过去的事情"，让我想象到几千年前的场景，一棵树下，或一堆土堆旁，一群孩子围着一位老人，听他讲过去的故事，讲的可能是部落或家族的历史，也可能是民族英雄，在没有文字时就有了非虚构的故事。

"非虚构"这一概念在20世纪80年代出现过，那时报告文学正值鼎盛，"非虚构"没受到重视。2007年，时任《人民文学》主编的李敬泽就提出过“非虚构作品”。这时,报告文学已今非昔比,遭受“广告文学”与“马屁文学”的污染,引起社会的不满,“非虚构”得到了关注。2010年2月,《人民文学》杂志推出《非虚构》栏目,刊发了系列非虚构作品,此后“非虚构”迅速走红。

“非虚构”这一概念,最早出现在西方新闻界,而不是文学界。20世纪上半叶,美国有些小说家当了报社记者,如海明威、乔治·奥威尔等,将文学运用于新闻报道,被称为“新新闻主义”。新新闻主义刚一探头就遭到传统新闻理念的指责与抵制,被认为玷污了客观、公正的新闻理念。于是“新新闻主义”不再被提及,改称为“文学性新闻”“亲近性新闻”“创造性非虚构写作”。

1966年,小说家杜鲁门·卡波特的《冷血》出版,在美国引起强烈反响。卡波特将这一根据真实案例写的作品称为“非虚构小说”。萨特认为,非虚构文学将引起一场世界性的文学革命,将在一定程度上改变世界语言文学的格局。[①]博尔赫斯说,现实远比虚构更为神奇。小说已满足不了社会的需求。[②]生于新闻界的“红杏”,出墙于文学界,得到了承认,看来文学比新闻更具包容性。美国出现“非虚构热”,涌现出盖伊·特立斯、诺曼·梅勒等优秀的非虚构作家。

1979年,乔恩·富兰克林的特稿《凯利太太的妖怪》获得普利策特稿写作奖。这一新闻与文学融合的文体终于得到新闻界的承认。特稿的评奖条件为:一篇杰出的特稿首要关注的应该是高度的文学性和创造性。四十多年来,四十位记者和作家获得此奖。

---

① 《〈人民文学〉启动非虚构写作计划》,2010年10月22日,http://www.chinawriter.com.cn/news/2010/2010-10-22/90662.html。

② 黄传会:《在生活这片广阔的土地上》,2012年3月29日,http://www.chinawriter.com.cn/2012/2012-03-29/123143.html。

担任过全美新闻奖评委的戴维·加洛克说，获普利策特稿写作奖的作品“堪称文学的纯正典范，它们的作者都是真正会讲故事的人，他们让戏剧效果和情节自然展开，懂得冲突和解决在叙事中的角色，假如需要的话他们会毫不犹豫地在叙事中注入他们的强烈情感”[①]。

2015年，瑞典皇家学院将诺贝尔文学奖颁给白俄罗斯女记者阿列克谢耶维奇。开奖人、瑞典皇家学院常务秘书萨拉·丹尼尔斯说：“她采访了成千上万个孩子、妇女、男人，通过这种方式，她为我们呈现了我们不太了解的历史故事……同时，她也给我们展现了情感的历史和心灵的历史。”[②]非虚构写作的社会意义和文学价值得到诺贝尔文学奖评委会的承认，非虚构写作由此引起全球的关注。

二、什么是“非虚构”

“非虚构”成为热词后，时常有人问，什么是“非虚构”？有人说，非虚构就是报告文学，报告文学就是非虚构；有媒体说，“‘报告文学’已老，‘非虚构’请站起来”[③]；有理论家认为，报告文学有一套固定的模式，非虚构没有，“非虚构写作的提倡者，拒绝把话语当成工具，要求把个人的局限性、局部性、片面性呈现出来，这样的真实

① 戴维·加洛克：《前言》，戴维·加洛克编：《普利策新闻奖：特稿卷》，多人译，新华出版社1999年版，第5页。

② 邢春燕、罗昕、徐明徽：《她的复调书写，是对我们时代的苦难与勇气的纪念》，《东方早报》2015年9月9日。

③ 张杰：《“报告文学”已老，“非虚构”请站起来》，《华西都市报》2014年8月15日。

性恰恰对抗了前一种话语的真实性”[①]。非虚构作家梁鸿认为，在文体上，非虚构与报告文学是并列的。这意味着“非虚构”是一种文体。梁鸿说：“如果报告文学的概念是开放的，不是那种居高临下的‘报告叙述，而是容纳平等的、个人视角的’报告，《出梁庄记》肯定也算是报告文学。”[②]《出梁庄记》是她的一部非虚构作品，这番话是该作品以散文申报鲁迅文学奖却没有入围时说的。

对于非虚构，在中国尚无公认的定义。哈佛大学驻校作家马克·克雷默认为，非虚构叙事有许多称谓：叙事新闻、新新闻、文学新闻、创意非虚构写作、专题写作、非虚构小说、记录叙事。这是从新闻学角度给出的定义。在美国高校，开设非虚构写作的专业很多，如人类学、社会学、传播学、新闻学、历史学、文学等。估计马克·克雷默的定义不仅在文学界，在其他领域也难得到认同。

我认为非虚构不过是对叙事文学的划分，将之分为虚构与非虚构。非虚构也就是不虚构或没虚构。广义的非虚构文体有报告文学、通讯、特稿、纪实文学、民族志（或田野调查报告）、史志文学、旅行散文、传记文学、回忆录。有人认为日记也可划归为非虚构。我个人认为狭义的非虚构，或主流非虚构文体为报告文学、特稿和民族志，特点是新闻性（新鲜性与真实性）较其他非虚构文体高。这三种文体分为三个领域：报告文学为文学，特稿为新闻，民族志为人类学、社会学。在国内被认为非虚构文体的作品，大多是民族志。何谓民族志？“有这样一种学术研究，研究者对一个地方、一群人感兴趣，怀着浪漫的想象跑到那里生活，在与人亲密接触的过程

① 此为刘大先的观点，参见张慧瑜：《跨学科视野下的非虚构写作》，《长江文艺评论》2019年第1期，第100页。

② 张杰：《“报告文学”已老，“非虚构”请站起来》，《华西都市报》2014年8月15日。

中获得他们生活的故事，最后又回到自己原先的日常生活，开始有条有理地叙述那里的所见所闻——很遗憾，人类学的这种研究路径在中国还是很冷清。”[1]牛津大学人类学院研究员项飚说：“从影响深远的《写文化》(*Writing Culture*)一书出版后，把自己写入民族志几乎成了人类学家的一项义务。学者们强调，研究者不是全知全能的上帝，我们总是以某种具体身份、在某个具体位置上进行观察和思考的。所以需要阐明自己的立场，说明如何在互动中理解对方。几乎在同一时期，西方媒体写作也越来越多地引入作者本人的身影。”[2]

划分虚构与非虚构的重要意义不在于写作，而在于图书导购。写作者犹如菜农，自己种的是白菜、萝卜、黄瓜，还是西红柿、茄子、辣椒，再清楚不过了。他们不否定自己种的是蔬菜，可是没人会按“蔬菜”打理与采摘，写作者也是如此。

在没听说“非虚构写作”这一概念时，我已开始写特稿，后来又从事报告文学写作。特稿分为新闻特稿和纪实特稿，前者偏重新闻，注重新闻价值要素的重要性，后者偏重文学，注重新闻价值要素的趣味性和人情味。新闻特稿适用于报纸，纪实特稿适用于期刊。特稿是新闻性与文学性相结合的文体，报告文学也是，区别在于前者篇幅较短，通常三五千字，报告文学的篇幅较长；特稿与报告文学相比，文风简洁，节奏较快；前者偏重事，后者偏重人；特稿更注重可读性，注重市场，当下的报告文学偏重主旋律与宏大叙

---

① 高丙中：《总序》，詹姆斯·克利福德、乔治·E.马库斯编：《写文化——民族志的诗学与政治学》，高丙中、吴晓黎、李霞等译，商务印书馆2006年版，第1页。

② 项飚：《家：占有与驱逐》，马修·德斯蒙德：《扫地出门：美国城市的贫穷与暴利》，胡谆、郑焕升译，广西师范大学出版社2017年版，第ⅳ页。

事……我从事报告文学写作之后，仍然写特稿，有些选题先写四五千字的特稿，再写四五万字的中篇报告文学，然后再写二三十万字的长篇报告文学。

三、非虚构写作重在“深”

主流的非虚构文体，不论是特稿、报告文学，还是民族志，在写作上与新闻报道的不同，是借助文学对历史、时代、社会和人性进行深度发掘。

众所周知，写作分为两个层面：一是“写什么”；二是“怎么写”。在“写什么”上，非虚构与小说的偏重有所不同，暂且不谈。在“怎么写”上，非虚构作家比小说家弱，或者说不如小说家，因此在写作风格、言语、结构、细节等方面，往往要借鉴小说。美国著名非虚构作家、“新新闻主义”代表人物盖伊·特立斯直言不讳地说，这种写作风格他是从那些伟大的小说家那里读来的，如F.斯科特·菲茨杰拉德、约翰·奥哈拉、欧文·肖、欧内斯特·米勒·海明威等①。非虚构作家马修·德斯蒙德也说自己写作上深受约翰·斯坦贝克、托妮·莫里森、拉尔夫·艾里森、丹尼斯·约翰逊等小说家的启发。对我影响最大的则是威廉·福克纳，他的《献给艾米丽的黄玫瑰》，我读过几十遍。

我认为，非虚构与小说在写作上的最大不同在于素材的获取方式与加工方法。非虚构作品不仅要有审美价值，还要有告知功能，需要对现实进行深度发掘，揭示出真相。有人说历史是没有真

---

① 马克·克雷默、温迪·考尔编：《怎样讲好一个故事》，王宇光等译，中国文史出版社2015年版，第10页。

相的，我认为真相犹如微积分的无穷大或无穷小，是永远不可抵达的彼岸，不过是可以无限逼近的。对具有社会责任感和担当精神的非虚构写作者来说，寻找真相是其奋斗的目标。小说可以凭空遐想，可以无中生有，可以心想事成，想什么有什么；非虚构不可以，对它来说犹如考古挖掘，挖出什么是什么，这注定写作之艰辛，注定要筚路蓝缕，砥砺前行。这也许就是除杜鲁门·卡波特之外，鲜有小说家创作出经典非虚构作品的原因。新闻界有句名言："七分采访三分写。"非虚构何止七分？有时是让人望而生畏的浩瀚工程。杜鲁门·卡波特写《冷血》时，为搜集素材耗时六载，甚至不惜跟死囚同牢；拉莱·科林斯和多米尼克·拉皮埃尔写《巴黎烧了吗？》时，耗时三年，查阅了美、德、法三国的军事资料，采访了上至艾森豪威尔、戴高乐的高级助手、原德军守城司令官肖尔铁茨，下至美、法、德普通士兵和巴黎市民八百多人……[①]

国内的非虚构作家在事实与真相挖掘上远不及欧美的记者与作家。我们的选题是已发生事实或故事，要依靠采访与资料写作。采访一靠运气（被采访者的记忆力、观察体验能力、表达能力、诚实度），二凭经验，三要坚持不懈，对一切充满好奇心。挖掘的深浅取决于作者的创作态度与责任意识，有人采访两三个小时就能写一篇三五千字的特稿，采访十天八天可写一部二十万字的书稿。也有人采访几天才能写一篇特稿，采访几年才能写一部书稿。我属于很笨的写作者，北大荒留守知青先后采访二十四年；中国乡村"没妈孩子"调查，采访了六年，看着那群孩子长大；写《"乌坎事件"调查》采访了三年，吃住在农家，访谈之外就是观察与体验，看他们

---

① 董乐山：《译序》，拉莱·科林斯、多米尼克·拉皮埃尔：《巴黎烧了吗？》，董乐山译，译林出版社2013年版，第III页。

之间的人际交往，听他们的对话，了解他们之间的关系，以及风俗习惯……我觉得只要像影子似的盯住一个人，十天半月也就有了基本了解。但跟西方作者比，只有汗颜。盖伊·特立斯写一位被妻子割去男根的失败男人，他与那家伙厮混六个月，开车拉着那家伙到处跑，不仅结识了他的医生和妻子，弄清那把刀是三年前从宜家买的，还跑去见了卖刀的女销售员……

20世纪，西方的非虚构写作者就采取参与式观察的方式。参与式观察是社会学、人类学、农学、心理学、宗教学所用的调查研究方法，要求调查者进入被调查者的世界，去观察，去体验，去倾听，去感受，像被调查者那样去生活。要求作者在事发现场，目睹事实的发生。相比之下，"我提问，你回答"式的采访，犹如悬线诊脉，隔靴搔痒。

《洛杉矶时报》记者索尼娅·纳扎里奥采写由墨西哥偷渡美国找妈妈的恩里克时，不仅对恩里克追踪采访两周，等他第八次偷渡成功，又多次采访他们母子，而且还沿着恩里克偷渡的路线穿越。创作《恩里克的旅程》时，她与摄影记者沿着洪都拉斯、危地马拉国境和墨西哥三十一个省份中的十三个行走，行程两千五百六十千米，像恩里克那样搭乘长途汽车、货车、油罐车、卡车，躲避沿途的检查站、警察和专门袭击偷渡客的匪帮。她记下一百本笔记，录下几百个小时的采访录音和超过一百个电话采访的材料，写下三万多字的《恩里克的旅程》。作品发表后，在社会上引起强烈反响，获得了2003年普利策特稿写作奖。美国作家特德·康诺弗读的是人类学专业，参与式观察是他的专业必修课。在创作非虚构作品《失踪》时，他跟流浪汉在一起生活了四个月，跟他们一起爬火车，像他们一样思维和行动；写《新杰克》时，他以看守的身份到监狱卧底十个月。

相比之下，中国的非虚构写作者在这方面远不及西方。不过国内已有作家尝试参与式观察：梁鸿写《中国在梁庄》时，回到久别的村庄，像村民一样生活；慕容雪村为写《中国，少了一味药》，混进了江西上饶的一个传销团伙，生活了二十三天；丁燕为写《工厂女孩》，在工厂当了两百天女工，过普通女工的日子，每天工作十一个小时，一周工作六天。

四、民族志的启示

“走进门的贾法瑞嘴巴张成了O形。他把书包往后一甩，瘫靠在双人沙发上，模样就像刚爬完一整层楼梯的老人。‘贾法瑞，去拿我的包包。’阿琳说。儿子点头朝卧室走去。等他出来，阿琳接过手包，抽出一支舒喘宁摇了摇。贾法瑞用嘴巴含住吸入器，深深吸了口气。但两个人没配合好，第一次他错过了时机……所幸第三次终于把药送进了肺里。吸完药后贾法瑞屏住呼吸，鼓起双颊，就像小孩跳进泳池前在岸上所做的准备运动那样。母亲阿琳则在一旁数，‘一……二……三……’数到十后，贾法瑞吐气并重新换气，终于露出笑容。阿琳也对贾法瑞报以微笑。”[①]这是《扫地出门：美国城市的贫穷与暴利》中的场景。可以看出写作者是在场的，否则不是略过就是虚构。项飚对这部作品的评价是：“整本书像是一部深度的纪录片，从一个场景推移至另一个场景。作者马修·德斯蒙德直白而细致的描写有如特写镜头，把各个人物的表情语气、所感所思直接呈现给我们。诸多具体场景叠加在一起，逐渐呈现出强

① 马修·德斯蒙德：《扫地出门：美国城市的贫穷与暴利》，胡谆、郑焕升译，广西师范大学出版社2017年版，第76页。

制驱逐这一现象的历史、制度和结构特征，及其后果。”[①]

马修·德斯蒙德的《扫地出门：美国城市的贫穷与暴利》获2017年普利策非虚构图书奖。马修是人类学家、民族志学者、普林斯顿大学社会学系教授。令我惊诧的不是马修的学术身份，在美国非虚构作家中有许多学者，如特德·康诺弗为纽约大学亚瑟·卡特新闻研究院教授，获2003年普利策奖的《来自地狱的难题：美国与种族灭绝的时代》的作者萨曼莎·鲍尔是哈佛大学教授；我惊诧的是《扫地出门：美国城市的贫穷与暴利》既是非虚构作品，又是“一部非常严肃的学术著作”。

马修在《关于我的故事——研究始末与回顾》中说，他在报纸上读到托宾的拖车营的住户将面临大规模的驱逐，他搬进了那个拖车营，住进了要调查的“田野”里。马修说：“你首先要和你想了解的族群打好关系，长时间追踪、观察、体验他们在做什么，包括跟他们一起工作、玩乐，尽可能把他们的行动与人际交往记录下来，直到有一天你走路像他们、说话像他们、思考像他们、对事物的感受也像他们为止。”[②]在那里住了四个月，马修又搬到贫民窟，给一个专门租房给穷人的房东当学徒，他像影子似的跟在房东后边。他跟那些人打成一片，以至于他们时常忽略他的存在。他所写的场景、情节和细节都是他目睹的，或体验到的。马修在采访与写作上远比我们这些非虚构写作者专业和敬业。目前，中国学界与业界还没有像马修这样的写作者，但我相信早晚会出现的。

非虚构写作在不断发展，从新闻进入文学、人类学（民族志）、

---

① 项飚：《家：占有与驱逐》，马修·德斯蒙德：《扫地出门：美国城市的贫穷与暴利》，胡谆、郑焕开译，广西师范大学出版社2017年版，第ii页。

② 马修·德斯蒙德：《扫地出门：美国城市的贫穷与暴利》，胡谆、郑焕升译，广西师范大学出版社2017年版，第425页。

社会学、历史学、政治学、心理学、宗教学等领域。非虚构犹如一条波澜壮阔的大河，会不断有支流汇入。我相信报告文学、特稿等文体将会继续从小说汲取写作的养分，也会从民族志、人类学汲取有益经验，其品位、分量和可读性将会大有改观。

（该文刊于《当代文坛》2019年第6期）

文心诗思

“大学三部曲”创作手记

晓　风[①]

一、大师之问与大学之道——《弦歌》后记

中国的大学里，为什么这些年产生不了学术大师？真正的学术大师究竟何时才能出现？钱学森生前这忧心忡忡的惊世一问，迫使国人认真思考短期内大师难以横空出世的深层原因，并进而审视中国大学改革与发展的现状。

不可否认，这些年，中国大学的总体数量增加了，单体规模扩大了，硬件建设也突飞猛进了，校舍及校园的现代化程度比起欧美发达国家似乎并不逊色，很多高校还雄心勃勃地确立了建设世界一流大学的宏伟目标。但除了一个并不在高校任教的莫言意外地获得了诺贝尔文学奖以外，目前各高校中有望问津诺贝尔奖项的学者似乎还没有呼之欲出。原因又是什么呢？

① 晓风，原名肖瑞峰，浙江工业大学资深教授，博士生导师，国家级教学名师、浙江省特级专家，作家，主要从事唐宋文学、中国诗歌域外传播研究及中长篇小说创作。

原因肯定不会是单一的。其中的一个原因也许是对大学之道的认识步入了误区,或者说出现了偏差。

大学之道是什么?恐怕无法给它下一个精准的定义,也很难用三言两语说清楚。它应该包括许多内容,比如崇尚学术,追求真理;比如大气包容,和而不同。它欣赏成功,但也宽容失败;拒绝邪说,却能坦然面对异端,因为异端几乎可以和标新立异画等号,从某种意义上说,就是一种时下倡导的创造性思维。而更重要的是它主张宁静致远,从骨子里排斥过于功利的目标,排斥急功近利的思想方式与行为方式。

一个不容忽视的现象是,这些年大学之间热衷于争名次、比高低,这本身是奋发进取精神的表现,无可厚非。但问题是,多种动机有异、体系有别的“大学排行榜”也就应运而生,让一些急于提高知名度和影响力的高校,尤其是地方高校趋之若鹜,而排行榜的编创者也被许多高校奉为座上宾,赢得了前所未有的尊重,一时风生水起。对未必十分精确的排名如此在意,既体现了高校领导强烈的事业心与责任感,也多少折射出他们在现行的教育管理体制及资源调配政策下的无奈。要提高名次,最重要的当然是要不断取得足以影响排名的新成果和新业绩。这就必须给老师们加压了,必须强化对老师们的考核机制和激励机制了。多出成果、多出业绩,成为刻不容缓的现实要求。于是,老师们就把成果和业绩作为主要的追求目标。在这种体制与机制下,老师们能继续将“淡泊以明志,宁静以致远”当作为人为学的座右铭吗?能像先贤们那样做到“板凳甘坐十年冷,文章不著半句空”吗?宁静不下来,沉潜不下去,就很难做出大学问,大师也就杳如黄鹤了。

这种做法是否有违大学之道呢?大学能否不要这么功利、至少不要这么急功近利呢?管理大学的部门以及大学的管理者不妨做一些反思。什么时候想清楚了，想透彻了，在政策、机制上能做相应的调整，再加上其他条件的配合，大师的产生或许就不会遥遥无期了。

基于这一现状以及对这一现状的思考与感悟，我构思了《职称》这篇小说，试图通过张有忌这一人物和他申报职称这一事件，再现校园生活的一个角落。我本人其实比较幸运，凭借天时地利，三十多岁时就忝居教授之列，所以并没有体验过张有忌那样的困惑与纠结。但我身边却有不少像张有忌那样不计得失地耕耘在教学一线的人物，他们不可能成为大师，却用兢兢业业教书育人的实践活动，从一个侧面诠释着大学之道。

以《职称》为起点，我又相继创作了《第三种人》《开局》《岗位》等三篇小说。我试图以此来折射现行教育管理体制下高校知识分子群体的生存处境，展示他们面对重重压力的困惑与无奈，同时也表现他们在困惑中的坚持、无奈中的奋争，以及心灵深处对大学之道的守望。它们当然不是生活的实录，人物和故事都是虚构的，但高校的老师们也许能或多或少地从中看到自己生活的影子。如果他们觉得作者的艺术再现旨在"向善"且没有"失真"的话，则我于愿足矣！

在学术研究之余试手文学创作，与其说是为了验证自己跨界驰骋的能力，不如说是出于现实生活的感召。我热爱高校生活，当然我也希望它能呈现出更加理想的状态。我知道，我的小说创作不可能改变什么，但也许有可能让同路人悟出点什么，从而乐于跻身"全面深化高校改革"的行列。如果问我的创作有什么"主导倾向"的话，我会毫不犹豫地说，那就是在许多高人雅士眼里早已陈腐不堪的"现实主义"。

在小说创作、发表与出版的过程中，我得到诸多师友的关爱与支持。我不想落入俗套地一一罗列他们的姓名，也不想轻言感谢，但我会永远铭记他们的恩惠，并将其转化为日后创作的不竭动力。

我不敢期望自己在文学创作的道路上能走多远，但可以肯定的是，既然走出了第一步，那么，第二步也就势在必行了。但愿它能早些落地。

（《弦歌》，浙江文艺出版社2014年5月第1版，有删改）

二、现实的突围与理想的守望——《儒风》后记

我不知该如何为本书定性：长篇小说抑或中篇小说集？五个章节既可以各自独立成篇，人物与故事又互有交叉，它们在同一创作指归下相互衔接、相互补充、相互映衬，从不同截面汇成当代大学校园的生活长卷。谓之中篇小说集固然允当，视之为长篇小说亦无不可。

本书是我两年前出版的《弦歌》的姊妹篇，旨在踵事增华，多视角、全方位地反映高校生活，揭示高校知识分子群体的生活形态和精神诉求。小说中的主人公身份各异，遭遇也很不一致，却有着某种共性，那就是既在现实中陷入重围，又不失为理想的守望者。无论是《发票》中的刘子仁，《课题》中的田本纯，《评估》中的杨亚男，还是《换届》中的季平章，《回归》中的薛鹏举，他们无一不在严酷的现实面前感到困扰，甚至为此而心力交瘁。他们也都默认了现实中的某些潜规则，有着向世俗化趋同的一面，但在内心深处，他们却没有泯灭理想，丧失本真，依然对至善至美至纯的东西保存着程度不同的向往与追求。他们也有私欲，也曾试图牟取私利，但在从现实突围的过程中，他们最终都守住了底线。在他们身上，更多蕴

蓄着的是正能量，是强烈的事业心、责任感和薪火不灭的人文精神。作为今天的新儒林人物，他们都没有失去传统儒生应有的风骨。这是我将本书定名为《儒风》的原因。

在小说领域，我只是个不求名分、不问结果的业余作者。我的本来身份是大学里的古典文学教授，同时还滥竽充数为一个大学的管理者。目前，管理者的使命已将教授的责任挤压至一隅，而业余小说作者的角色则以隐形的方式出现，在校内很少为人所知。我对时间这块容易缩水的布料的裁剪方案是，白天全部用于履行管理者的使命，夜晚基本上为教授的责任所支配。可以被业余小说作者所利用的只有清晨——那该属于“边角料”了。

黎明的脚步叩响大地前，我已经开始有节奏地敲打键盘了。当晨曦在窗上涂抹出一缕暗淡的白色时，在我模糊的视线中，已经有千余个小蝌蚪在电脑屏幕上欢跳了。这时，我会站起身来，活动一下麻木的四肢，在没有星光的穹庐下做“仰望星空”状，然后继续伏案。当然，不是常年如此，只是在写作本书的两个月里每天如此。收录本书的五个篇章，除了《发票》外，其他都是在这两个月里写成的。我不止一次地想要放松自己，最后却咬牙坚持到抵达既定目标后才放松下来。我一直认为自己不是个很有毅力的人，在中途遭遇多种干扰的情况下，居然没有间断，也从未懈怠，回望来路，不免为自己所感动。原来我尚知自励，并且依然能执着于某件自己真正想做的事情。这使我对自己信心大增。

说来惭愧，我对小说这种文艺形式不见得有多热爱。真的，作为专攻唐宋诗词的学者，我以前对小说创作与研究其实都相当疏离。我之所以一反初衷地涉足小说创作领域，与其说是因为不愿固守一隅，想小小地满足一下“开疆拓土”的野心，不如说是因为内心积淀了太多的现实感受，只有凭借小说这一载体才能得到泄导和传播。诗歌那种对现实的折光式反映,虽然更为精粹,终究容量有限,很难纤毫毕现地展示生活的本来面目,也很难对生活中发生的曲折离奇的故事娓娓道来,并进而揭示蕴含于其间的警世和醒世意义。能承载这一功能与使命的唯有小说。所以,恕我直言,我对小说更多的只是"利用",利用它的文本来演绎自己的感受,寄寓自己的理念。我不敢妄言自己同时也在探索小说艺术,如果说我偶尔不小心触碰到了可名之曰"技巧"的东西,那只是试图把故事叙述得更加可读些。

在本书完稿的第二天,九十四岁的老母亲在看尽人间花开花落后含笑辞世了。在生命的最后岁月里,尽管没有器质性的病变,但尿频、便秘等久治不愈的顽症对她的折磨日甚一日,而听力的彻底丧失更使渴望与人交流的她感到生趣无多。她理想中的自己还是那个耳聪目明、心灵手巧的年轻裁缝,为众多顾客所信赖。而现实中的她却已是风烛残年,再也积聚不起与病痛抗争的心智与体力,更兼旧交零落,知音无存,内心的那一份寂寞总是挥之不去。理想与现实在她这儿同样有着巨大的落差。从这一意义上说,她实际上是以撒手人寰的方式完成了对现实的突围和理想的守望。对本书中的故事和人物,只读过小学的她也许会感到陌生,但她完全可能与田本纯、季平章、杨亚男们达成精神上的共鸣,因为他们都渴望在现实与理想的交汇处自由行走,而事实上,交汇处却狭窄得令他们举步维艰。

我想,如今远在天国的母亲一定乐见不肖子把本书作为祭奠她的唯一供品,愿她的在天之灵永享安康!

(《儒风》,浙江文艺出版社2016年10月第1版)

三、淑世情怀与喻世宗旨——《静水》后记

我怎么也没有想到，在学术研究园地里精耕细作几近三十年，已经习惯了逻辑思维和哲学抽象之后，自己还能产生那样强烈的文学创作冲动，贸然闯到小说领域中来树藩插篱。我再三问走火入魔般失控的自己为什么这样做？为什么不继续在自己熟悉的灶台前得心应手地挥动锅铲，而偏要另起炉灶，在炉膛未热时手忙脚乱地烧出一锅火候不到的夹生饭呢？我也说不出究竟为什么，只是觉得冥冥中有一种无形却很有力量的东西推动着我用一种新的形式来表达自己的思考与感悟。这种东西无以名状，如果要我从自己储量不丰的语言仓廪中选择一个词语来勉强形容的话，那该是“淑世情怀”吧。

“淑世”者，济世也。在唐宋文学研究论文中，“淑世情怀”“淑世精神”是频繁出现的语汇。它是那些渴望济世、勇于担当的士大夫的共同特征。长久浸润于唐宋典籍中的我，不敢以淑世者自诩与自期，却对深具淑世情怀的先贤们无限景仰，诚所谓“虽不能至，心向往之”。于是，现实社会，尤其是我所置身的大学校园内的一切便不能不引起我的关注。我为改革开放以来中国大学的巨大进步感到欢欣鼓舞，但与此同时，正在侵蚀象牙塔的功利化倾向以及某些塔中人日趋浓厚的世俗化色彩，却又让我忧从中来。中国大学要快速发展，也要健康发展，办学水平的提升不能与大学精神的建构逆向而行。我觉得，21世纪初的中国大学可圈可点之处太多，其丰富炫目的程度要超过任何一个历史时期，有必要用一组文学长镜头，从不同角度摄录下它的影像，为后人提供一份相对清晰而又完整的历史记录。而承担这一使命最合适的文体，在我看来非

小说莫属。这就是我擅自越界试手小说创作的根本原因。我不便说我笔下的小说都被赋予了济世功能,但我或许可以说它们都不同程度地折射出我的淑世情怀。我不指望自己的小说能改变什么,但我期待它能引发读者的共同思考:我能为中国的大学做些什么?

我不自量力地试图对现阶段的中国大学做全景式的观照,将镜头扫描到它的每一个角落,通过对不同类型的人物或事件的细致入微的描绘,将它们拼接成校园生活的"清明上河图"。在描绘的过程中,我力图有所寄托,但不是采用贴标签的做法,而是让人物和事件本身释放出讽喻或引导的力量。本书是我继《弦歌》《儒风》之后推出的第三本中篇小说集,收录《学历》《招生》《培训》《事故》《棋子》等五个篇章。篇名与收录于前两本集子的《岗位》《职称》《评估》《课题》等篇一样显得过于平实。本来也可以把它们修饰得艺术些、摩登些,但窃以为这样似乎更具原汁原味,也更让人一目了然。前后十四个篇章,构成"大学生活三部曲",基本上覆盖了大学教师工作与生活的各个侧面。人物与事件偶有交叉,而在殿后的《棋子》中尤为明显。它们之间前后衔接、彼此契合、相互补充。将它们连缀起来,大学及大学教师的生存状态也许可以得到全方位的展示。

作品的主人公几乎全都活得很不轻松,全都在为事业或生活而苦苦打拼。这是大学教师的"新常态"。他们都有向上以及向善的愿望,但在实现愿望的过程中,他们却常常遭到现实的无情阻遏甚至狙击。阻遏与狙击他们的有永远不可能清洗出这个世界的邪恶势力,也有随着管理者的调整而不断革新的所谓"体制与机制"。他们都不是堂吉诃德式与风车作战的英雄,一点也不另类,他们大多了解世态人情,懂得必要的游戏规则,有不能免俗的一面。但他们更有不愿随俗的一面，在他们心灵深处都根植着传统文人极为看重的“道”，“道”为他们设置了不可逾越的底线。他们中的有些人也许还称不上始终守望公平与正义的卫道者，却没有完全泯灭卫道意识，在关键时刻还是能展现出卫道者的底色的。我不否认，这些人物形象多少带有一些理想化的色彩，因为在对他们的塑造中，揉入了作者对真善美的向往与追求。我希望现实生活中能够多一些这样的人物，如果这样的人物充彻于我们身边，大学校园不就可以得到净化，大学之道不就可以得到更有力的维护吗？

本书名之曰“静水”，正如读者诸君所判断的那样，盖取意于“静水深流”这一成语。关于“静水深流”，坊间有诸多煞费苦心却是望文生义的解释。有高明者采用拆字法对它进行肢解：静，就是生命的完满；水，就是生命的本源；流，就是生命的体现；深，就是生命的蕴藉。我非常佩服解读者的睿智，却不敢拾其牙慧。其实，“静水深流”的内涵何须违背“不落言筌”的古训去刻意阐发，稍具感悟力和想象力的读书人自能意会。我小说中的那些主人公实际上还不具备“静水深流”那样的大境界和大胸怀。说得坦白点，定名为“静水”，我更多还是着眼于它的字面意义：书中的人物一如他们所立足的大学，看似一泓静水，实则在平静的水面下，一直有暗流涌动；当风吹来时，“水波不兴”的和谐就不复存在；而一旦外在的风波与内在的潜流相呼应，覆舟的危险就迫在眉睫了。

我不知该如何简洁而又精确地说明自己的创作动机，我想，无论如何措辞，都避不开两个关键词，一个是“淑世情怀”，另一个则该是“喻世宗旨”了。

（《静水》，浙江文艺出版社2017年4月第1版）

从来没“跨界”，一直“在路上”
——谈谈我的“两副笔墨”

叶　炜[1]

一、一切都是为了自由表达

写作是什么？我们为什么要写作？这个问题的答案似乎很复杂，然而也简单：写作无非是一种表达。正如两汉时期重要的诗学文献《毛诗序》所说：“诗者，志之所之也，在心为志，发言为诗。情动于中而形于言，言之不足故嗟叹之，嗟叹之不足故永歌之，永歌之不足，不知手之舞之，足之蹈之也。”[2]写作作为一种艺术表达，其作用也无非是传达自己的意志而已。每一个作家都有自己最擅长或者说最喜欢的文字表达方式。大多数时候，这样的“擅长”和“喜欢”应该也是最“合适”的。如果这三个词语无法对应而产生了表

① 叶炜，创意写作文学博士，文化创意产业管理博士后，美国爱荷华大学访问学者，浙江传媒学院创意写作中心主任，知名小说家，浙江网络文学院执行院长，《中国作家研究》主编。

② 郭绍虞主编：《中国历史文学选》（一卷本），上海古籍出版社2001年版，第30页。

达的错位，那么他的这种表达就会变得可疑，甚至是自相矛盾，当然是“行之不远”了。对于一个成功的写作者来说，首要的任务就是为自己的写作寻找到最合适的表达方式。于是，在写作的文体世界里，有了小说家、诗人、评论家、散文家以及杂文家等不同的“圣手”。有的作家习惯于某一种写作表达方式，从而造就了他的文体；另有一些作家，在习惯了一种表达方式的同时，突然产生了文体“突变”，“跨界”到另一种表达文体，这表面上看似乎是一种“越界”，其实他们也多是源于表达的需要。因此，小说家转而写评论也好，评论家转而写小说也罢，在我看来，都是一件极其自然的事情。就像一条大河的改道、分支、合流，这些都是水到渠成顺其自然的事情，最终都会百川汇海。

中外文学史上有许多重要的作家，在创造了优秀作品的同时，也留下了许多丰富的文学理论批评文字。比如萨特的《存在主义与人道主义》、博尔赫斯的《博尔赫斯和我》、普鲁斯特的《复得的时间》等，都是著名的理论批评文章。现代文学史上的文学大家更是如此。新文学的奠基人鲁迅等人，都是出入于文学创作和文学批评领域的双栖型作家。茅盾、巴金、老舍、曹禺、沈从文等人也是如此。

于我而言，从想要表达的那一刻开始，就习惯了多副笔墨写人生的自由写作，也从来没有什么“跨界”之感。

早在2000年，大学三年级时，我出版了第一本书，也是第一本作品集《五月的爱情》。这本近三百页的小书在当时的那所大学里引起了小小的轰动。毕竟是在校大学生出版的作品，打破了那所大学建校五十多年的纪录。作品集是一位比较熟悉的出版商朋友负责的，当年拿到书时很激动，捧着书本看了一遍又一遍。现在回过头来再看，作品集所收录的文章质量是参差不齐的。那本书中小说作品占去了一半的篇幅，其次是评论，再次是散文和诗歌。颇感意外的是，我的写作从一开始就奠定了延续至今的格局。至少就小说和评论而言，我一直都在坚持着，有评论说我的写作是“左手小说，右手评论，两副笔墨写人生”，虽有夸大，定位却是准确的。小说和评论一直是我文学表达的一体两翼，也是相辅相成的，我颇为享受这种信手拈来随物赋形、不问文体只管表达的状态。一个题目，适合小说就写小说，适合发发议论就写评论，一切都顺其自然、水到渠成，多好。至于散文和诗歌的写作，相对来说是很少的。尤其是诗歌，大学毕业之后，除了在美国访学一年偶有“发狂”，现在已经几乎不再涉猎了。

二、小说和评论的笔墨转换

从2000年开始算起，到今天已近二十年。随心所欲一路走下来，也竟然有了不小的收获。当然，我所说的收获不是指获奖和其他附着在文学表面的东西，我强调的是文本本身，即摆在那里的一本本作品。

二十年来，关于小说的写作，除去在文学期刊发表长、中、短篇小说之外，我先后出版了四个三部曲和两部小说集。

第一个三部曲是“青春三部曲”，包含《大学.COM·狼》《大学.COM·羊》《大学.COM·城》。这个三部曲并不是一起推出的，前两部由长江文艺出版社于2008年出版，而第三部的出版已经是十年之后了。这是三部写校园生活的长篇小说，第一部《狼》聚焦的是著名作家到大学任教的人生波折，主要反映的是知识分子的中年危机。第二部《羊》写的是女大学生身体的堕落和精神的飞升，沟通了大学校园和社会环境，写作初衷是聚焦社会巨变给大学生带来的物质和精神的双重冲击。第三部《城》其实是一部网络化风格很强的小说，一开始是以《同居时代》的名字在天涯社区《舞文弄墨》栏目上连载了一些时日，后来参加腾讯举办的一个小说大赛，主办方做了推广展示，在网络上有过一些反响。这个三部曲可以说是我写作长篇小说最初的一个尝试，正是从这个三部曲开始，我的主要精力便转向了长篇小说的写作。

第二个三部曲是“乡土中国三部曲”，包含《富矿》《后土》《福地》。这个三部曲前后写作的时间比较长，写作的顺序和出版的顺序并不一致，而且前后延宕的时间也是漫长的。从《后土》的动笔到《福地》的出版，差不多跨了近十五年时间。最先动笔写作的是《后土》，时间大概是2002年的冬天，我在一台二手笔记本上敲下了第一稿。这个长篇小说曾经以《人斗》的名字发表在一家名为《中国文艺》的刊物上，然后就一直放在那里。直到2010年，又拿出来进一步修改。前前后后修改了三年，2013年交给青岛出版社顺利出版了。这个小说写的是鲁南苏北农村改革开放以来的变迁，聚焦的是农村基层干部之间的斗争。《后土》改得辛苦，却也比较欣慰，小说的满意度也是很高的。修改《后土》的过程中，2016年我在南京师范大学攻读中国现当代文学的研究生学位，利用课余时间写了《富矿》。可能是准备充分，写作时间也比较充裕，《富矿》从动笔到完成进行得非常顺利，几乎是像水一样流淌出来的。这个长篇聚焦的是煤矿冲击、改变村庄的过程和人心在这种冲击下的巨变，故事和人物在现实中都有一点儿原型，写作时的精神是高度自由的，是一种敞开了的写作。这个长篇在写作的过程中还得到了中国作家协会的重点扶持，入选了2007年的重点扶持项目。由此，小说出版也很顺利。记得出版以后中国作协重点扶持办公室和江苏省作家协会联合在北京开了一个研讨会，效果很好。那时的研讨会还有个研讨会的样子。我至今都清楚地记得研讨会当天的情形,中国作家协会十楼会议室硕大的空间和大气的背光板太令人印象深刻了。正是在这次研讨会上,我第一次见到了许多文坛大咖,老一辈的张炯先生、雷达先生、何镇邦先生、牛玉秋先生等,正值壮年的陈福民老师、胡平老师、王干老师、张王飞老师、高叶梅老师、成曾樾老师、施战军老师、吴义勤老师、汪政老师、张柠老师等,还有比较年轻的李东华老师等。让我感动的是,中国作协的领导陈建功先生也出席了研讨会,省作协的领导、作家范小青女士和原工作单位江苏师范大学的领导徐放鸣书记、方忠副校长也参加了研讨会。这个会议对我的创作产生了极大的推动力,各位老师的充分肯定和中肯建议促使我继续写出了最为用力的《福地》。

作为“乡土中国三部曲”的收官之作,《福地》的写作是对前两部的一个小小的超越。这一点可堪欣慰。相对于前两部,《福地》所要表达的更多。它的写作也经过了长达五年的积累。从一开始写作念头的迸发,到资料的搜集,再到历史现场的回顾,最后落笔成文,这又是一番“寒彻苦”。小说初稿的写作持续了整整一年,然后再经过两三遍的修改,最后书稿完成时,顿觉神清气爽。这部作品也得到了专业读者的认可,出版后被中国作家协会《长篇小说选刊》全文转载,这在我自然也是一个十分难得的鼓励。

“乡土中国三部曲”整体上保持了一个基调,自始至终没有降下来。这从一百二十万字的规模上说,也是不容易的。因此,这个三部曲是我目前最为满意的作品,也是我四十岁之前最为用力的写作,算是我作为青年写作者的一个总结。

“乡土中国三部曲”写作之余,我受到出版社的邀约,见缝插针地完成了另一个长篇三部曲,即“裂变中国三部曲”,包括《糖果美不美》《山西煤老板:黑金帝国的陨落》和《贵人》。这三部作品聚焦的是改革裂变时期中国的几个特殊阶层，包括富二代、煤老板和职场白领。这个三部曲的风格和“乡土中国三部曲”大为不同，如果说后者更偏向于传统纯文学写作实验的话，那么前者更像是一种通俗作品的写作，是网络化时代的一种“投其所好”。于我而言，这个三部曲也是一种写作节奏的调节。写作“乡土中国三部曲”，神经绷得太紧了，几乎是不管不顾全力以赴盛装出行。但“裂变中国三部曲”却写得异常轻松，完全是在一种非常愉悦的心情之下的写作，甚至带有一点玩笑的性质。

《糖果美不美》关注富二代的精神成长，小说涉及当代大学生的精神颓废和清洁追求。“糖果”是一种象征，象征着纷繁复杂时代的诱惑，在这种诱惑之下，有人能保持清洁和干净，也有人会不由自主地坠落。这个小说曾以《坠落》的名字参加过《芳草》杂志举办的长篇小说大赛，获得了唯一的二等奖（一等奖空缺）。《山西煤老板：黑金帝国的陨落》是出版商的一个“定制作品”。《富矿》出版以后，一个从未谋面的北京出版商联系我，问我可否再写一部煤矿题材的作品，不过要把故事背景放在山西，聚焦的不再是煤矿和农村的对立以及融合，而是一个很特殊的群体——山西煤老板。当时手头上正好有一些《富矿》没有用掉的素材，就以玩笑的心态答应了下来。小说写得也很随意，用时不到三个月，便完成了这部十五万字的作品，交给出版社出版了。据说这部小说获得了很好的效益，不但书发行量巨大，几乎是一个天文数字；出版商在网易云阅读做的电子书也销量可观，点击量达到了近两千万次，一直跃居网站订阅量和点击量的第一位。此书写作“胆大包天”，映射了不少社会腐败现象，甚至指向了中央首长的秘书。虽然是一部偏通俗的作品，批判力和思想力却得到了意想不到的传播。更令人惊奇的是，作品问世不久，一位中央首长大秘真的落马了！一种文学想象变成了现实预言，想来这真是有点不可思议！至于《贵人》，也是在一家图书策划公司的催促之下完成的初稿，那时候还没有微信，网络社交还是QQ的天下。这家公司给我的命题是“QQ空间”，小说所要表现的正是社交媒介对职场规则的影响。不料小说初稿完成，发现QQ已经不再那么惹人注目了，这家公司也就搁置了小说的出版。随后，我就这部作品与广东东莞文学院签约。这期间，我又对小说进行了较大的修改。此书最终被纳入“紫金文库”出版。

“裂变中国三部曲”总体来说是通俗作品，并没有多少传统文学所自带的文学性，估计也入不了文坛精英的法眼。就是我自己，也是能不提就不提的。这是为普通大众读者所写作的一个系列。即便如此，我也没有放松作品的思想性传达，小说对社会阴暗面的暴露和批判力度还是比较大胆的。戳破伤疤，捅破假象，言说被遮蔽的常识，这是我对这个三部曲的一点点期望。

2019年6月，第四个三部曲，也就是“转型时代三部曲”（包括《裂变》《踯躅》《天择》）出版了。

这个三部曲中的《裂变》写作时间比较早，大概是2008年前后，在徐州办学的中国矿业大学发生了铊中毒事件，闹得沸沸扬扬。这引起了我的一些思考，由铊中毒联想到大学科研体制的弊端，因为我长期在高校学习、工作，对大学管理体制有着切身的体会。于是我就从这个事件写起，一口气写成了十四万字的长篇小说。小说一开始的名字叫《中毒》，发表在2009年年底的《小说月报》原创版长篇专号上。这次出版又经过修订，因为出版政策的变化，也不得不做一些技术上的调整。

《踯躅》取材于一个朋友的切身经历。我在南京师从何言宏教授读研究生的时候，认识了一个经历复杂的朋友，他向我讲述了自己大学所经历的事情，一再建议我把这个故事写出来，了却他的一个心愿。沉淀了一段时间之后，结合我自己在南京读书的感悟，我把这个故事主题处理成了乡村青年大学毕业之后进城工作的精神裂变和面对情感的两难选择。这部小说所揭示的内容差不多是"70后"一代人的共同困惑。我们与改革开放的步调一致，出生在新时代，长在红旗下，经历过农村生活的苦味，品尝过城市的滋味，有自己的精神追求，也忘不掉自己的原乡，带着敏感与卑微奔波于城市和农村之间，常常处于灵魂和精神的"中间态"。这一切，正如这部小说的题记所说：回不去，进不来。显而易见，这是一种很大的痛苦。

而《天择》是我在美国爱荷华大学访学时的产物。2015年前后，我在文学之都美国爱荷华访学创意写作，闲来无事，便写了《天择》。加上此前完成的《裂变》和《踯躅》，正好完成了一个高校知识分子系列。在这部小说中，借主人公牛万象的梦境，我提出了对于"精神清洁"和"乌托邦"的反思。这是"转型时代三部曲"要表达的重要主题之一。

《天择》整部小说都重在展现青年知识分子的精神苦闷与身体迷狂，通过这些来呼唤千百年来知识分子所共同追求的精神上的自由和洁净。这一看似简单的理想，在现实生活中做起来却如履薄冰。这部小说一开始的名字定为《乌托邦》，其用意不言自明。今年是五四运动一百周年，掀起新文化革命的，正是一代沐浴着欧风美雨的知识分子。他们有着现代的思想和视野，勇敢地把衰败的老中国拖出泥潭，走向了新生。而他们，当年也是青年。青年知识分子，在这个转型时代，应该怀抱着舍我其谁的精神勇敢地站出来，成为匡正社会畸形的一股清流，清洁自己，也清洁众生。

我希望自己能够做到创作的"知行合一"，而不是理论的巨人和行动的矮子。在小说中我提到了教授罢课被《南方周末》报道的事情。这件事的确是在现实中发生过的。我曾经工作过的大学曾因为申博,三次败北,而引起了一些教授的强烈反弹,以罢课来表达对此事的愤慨。这一消息被当年的《南方周末》等媒体广泛报道。而我也算身在其中,知晓事情的整个来龙去脉。当然,这个事件进入小说以后,发生了很大的"变形",或许读者能从中找到现实的一些影子,但那是我精心处理过的另一种文学呈现。

作家的写作,总是要有一点乌托邦精神的。

虽说是两副笔墨写人生,但侧重点放在了小说创作方面。当然,另一副笔墨也没有放松。

这些年,除了发表和出版了十二部长篇小说外,我还在《当代作家评论》《南方文坛》《齐鲁学刊》《当代文坛》等发表了近百篇学术评论作品,出版了《自清芙蓉——朱自清传》和《叶圣陶家族的文脉传奇》两本传记以及学术专著《认同的危机》《冷眼看文坛》。其中,《自清芙蓉——朱自清传》是中国作家协会"中国百位文化名人传记工程"之一种,出版后广受欢迎;而《认同的危机》则获得了第十六届中国当代文学研究优秀成果奖。

此外,还有少量的诗歌和散文文字。我虽然写得不多,但也收获了一些奖项。诗歌作品先后获得《时代文学》杂志的诗歌奖,我还被评为当年度的"中国十佳青年诗人"。这些现在显然都不值一提了。

在2006年的一篇记者访谈中,我曾经这样评说诗歌、小说、评论三种文学样式:"诗歌是天空中的星星,只有一部分人知道它,能理解它;小说是月亮,大家都能看到并欣赏;评论是地球,是我们都能直接理解的。"十三年之后,我仍旧是这样的看法:创作需要一种文学力量来支撑,不仅要有理想还要有积累。诗歌不是想写就能写的,必须有灵感。当诗歌不能表达自己厚重的思想时就转型写小说。而评论是更具思想性的东西，我希望在自己思考的同时，别人看到自己的写作也能有一定启发。没有思想的文学是没有灵魂的。我始终笃信文学一定要具有思想性，我将带着自己的理想继续走下去，走向更强大的成长。

三、“杂货铺”会一直开下去

正如前文所提到的，无论是小说创作，还是学术评论的研究，都是发自内心顺其自然的。我的写作没有什么“跨界”之言。从拿起笔的那一刻开始，我就是两副笔墨，适合处理成小说的就写小说，适合评论的就写写评论。这样的写作是随心所欲的，好处是不受文体的拘束，当然坏处自然也是有的。我现在教授学生创意写作课程的时候，都会告诫他们：要尽量地专攻一种文体，现在是“专卖店”的时代，“一招鲜”的时代，“单打一”比“多面手”要来得更好。更重要的是，一个人的时间和精力毕竟是有限的，在如此有限的时间内，做好一件事已经不容易了，哪还有这么多的精力分散到这么多的写作中去？

但对于我自己，“中毒”太深，可谓朽木不可雕也。既然已然如此，也就不去考虑什么“一招鲜”和“专卖店”了。我的写作既然从一开始就是一个“杂货铺”，那就一直“杂”下去好了。

我的写作之“杂”，不仅仅是指多种文体都写，单拿长篇小说的创作来说，我的写作也是有些“芜杂”的。总的来看，我的小说创作整体上可以分为两类，一类是追求精致的也因此比较费神耗力的所谓传统文学创作，另一类是作为副产品的稍微轻松的偏故事性创作。从读者的角度来说，前一种有一点向小众读者致敬的意思，后一种嘛，当然是为了服务大众。我的习惯是两种写作互相交叉，这样也算是有张有弛吧，也是写作的一种自我调节。比如，“裂变中国三部曲”实际上就是在创作“乡土中国三部曲”之余的一种轻松尝试。在完成了这两个三部曲之后，我又尝试了这两种创作类型的融合，这才有了今年出版的“转型时代三部曲”。

在我二十年的写作中，我自己比较满意的作品从来都是水到渠成的。我追求的最佳写作境界就是“沉潜十年，从容不迫”，因此我基本上没有什么“硬写”的任务，这也是栖身于高校业余写作的一个好处吧。或许正是这个原因，我的写作虽然芜杂，却也都是不急不躁的。目前已出版的四个三部曲基本上都是我四十岁之前的作品。但写作的从容并不意味着没有创作的焦虑。在写作“转型时代三部曲”之前，我是有过一段时期的创作焦虑的。焦虑来自创作与工作环境的冲突，以及文学写作与学术研究的矛盾。但从“乡土中国三部曲”开始，我就慢慢理顺了心态，追求的是顺其自然的写作。

因为没有写作的压力，我的写作也算不上多么高产。尤其是和前辈作家比起来，他们的劳模精神更值得我们学习。在同辈作家中，我的创作集中于长篇小说领域，创作比较专注，中短篇小说写得很少。我前一段时间写了一篇关于端午节的短文，在文中有这么一段话：“每个端午节，我都要检视一下自己，这一年来到底做了什么。有人说我写作方面很勤奋，其实哪晓得这正是我对抗时光的方式。我这样的人，从小就不太会玩，以至于到了现在，还是不太热衷于打牌、闲聊等，唯有读书和写作，能让我在时光流逝里渐渐心安。”所以，无所谓高产，只是“心安”而已。

总而言之，我更向往的是中国传统文人的书写，随意挥洒，从不刻意专攻。我希望自己成为一个真正的文人作家，我一直不无偏见地认为，真正的作家应该是各种文体兼善的，理想的写作是小说家、评论家、散文家甚至诗人的集合，是一种复合体。对于此等境界，虽不能至，但心向往之！

（本文初刊于《文艺论坛》2020年第5期）

写作疗愈说

陈小碧[①]

在这个千疮百孔的世界里，有人说：所有写作都是疗愈。

没有痛苦不足语人生，林语堂如是说。千疮百孔是深度人生的催熟剂，所以千疮百孔是人生富丽的一朵花。如是之痛，如是之美。

写作大凡是弱者的文学。在人人都争做强者的世界里，弱者显出了独特的柔美，润泽、滋养人心的内在力量，对坚硬无比的世界嫣然一笑，了然，不争不执，安然谱写内在丰富的心灵图景。

学会了写作，即学会了内观世界。向外看，做梦；向内观，觉醒。外在世界，瞬息万变，一切确定性都是人生巨大的谎言。用心迎合外在的风雨变幻，心灵动荡，永无宁日。学会写作，开始回观自己，发现自己，认识自己，恢复本来。这是一场伟大的自我寻找的过程。

月黑之夜，灯下案牍，静静体会内心绵密感受，悲喜得失，爱恨

① 陈小碧，温州大学人文学院副教授，硕士生导师，世界华文创意写作协会教育教学委员会主任委员、理事。

情仇，真实与虚幻，超越时空。在宁静中，寂然凝虑，思接千载，“精骛八极，心游万仞”，安然，自在。

一、写作是建筑

写作确立某种精神的秩序，有建筑之美。字词句，贯串成篇，字字句句都代表一种秩序。真正的写作是黑夜里伸出的一只手，是一道光，给人以精神的方向，是一种合理感、方向感的体现。秩序让人获得暂时的安在与踏实。美国作家保罗·赛克斯说：“我们搞写作纯属自寻其乐，为的是得到心灵的宁静和安慰。当我们读起书来，我们便看到写出来的字字句句都代表着一种秩序，令人心旷神怡……只有这时，才能使我们得到安宁。”[①]混乱让人迷茫无助，无所适从。写作通过语言，让无序的世界重新得以梳理，是写作主体心中意义表达的一种呈现。在语言构建的世界中，写作者获得心灵的诗意栖居。弗莱认为，文学作品中最佳词语排列可以对人体的健康体验产生效果。他曾列举自己母亲在生病时读司各特的小说而获痊愈。他母亲坚信司各特的小说就是治愈她的灵丹妙药。后来弗莱自己也读了这些小说中的大部分，发现司各特小说的情节足以构成一种对抗精神失常的力量，母亲的康复的确与这种力量有关。于是，他对此就不再感到惊奇了。

语言如大地之上的建筑，让人自然安乐，返归原初。因此，写作是人的本质，回到语言，便是回到了自身，语言构建了世界，有了文明。人并不只是世界旁观者，他按他的本分就是世界秩序的创造者。所以，海德格尔说，在语言破碎处，将无物存在。

---

① 王歌：《世界100位作家谈写作》，上海文化出版社1987年版，第89页。

二、写作是游戏

在不自由的世界，写作是游戏，是儿时记忆的溯源。写作是语言拼贴的游戏。在语词方块中，在意绪之流下，你不知道下一个方块是什么，但又是如此的确定。因为在创作的高峰体验之下，恰当妥帖的语词只有一个。在确定与不确定之间，有写作之道，是写作的魅惑力。利奥塔尔在《后现代状态》中认为，人们为了快乐，不断地发明句式、词汇和意义，这在言语层面上促进语言的发展，并且为之带来巨大的快乐。语言的编排运用，自由无碍，展示内在的心灵图景，表达越多，解放越多。无独有偶，罗兰·巴特认为，写作是言语活动的乌托邦，“是一种乞望字词之快乐的想象力，它疾快地向一种梦想的言语活动发展，表现出一种新亚当世界的完美”①。在字与词的快乐随意组合中，作家用语言建造一个幻想世界，可以随心安排主人公的出场与退场，哀与怨，喜与乐，生与死。这样的创作过程尽如游戏，充满无尽的乐趣。在他者言说中照见自己，诉说自己的故事，作家们的心性获得了极大的自由与满足。即如小孩迷恋网游，在虚拟的世界里看到了真实的自我一样，巴特认为通过写作可以展现自己的妄想，经由语言看到内在另一个“我”的力量。内在的我，傲视人间一切法则，主导万物，上天入地，宇宙八荒任我游。

在现实真实的世界，虚假地活着；在文本虚拟的世界，可以如此真实。这是作家世界无可比拟的魅力。但看清了世界的真相，

① 转引赵德利、寸悟、李晓峰等：《文艺学基础理论新探》，陕西人民出版社2007年版，第71页。

并不是对抗恶心，而是转身，转换一个游戏的玩法；或者泯然会心一笑，深觉生灭无常的世界，我是过客，也是观者，也是主人。

庄生晓梦迷蝴蝶，谁是睡着的那一个？

三、写作是做梦

白日梦。

写作是幻想的一种形式，帮助我们实现未完成的愿望。每一个人的欲求得不到满足的时候，都会做白日梦。幻想是人面对无力的外部环境时自然的心理调整。对于成年人来说，写作就是最好的“做白日梦”的方式。弗洛伊德“白日梦”理论认为，一个幸福的人不会去幻想，只有那些愿望难以满足的人才去幻想。幻想的动力是尚未满足的愿望，每一个幻想都是一个愿望的满足，都是对令人不满足的现实的补偿。通过语言将大脑中渴望实现，却在现实生活中无法完成的部分写出来，这种幻想的方式可以在一定程度上缓解内心焦虑。

卡夫卡创作的一生可以看成是做了一辈子的白日梦。卡夫卡由于童年时期母爱的缺失以及父亲的残暴教育，让忧郁、消极、自卑、胆小的个性伴随他的一生。根据马斯洛的观点，一个人的童年经验，两岁以内的爱的教育特别重要，如果童年失去了安全、爱与尊重，是很难成为自我实现的人的。所以卡夫卡的一生只能靠写作的方式躲进自己创造的虚拟世界，这是他活下去的唯一方式。卡夫卡在一封致友人的信中说：“我的生活在根本上无论现在或过去，历来由写作的尝试所构成，而多半是失败的尝试。倘若我不写，我便等于是瘫在了地上，只有被清扫掉的份。”[①]“不写作会使我变成一个更蹩脚的六神无主、摇摆不定的人。”“写作是一只从黑暗中伸出的、向美探索的手，是一种奇特的神秘莫测的……慰藉。”卡夫卡生活困顿，但是他只能写下去，他用写作暂时安放自己，免于崩溃。

但梦毕竟是梦，梦醒了，破灭了，人终将离开。卡夫卡、海明威、川端康成都是。

写作者如是，谁都是。

秩序、游戏、做梦是人生幸福的三大必要元素。秩序与游戏是一非二，同体而生。秩序是所有游戏得以发生的前提，没有秩序规则，如何游戏？没有游戏，秩序则成为固化的法则，禁锢了世界，封锁了心灵。在游戏召唤下的秩序充满生命动力。在秩序观照下的游戏让一切散而不乱，坚定而有张力。因此，在秩序与游戏的世界里，每个人安在当下，回到自身，在不断构建和不断消解的梦幻般的世界里，我们获得了人生的真谛。在此意义上，白日梦打破了黑夜，梦想成为最真的现实。所有的梦在阳光下神圣地发光，而有所依。然而，写作是过程，绝不是终点，因为这毕竟是一场白日梦。

梦醒后，路将向何处去？一切先从疗愈开始！

---

① 卡夫卡：《致菲莉斯·鲍威尔〔1912年9月28日—1917年9月30日或10月1日〕》，材骧华主编：《卡夫卡文集3》，安徽文艺出版社1997年版，第128页。

从系在扣子上的魂到情感的“孤儿院”

——论《陆犯焉识》与《芳华》的文本旅行

翟业军[①]

作为华语世界的山鲁佐德，严歌苓（她那么勤奋、高产，好像每夜都能编织一个新故事，她的故事又是如此引人入胜，使人忘却了杀戮和忧愁，虽然这些故事所说的无非就是杀戮和忧愁）理所当然地受到影视圈的青睐，根据她的小说改编成的电影周期性地引爆舆论，她也随之被过度曝光成公众人物。不过，在从文字到影像的文本旅行中，她的小说往往经历了致命的“损耗”。比如《归来》把《陆犯焉识》中陆焉识有首有尾、有起有伏的漫长一生不由分说地删繁就简成两次“归来”；又不得不接受一些太过突兀的“增殖”，比如张艺谋没有让陆焉识带着冯婉瑜（小说作婉喻）的骨灰回到大草漠，而是让他每逢五号陪着她的肉身去车站等待一个永远悬欠的到来。“损耗”当然有篇幅、禁忌、趣味等方面的考虑，但必得“损耗”

---

① 翟业军，浙江大学教授，硕士生导师，青年评论家，浙江省中国当代文学研究会秘书长。

到伤筋动骨的程度,说明严歌苓小说的"核"吸引并灼伤了导演,他们只能以"损耗"的方式象征性地占有,其实是错失了它们。"增殖"则多半是导演朝小说的腔子里填充电影香料,他们知道,没有这些香料,电影就不那么电影了。[1]这些"损耗"与"增殖"如果存在一些重要的甚至是本质上的共性的话,我们大概就能从中窥见严歌苓创作的核心秘密,以及电影迥异于小说的体裁特征(起码是这些导演对于电影体裁的自觉或者不自觉的认知)。

本文的讨论主要集中于《陆犯焉识》与《芳华》的文本旅行。

一、"耗费"与"弱者"为神

严歌苓说:"我认为《陆犯焉识》这部小说包括了好几个故事,我自己最喜欢的是监狱中犯人和劳教干部的关系,以及陆焉识看电影那个故事。"[2]这段自道含义颇丰,试为剖析如下。这部四十万字的长篇小说精彩、繁复如一幅"百蝶图",任一只蝴蝶的翔舞都震颤出一整个世界,严歌苓却偏偏喜欢监狱里的那几只,这一偏爱表明她理想的小说环境是一种类似于监狱的极致境遇。这样的境遇里有规训与反抗,有禁忌与越轨,有墙如大山般矗立,更有哪怕撞得鲜血淋漓也要狠狠地向墙撞去,说不定就能撞出一小块缺口从

① 面对从《陆犯焉识》到《归来》所产生的巨大"损耗",严歌苓表示:"《归来》选择的呈现方式和形态,可能是用电影的载体来反映原小说最好的方式。我想如果你要做流水账,按照小说那样展现会流失更多,可能每一步都讲不清楚,每一笔都是匆匆带过。"这一盛赞/辩护,既是她维护抑或屈服于电影创作的导演中心制的自觉,也是她了然于从小说到电影的文本旅行中必定会发生哪些"损耗"的无奈。严歌苓、果尔:《从故事、小说到电影——严歌苓访谈》,《电影艺术》2014年第4期,第53页。

② 严歌苓、木叶:《故事多发的年代》,《上海文化》2015年第1期,第65页。

而吹到一缕新鲜的风的桀骜的头颅,就是没有一丝半毫日常生活的逻辑以及这一逻辑必有的琐屑和体臭。“有问题的人”的“问题”正是被“撞墙”这一决绝的行动凸显的,如果没有墙,“问题”就被包裹着,沉睡着,他们无非是一些常人。或者说,哪个常人没有“问题”?常人只是没有被抛入极致境遇,被墙撞开或者被墙上的荆棘刺穿潜藏于他们体内的“问题”而已。从这个意义上说,常人都是携带着“问题”前行的。严歌苓说《扶桑》:“谁都弄不清自己的人格中容纳了多少未知的素质——秘密的素质,不到特定环境它不会苏醒,一跃而现于人的行为表层。”[①]正因为痴迷于人物的“秘密的素质”(不就是“问题”以及“问题”被划开之后的疼?),她就必须为他们寻找和创造出“特定环境”来,这样的“特定环境”只能是一些超日常、反日常的极致境遇。在极致境遇中凸显并刺穿“问题”,就像从黑暗中打出火来,一定是骤然的,它的节奏就是“咔嚓”一声撞击。所以,严歌苓最好的小说都是短的,比如《天浴》。《陆犯焉识》太长了,打了无数次火,后面打的火成了第一次看电影上的女儿的回响,杂沓的回响。

《陆犯焉识》打的第二次火与第一次是断裂的,从无论如何都要看女儿怎么都过渡不到不管怎样一定要看妻子的,它们都太紧张、饱满,留不出一点缝隙来衔接,它们原本可以成为两个踉跄的故事。不过,正是第二次打火点亮了张艺谋。一个重刑犯从西北逃回上海,只是为了看一眼妻子,此一极致境遇穿透了这个逃犯的深重“问题”:婉喻是他生命中最软弱的一部分,就像这被磨掉了皮的嫩肉。有理由认定,陆焉识此次“归来”的情节设计灵感源于杨

① 严歌苓:《主流与边缘——写在长篇小说〈扶桑〉获奖之后》,《波西米亚楼》,当代世界出版社 2001 年版,第 161 页。

显惠纪实小说集《夹边沟记事》里的《李祥年的爱情故事》。[1]但是，从纪实到虚构的提炼过程中，严歌苓做出重大改写：李祥年与爱人相见，因自惭而流浪，后被公安抓捕；陆焉识看到（他以为她没有看到他，所以绝不是相见）妻子，却不忍打破她的平静，向公安自首。豁出命逃了出去，怎么可以不相见？相见后越发知道不能厮守，只能流浪以苟全性命，这是现实生活的逻辑。严歌苓的逻辑却是，真实的拥抱是残缺的、破坏性的，看到并转身离去才是最整全、最销魂的拥抱，这样的拥抱甚至能够跨越生死，就算他挨了枪子，非物质的他照样分享、参与着她的日子，这才是树缠藤、藤缠树的终极缠绕。这样的他当然可以坦然自首，因为无论他身在何处（诡异的是，只要不和她在一起），灵魂都和她厮守在一起——终极厮守只能是属灵的厮守。[2]如此一来，我们便能理解她为什么必须在他即将“归来”之际失忆，因为“归来”这一行动把两具肉身捆绑在一处，太“腻滞”了，必将杀死终极厮守，失忆的眼神朝向空雾里幸福地凝

---

① 严歌苓说，她把祖父（严恩春，留美政治经济学博士，1937年自杀）和一位在青海服刑二十八年的老人糅合成陆焉识，“写一代中国知识分子的命运和诉求”。在搜集素材的过程中，她拜访过杨显惠，听他讲夹边沟的故事。见《从故事、小说到电影——严歌苓访谈》和《故事多发的年代》。《陆犯焉识》的许多细节与《夹边沟记事》如出一辙，比如吃人肉，生吃麦种或者青稞时用嘴这个“微型磨坊”脱粒的一整套程序，吃排泄、呕吐物中未消化的粮食，由此“搞乱人和畜、生和死、摄取和排泄的关系”，不一而足。之所以有这样的雷同，一来是因为那个时代农场里的骇人行径大抵相似，二来应该是严歌苓从《夹边沟记事》中撷取了一些素材。“撷取素材说”如果成立的话，从李祥年不顾一切地逃回去看一眼他的淑敏（纪实）到陆焉识“归来”（虚构）的借鉴并提炼的脉络就是清晰的了。而且，陆焉识是劳改犯，李祥年则是《夹边沟记事》中唯一由劳教“升级”为劳改的人，这也应该不是巧合。

② 婉喻深藏着一句对儿女说不出口的但颇能说明终极厮守的属灵本质的话：“我爱你们的父亲爱得太深，他在不在我身边都没关系，不妨碍我爱他，并且你们的父亲也同样爱我，我在不在他身边，对他也一样……”

望，才是终极断守唯一贴切的姿态。现实生活里，渡尽劫难的他却是要跟她没日没夜地做爱的，好像非要把延宕了十九年的爱全部做回来，就像《霍乱时期的爱情》结尾处阿里萨和费尔米纳的疯狂性爱。不过，马尔克斯笔下的疯狂性爱就是那艘永不靠岸的船，现实生活里却是连性爱都不会彻底的，该靠岸时船就得靠岸，因为她早有了她的丈夫和儿子，靠了岸还可以一再起航嘛，他说："后来她又借口旅游和学术交流来过两次，每次都是发电报叫我在兰州等她……"现实生活的爱情就处于这种既灵且肉所以不得飞升亦无法酣畅的暧昧状态，这样的状态被纪实小说有一说一地呈现出来，却是严歌苓和她的小说诗学所深恶痛绝的，她一定要让她的人物绝对地失去，从而终极地拥有。至此，我有理由推测：严歌苓以极致境遇逼迫出来的境界是至灵、唯灵的，灵对于肉的绝对优先性是她小说的盐中之盐。

这一推测看起来并不周延，因为《芳华》里的刘峰哪里至灵、唯灵了？他这具偶像不正是因为一记探向林丁丁内衣的似有若无的"触摸"而瞬间坍塌的吗？让我从《芳华》所设置的情境说起。故事开始于"文化大革命"后期，禁忌桎梏着每一个人，不过，故事又是发生在省军区文工团的，一大群"矫健稚嫩的大牲口"麇集在一起，他们一举手一投足就是明媚的春光，就是嚣张的荷尔蒙，荷尔蒙狂潮持续冲刷向绝对禁忌。于是，这里注定是一个最酷烈也最妖娆、最窒息也最汹涌的极致情境，这样的情境怂恿并摧毁它的每一个子民。具体到刘峰，如果没有绝对禁忌如剑高悬，"触摸"事件就连被人们谈论一秒钟的可能性都没有，他顶多是一个口碑还算不错却不会给人们留下多少印象的老好人，更不可能有资格成为一个"有问题的人"。他被极致情境激发出来的"问题"在于，他被绝对禁忌的时代架上了大理石基座，成为"雷又锋"，成为圣徒（圣徒之

“圣”就是剪除自身欲望的根，用叙事人的话说，就是“做雷锋当然光荣神圣，但是份苦差，一种受戒，还是一种‘阉割’……”），这个圣徒却又明明是一个被荷尔蒙激荡得失魂落魄的雄性，他既沉着又心痒难熬地等待着林丁丁入党，然后一把搂过她细嫩的、好像是“刚剥出壳的煮鸭蛋，蛋白还没完全煮结实”的身体。这个“问题”设置得实在促狭、刁钻，因为他竟是一具作为雕像（冷的）的肉身（热的），一个痴迷、饥渴于娜斯塔霞的身体的“白痴”梅什金公爵，或者说，他应该是一副扁平的圣徒像，却鬼使神差地听从荷尔蒙的唆使，向第三维既谨慎又嚣张地勃起了他的阳具。不过，“触摸”是终点，在她大喊“救命”的刹那，他的求死渴望就已萌生，他活着，其实已经死了；更是起点，因为这是一个刚启动就被喝止的动作，它的肉性被它令人绝望的未完成性删除，它将作为他与她之间属灵的关联，永远地烙在他之后的生命里。叙事人说：“会爱的刘峰，只在他想起他的小林，梦见他的小林的时候才复活一下。”想起或者梦见一下她就能复活一次的会爱的他其实是永生的，永生的起点就是那一记“那么销魂，那么该死，那么值得为之一死”的“触摸”。怎么可以设想这一记“触摸”假如成功了，就像阿Q在小尼姑脸上蹭出一点“滑腻”？①这样的设想太猥亵、太恐怖了，他朝质问他是否是要解开她的乳罩纽襟的保卫干事怒吼一声：“没有你那么下流！”只有一记与“下流”以及引发“下流”的肉性彻底绝缘的夏夜里

① 阿Q是属肉的，他一定要“触摸”到小尼姑，还因为“触摸”后大拇指与第二指之间有点古怪的“滑腻”——“不知道是小尼姑的脸上有一点滑腻的东西粘在他指上，还是他的指头在小尼姑脸上磨得滑腻了？”——而兴奋得辗转难眠，并由此激发出要跟吴妈“困觉”的冲动。而严歌苓明确交代过极致环境如何“压制”出刘峰之爱的纯灵属性的一整套机制：“他追求得很苦，就苦在这压制上。压制同时提纯，最终提纯成心灵的，最终他对林丁丁发出的那一记触摸，是灵魂驱动了肢体，肢体不过是完成了灵魂的一个动作。”

的“触摸”才能成为他“一生的全部情史”，也只有这样的“触摸”才能把她点化成他的绝对唯一性和不可复制性。其后，他跟前妻、小惠做爱，这些性爱只是要保证他对她的无性之爱的纯粹性，他和她们越癫狂，他和她就越纯粹。他真是严歌苓属灵之爱谱系里的一个“旷世情种”。

别忘了，《芳华》发生了两起“触摸”事件，一起摧毁或者说重生了刘峰，另一起则让何小曼（电影作小萍）爱上了刘峰。那是一个酷暑的午后，一群男人嫌她馊、臭，他从队列中走出，把满是热汗的手坚实地搭在她的腰上，等待杨老师发出“开始”的指令。由于四岁那年生父的“自绝于人民”导致她生命的绝对的“无”，她才会不顾羞耻地、坚决地要，她要当文艺兵，要做悲情英雄，要朝胸部塞海绵撑出一个小郝一样的饱满“天体”，她一定要由此要出一个大大的“有”来。“有”与“无”之间剧烈的对峙正是她的“问题”之所在，有“问题”的她的一言一行都是极致的，就像她那件毛衣的黑色，一种“把一切色彩推向极致”的颜色。不过，由于绝对之“无”的不可填补性，她的“有”处处显得虚弱和歇斯底里，她没有重心，随时会倒的，直至他的“触摸”把她稳稳地托住。所以，“触摸”之于她，是支点，是对于绝对之“无”的填补，是从虚弱和歇斯底里渡向安稳的舟楫，她终于笃实地“有”了，以被他终极占有的方式“有”了。终极占有是疼，是怜惜，后来又是依靠，却绝不是交媾，通往终极占有的那一记“触摸”也一样不沾染一丁点儿情欲，因为只有非肉的“触摸”才能带给她一个令她一再回味的惊心动魄的瞬间：“他的触碰是轻柔的，是抚慰的，是知道受伤者疼痛的，是借着公家触碰输送了私人同情的。”情欲的“触摸”则是莽撞的、沉迷的、粗暴的，甚至带有毁灭的冲动。

不过，《芳华》结尾，他以烟消云散的方式被她珍藏，她反过来终极占有了他,他这才“死是她的鬼”。同样,婉喻用失忆冰封起一份永不朽坏的爱情,最终却作为一堆灰烬被陆焉识带到大草漠,可以设想,没有任何人会惊扰到他们,他终极地占有着她,直到天荒地老。如此说来,这两部小说讲的其实是同一个故事:死才是爱的完满,完满了的爱是终极的,不死的。更有趣的是,两位以自身的绝对虚无完满了爱情的死者都是严歌苓所钟爱的小人鱼式的“弱者”,或者叫“输者”。她发表过一份“弱者的宣言”:“少女小渔”(不就是小人鱼的化身?)有一种“输得甘愿”,“她的善良可以被人践踏,她对践踏者不是怨愤的,而是怜悯的,带一点无奈和嫌弃”,她当然输了,输得一败涂地,但她终究是赢了,以人格完善的形式,以对伤害她的人怀有一份怜悯的形式,赢了。[①]这份宣言犹有含混处,化作泡沫的小人鱼怎么就赢了?下面的说法也许要精准一些:“弱者”挣出输与赢、好与坏、有用与无用的目的论锁链,也就摆脱了有用性的奴役,他们就是天生对世界怀着一腔没名目的爱意,就是要向不管是善意还是恶意的人们“耗费”[②]他们不竭(因为衰竭,所以不竭,就像淘井,越淘,水越丰沛,扶桑即是典型)的生命力,他们由此获得巴塔耶意义上的“至尊性”。他们才是神,就像什么屈辱、不幸都能包容的地母,也像被钉上十字架的基督。你看,婉喻之所以得到陆焉识的眷顾,竟在于恩娘对她的“怪虐”,恩娘越“怪虐”,她越楚楚动人。“怪虐”不单是外铄,更是一种自敛、自卑乃至自戕,她需要用天长日久的付出/“耗费”把他供奉成一尊神,供奉神求的不

---

① 严歌苓:《弱者的宣言——写在影片〈少女小渔〉获奖之际》,《波西米亚楼》,当代世界出版社2001年版,第132页。

② 在《波西米亚楼》一文中,她这样追忆一位“耗费”的女性:“而珍妮的耗费和投入在我这里,绝对不是浪费,我透过偏见、遗憾,甚至同情,深深地记住了她。”见《波西米亚楼》,当代世界出版社2001年版,第25页。

是亲近，而是要让自己的卑微得到收纳并在收纳中一次次确认自己在他面前命定、恒定的卑微，可天长日久的供奉反过来又把她供奉成了他的一尊神，一尊令他心疼、心碎因而无比心醉、心荡神驰的神。而何小曼用几十年明白一桩事：她只能爱这个“善良过剩的男人”。“过剩”正是“耗费”的另一种表述，刘峰因“耗费”而“至尊”，他的无条件、非功利的好，他的淡泊和幽远，他那种什么都能接受，哪怕是面对即将来临的死亡的静静的微笑，令人想起那张被锥心的疼痛撕扯得变形，但依旧承受和悲悯的平静的脸。至此，我可以进一步总结：严歌苓用极致境遇逼迫出来的至灵、唯灵境界的主人公大都是“弱者”，“弱者”因其“耗费”而为神，作为“弱者”的神，正是她所设置的所有问题的“元问题”，是她在她的故事里系起来的无数扣子的原型。她深知，好故事就是要系上一个死扣子再拼命地解开它，越解不开就越精彩、越无望就越感人至深，好故事的核心是一个系在扣子上的魂。作为“弱者”的神，这个扣子系得真死啊。

二、单向的电影与被捕获的观众

严歌苓说，张艺谋从《陆犯焉识》中截取“归来”这个意象，将它“提纯”成一个多次复奏的旋律，“提纯到寓言那样简约”。她特别喜欢这一处理方式，因为这“是诗的处理，凝练的，隐喻的，而不是‘讲故事’的处理。因此就那么一点儿事，每一个回合的感情都推到极致”[①]。这段评论的信息量很大，试为阐释如下。原本是一幅“百蝶图”，到了电影中，就只剩“那么一点儿事”，说明张艺谋感兴趣的只是“归来”这一意象本身所内蕴的张力。至于在那么酷烈的

① 严歌苓、木叶：《故事多发的年代》，《上海文化》2015年第1期，第64页。

境遇里为何一根筋地就是要“归来”、如何九死一生地“归来”及其背后的“弱者”为神的动力机制则统统被删除——那个系死的扣子，被他剪了。大幅删减的后果，就是“归来”被“提纯”为一段旋律、一则寓言，而旋律和寓言都是去语境的、抽象的。比如，第一次“归来”虽有“红色娘子军”等不多的语境印记，但这些印记根本不足以把它点缀成一个具体的、只能发生于某一特定语境的事件，它被架空为“被阻止的爱”和“密室逃脱”，可以发生于任意时空，在任意时空发生的那些“被阻止的爱”和“密室逃脱”都能以各自的具体性来丰润它。于是，它是扣人心弦的，因为它呼唤并冲击着你既有的阅读和观影经验，有了庞大的、类似于集体记忆（来自家庭、课堂、社会、阶层，总之是被赋予、被教化的）[①]的经验做支撑，它的冲击直奔你的潜意识而来；它又是干枯的，因为是没来由的、抽象的，有待别的记忆来唤醒。最有说服力的例证，就是邓指这个阻止者、恶看守由祖峰饰演。祖峰出演过的李涯（《潜伏》）、赵士杰（《旗袍》）等经典的谍战剧角色，由观众的记忆填充进观影的当下，一个“文化大革命”的故事竟有了国、共、日、伪四方角力的紧张（想想他穿着雨衣在婉瑜家楼下蹲守的场景吧，这是谍战剧的典型场景，不是“文化大革命”的），但去语境的紧张比起由具体语境激发出来的紧张，冲击力就弱太多了。严歌苓的写作依赖于语境的极致性，正是在此意义上，她称20世纪的中国是“故事多发的年代”，张艺谋的去语境化改写既是反故事、反严歌苓的，也标明他决定对语境噤声。

---

① 涂尔干的弟子、法国社会学家莫里斯·哈布瓦赫最初提出“集体记忆说”：“存在着一个所谓的集体记忆和记忆的社会框架；从而，我们的个体思想将自身置于这些框架内，并汇入到能够进行回忆的记忆中去。”也就是说，没有被赋予的“集体记忆”，“个人记忆”将是不可能的。见莫里斯·哈布瓦赫：《论集体记忆》，毕然、郭金华译，上海人民出版社2002年版，第69页。

以诉诸集体记忆的方式去语境的另一则案例是电影《金陵十三钗》对玉墨身份的改写。小说介绍玉墨:“她四书五经也读过,琴棋书画都通晓,父母的血脉也不低贱,都是读书知理之辈,不过都是败家子罢了。她是十岁被父亲抵押给做赌头的堂叔的。”[①]她不像红菱、豆蔻那么低贱,却也仅止于读书知理而已,这样的女子就算堕落起来也不会让人有玉碎的疼惜。更重要的是,她血脉里有一种“败家”基因,“败家”正是“耗费”之一种,只有不断“耗费”的“弱者”才会不计后果甚至是没来由地挺身顶替唱诗班女孩赴日军庆典。这还是一个“弱者”为神的严歌苓的故事。到了电影中,她像书娟一样上过教会学校,说一口带英国女王范的英语,她更像书娟一样喜欢过一个男人,他年轻、干净,“有世上最好看的眼睛”,至于她怎样由书娟(真干净啊,这样的干净值得玉墨用生命去捍卫)堕落成玉墨,电影坚决不做任何交代。这是一个巨大的空白,空白召唤观众用自己的集体记忆下意识地填补它,她的堕落来得越突兀、越令人扼腕,召唤就越是强烈和不由分说:这不过是大家所熟知的逼良为娼的“不幸的故事”的又一次上演,她就是另一个陈白露,她的堕落跟她本人哪有一丁点干系,全赖那个“大鱼吃小鱼,小鱼吃虾米”的不义社会,她甚至因为不甘于堕落以及最终的毁灭而彻底锁定了自身的高贵。

罗兰·巴特论摄影时用到两个拉丁词,STUDIUM和PUNCTUM。STUDIUM是照片所提供的历史、政治、文化等方面的信息,它唤起观者一种具有一定的精力投入,但不特别剧烈,差不多是严格教育出来的情感。也就是说,STUDIUM就是要诉诸观者被教育出来的集体记忆,令他们领悟摄影师的意图并与之保持一致,它的目的在

---

① 严歌苓:《金陵十三钗》,四川文艺出版社2019年版,第182页。

于观者与社会的和解,效果则是照片在观者身上唤起适度的兴趣。PUNCTUM则是从照片射出一支偶然的、无法由集体记忆解释和消化的箭,把观者一把洞穿,观者只能孤立无援地面对这个“刺点”以及“刺点”所昭示出来的赤裸真相。巴特接着推演:“只要不被吸引我或伤害我的细节(‘PUNCTUM’)穿透、刺激和留下斑痕,‘STUDIUM’可以造就一类传播广泛(世界上传播得最为广泛的)的照片,我们可以把这类照片称为‘单向的照片’。”[①]这里的单向是指照片所传递出来的内容“绝无双数,绝无间接的东西,绝无紊乱”,只有事先调配好的单一和平庸。我还要略做引申:单向更是说STUDIUM以召唤观众集体记忆的方式进一步巩固他们的集体记忆,集体记忆得到再一次确认的观众是稳妥的,仿佛被催眠,他们绝不会因为被刺疼而扰乱、警觉,从而发出为什么会这样的质问。有单向的照片,也就有单向的电影,比如《归来》和《金陵十三钗》。它们的去语境化处理就是在召唤、迎合观众的集体记忆,每一次召唤就是事先埋下的一个泪点,泪水涟涟的观众得到情感上的满足,一种来自记忆和潜意识的深度满足,类似于痛苦的甜蜜,而不是被扰乱,因为这里只有光滑的STUDIUM,不会有PUNCTUM的毛刺。从这个角度说,STUDIUM是一种情感捕获机制,被捕获的观众根据STUDIUM的引导,准确、得体地发泄着情感。得到满足的他们竟是如此温驯。

第一次“归来”毕竟有语境印记,触目了些。于是,不到半小时,张艺谋就急忙切向第二次“归来”,一次抽象到完全丧失发展动力的静态“归来”,静态“归来”只是一帧画面:陆焉识陪举着写有“陆焉识”三个字牌子的婉瑜在出站口翘首等待。等待,一个被一

---

① 罗兰·巴特:《明室——摄影纵横谈》,赵克非译,文化艺术出版社2003年版,第64页。

再叙说的古老主题，湘夫人、望夫石、王宝钏、翠翠，他们各以自身的具体性填充着他和她的抽象姿态。他和她的等待还有两个独异处，这些独异处都是些电影香料。首先，她对他的爱情是绝对排他的，哪怕是亲情，张艺谋还用对亲情的无情镇压来强调爱情的唯一性。她对出卖过他的女儿恶狠狠地说："我不会原谅你。不原谅。"对亲情的恶狠狠把对爱情的甜蜜蜜"提纯"到了绝对的抽象，绝对抽象的爱情召唤观众以自身的爱情体验和记忆来填充它，来实现它的具体化。召唤即是捕获。其次，等待一定有结果。"沅有芷兮澧有兰，思公子兮未敢言"的等待，对戈多的等待，都太绝望、灰暗，而绝望和灰暗就是PUNCTUM。于是，张艺谋设计出被等待的人陪着等待的人等待自己的诡谲结尾，我称之为未完成的完成。一定要完成，完成才是甜蜜的，但真的完成又会损伤完成，只有给完成以未完成性才能得到一个终极完成，就像甜蜜是腻的、齁的，只有给甜蜜以痛苦才能得到一个最绵长、纯粹的甜蜜。张艺谋真是大众的情感保姆，不单是你要什么就给什么，还能大大拓开你要的阈值并给你所要的。

与张艺谋一样，冯小刚也一把剪掉严歌苓系死的扣子，因为"弱者"为神这一"元问题"实在太晦涩，也因为"弱者"如何被极致境遇逼出（这里的"逼"，既可以是启发，也可能是塑造）他们的"弱"，他们又是怎样以"耗费"的方式获得"至尊性"，有可能成为刺疼观众和导演本人的PUNCTUM。于是，他让那个时代不会出现的满园春色模糊了时代的绝对禁忌属性，当极致境遇被移除的时候，刘峰的"问题"——把活人抬上神坛，把肉身砌成雕像，而且旁边的人天经地义地认定你从来就是一尊神，你怎么可以有活人的体温——就被遮蔽了，他哪里是什么"有问题的人"，他就是一个善良却不被善待的人。人善被人欺，古今皆然。所以，这是一个从来如此的抽象的构架,(自以为)善良的观众就可以把自身的经验和习得的教训填充进去。在观影的当下,刘峰就是他们自己,他们为他流下的每一滴泪都成了对于自己的善良的褒奖;而且,现实中的他们越是不被善待(当然未必是因为善良),褒奖就来得越发肯定,他们被捕获了。为了进一步夯实这个构架,冯小刚还把何小萍擢升为女一号,让她成为刘峰的衬托、隐喻,让他们同是天涯沦落人。于是,小萍必须好看、性感到如一只天鹅,就像“文化大革命”后期的刘峰必须是梳着分头的黄轩,如果不是天鹅,谁会为你的不被善待而哭泣?小萍必须善良、忠诚得像一滴无辜的泪水,她对生父怀着一腔无处投递的深情,她在刘峰落难时大声喊出“我送你”,不是这样的义女、侠女,不被善待的悲伤也不会来得这么刻骨。不过,这个构架本身毕竟是无解的,无解就是PUNCTUM。于是,冯小刚必须勉为其难地和解,和解的高潮就是小萍的独舞。这不是肉的摇曳,而是灵的翔舞(精神病不就是灵冲决了肉),她不再是她,她超越了自身,超越了自身的她俯瞰着大地,并在俯瞰中永远地原谅了世人对她的伤害——和解不会是惩罚,只能是原谅,不原谅,又能如何?值得一提的是,解除了“问题”,那些为了凸显“问题”而设置的情节就成了空穴来风,站不住脚的。比如,苗苗所饰演的小萍怎么可能需要玩弄丰胸把戏?你会相信这样的苗苗会馊得、臭得没有一个男战友肯近身么?

有意思的是,冯小刚一方面把刘峰的“问题”抽象化从而捕获观众,另一方面又用再具体化的方式让过去的时代一一重现,这是一种更深层的捕获。再具体化的手法就是着力铺叙每一个时代关节点的典型场景,不做任何价值判断,因为不管对错、好坏,那都是观众亲历的,那是他们的青春印记。影片一开头猩红的巨幅主席像就昭示了冯小刚的企图:我绝不判断,我所要做的只是打造一架时空穿越机，把你们带回一个又一个逝去的日子。于是，主席去世岂是一个简单的时间标签，他要用海啸般涌来的黑布为他们复现他们所无法忘怀的震悚和无措；邓丽君歌声的好听又岂是好听能一言以蔽之的，他要用一块红绸缠住日光灯，把他们的魂魄召回到三十多年前那种无骨、入骨的甜蜜；散伙饭当然要大写特写，他不仅要说给有过文工团经历的人们听，更要捕获所有观众的情感记忆——谁的青春没有过几顿刻骨铭心的散伙饭？当每个典型场景都被撑得满满当当的时候，它们就无法此呼彼应成一个有机的整体。好在冯小刚并不在意故事的完整和纯度（他那些贺岁片，《甲方乙方》《非诚勿扰》无一不是杂拌，杂拌不只是形式，更是用电影看取世界的一种眼光，一个方式），他只是带着观众一起翻日历、看影集，还有什么比阔别多年的人们济济一堂，翻看从前的影集更催泪的？这一个个日子都是他们用身体丈量过来的啊，翻一页就是一页的疼痛或者是欢乐，这样的时刻根本不需要《时间都去哪了》响起，他们在《沂蒙颂》《英雄赞歌》《驼铃》等歌曲声中把过去的时光又过了一回，他们好像打败了时光。说到此，我们就能理解从*You Touched Me*（小说英文名）到*Youth*（电影英文名）的改造的巨大意义和动机：Touch是一次事件，事件是要刺穿“问题”的；Youth则是对于青春的一场集体怀旧，就像影片结尾，萧穗子说，一代人的芳华已逝，就让银幕留住我们的芳华吧。

罗兰·巴特说：“摄影在机械地重复着实际存在中永远不可能重复的东西。”[①]被摄物与死亡融为一体。斯蒂格勒进一步说：照片是“死者复归”。他的意思是，不同于“言语一向有虚构和泛指的可能性”，照片的意向对象“曾经在此”，但已经永远消逝，“一旦拍摄

① 罗兰·巴特：《明室——摄影纵横谈》，赵克非译，文化艺术出版社2003年版，第6页。

下来,这个永远消逝的特殊瞬间便会永存,同时又会无休止地回归"[①]。从前,生无非就是片段地死;现在,有一种技术(斯蒂格勒的术语,叫"第三持存")让死"无休止地回归"于生,怎不令人惊叹?不止于此,冯小刚还要以黑场中集体观影的方式把个体性的"死者复归"放大、铺排成群体的招魂法会,法会中每一个心荡神驰的人都被捕获了。当然,看电影毕竟不是真的翻影集,电影的荦荦大端是虚构类,虚构电影不是让"曾经在此"永存,而是要虚构出一段可以存在但事实并未存在的存在。不过,虚构电影自有其捕获机制。斯蒂格勒说:"由于电影人物是演员的无人称性或者说不具名性,剧中人及其扮演者的过去就可能成为我们的过去。"[②]比如,刘峰由黄轩饰演,黄轩这个具体的个人在此却是无人称、不具名的,刘峰不属于任何一个人,哪怕是黄轩本人,虽然黄轩把自己的形象赋予了刘峰,刘峰以黄轩的样子向我们走来,这就像陆焉识与婉瑜绝不属于陈道明和巩俐,虽然陈道明和巩俐的一段生命注入了陆焉识与婉瑜的角色中。正因为不属于任何一个人,他们才属于我们所有的人,他们连同饰演他们的演员的过去就是我们的过去,这些过去由我们每一个人认领,认领也就是被捕获。正是在此意义上,斯蒂格勒说电影是"孤儿院",它那里有无数无人称的人物和他们所携带的炽热情感等待着我们认领,认领了,一种最牢靠的类似于亲子的关系就确立了,这种关系才是票房的保证。

(本文初刊于《文艺争鸣》2019年第2期)

---

① 贝尔纳·斯蒂格勒:《技术与时间:2.迷失方向》,赵和平、印螺译,译林出版社2010年版,第15—16页。

② 贝尔纳·斯蒂格勒:《技术与时间:2.迷失方向》,赵和平、印螺译,译林出版社2010年版,第27页。

建构中国非虚构诗学的当代形态

王轻鸿[①]

"中国非虚构诗学"这一命题由西方学者提出后,在中国学术界引起强烈回应,成为全球化时代文学理论研究的学术热点。国内众多文学研究期刊开辟专栏对此展开讨论。参与讨论的学者,除文艺理论研究者外,还有不少从事古代文学、现当代文学、比较文学甚至新闻传播学研究的学者。迄今为止,已有不少关于中国非虚构诗学的研究成果。这些成果,为进一步深化中国非虚构诗学研究、促进其话语体系建设奠定了坚实基础。在研究中国非虚构诗学观念时,聚焦关键问题,找准重点问题,攻克难点问题,是十分必要和紧迫的任务。

一、阐释文化语境 梳理发展线索

在中国非虚构诗学理论研究中,不少成果侧重对相关概念进

---

① 王轻鸿,杭州电子科技大学教授,人文与法学院院长,主要从事文艺学、编辑学、写作学等方面的研究和教学工作。

行解释。辨明厘清重要概念是推动这一研究不断发展的前提，但有些成果仅从字面上解释概念，缺乏必要的理论深度。更有甚者，则将非虚构看作无虚构、不虚构的代名词。这些做法均无益于增进我们对中国非虚构诗学本质的理解。

按照发生学的观点：在事物的发生中就蕴含了事物的结构，体现了其本质特点；在事物发展过程中，其内在结构得到显现、强化。在考察中国非虚构诗学的发生、发展过程时，我们不应只罗列现象，也应注重理论探究，尤其是加强对中国非虚构诗学内在特征的探析。因此，阐释中国非虚构诗学发生的文化语境，梳理中国非虚构诗学的发展线索，就成为亟须解决的关键问题之一。

虽然非虚构文学在中国古代只是一种感性的诗学观念，不能用现在的标准对其进行“以今律古”式的主观揣度，但古人的这些观念可通过遗留下来的材料信息、文化符号传达出来。对这些信息、符号进行意义解码，并将结果置于当时的历史文化语境中加以审视，在此基础上再加以概括，就可最大限度地接近古人。因此，还原非虚构诗学诞生的具体历史语境，对与之相关的文化活动、文化主体、文化产品、文化传播等进行深入分析，探究非虚构诗学的内在结构，可深化我们对中国非虚构诗学观念的认识和把握。

研究中国非虚构诗学的发生、发展过程，不仅要依据现有观点从古文献中寻找论据，更要立足文献记载，让材料说话。现代以来，受西方纯文学观念影响，学界对中国非虚构诗学资料不够重视，已有的中国诗学文献集成大多是按照纯文学体系编选整理的。中国古代有大量属于“文”这一范畴的文体，若按照西方纯文学标准来衡量，这些文体都不是文学。例如，学界过去对中国小说的关注主要集中在流传于民间的白话小说，因为此类作品比较符合西方虚构小说的特点。在由中国历代纪传体史书、政书、方志等图书典籍汇编的《艺文志》中，不少“小说”具有较强的现实和历史意味，但都被有意忽略了。而在中国古代，这类作品都可被纳入“文”的范畴。因此，收集中国非虚构诗学资料就需要另辟蹊径，突破陈旧的学术框架，重新挑选出与非虚构诗学相关的材料。只有首先做好扎实的史料整理工作，中国非虚构诗学的历史生成研究才能有大的突破。

二、提炼审美特征 实现圆融贯通

“美学和历史的”标准是马克思主义文艺批评的最高标准。就中国非虚构诗学研究而言，一方面，我们要立足文献材料，尽量呈现这些诗学观念的历史原初意义；另一方面，我们不能仅仅停留在史料堆砌、资料汇编层面，而要在此基础上对其中蕴含的诗学意义进行归纳、提炼。只有对这些诗学观念在理论上做出有力论证，并对其进行既符合逻辑又不悖于历史的阐释，才能真正促进中国非虚构诗学话语体系的建构。因此，从逻辑角度总结其审美特征，就成为当下中国非虚构诗学研究需要解决的另一关键问题。

从逻辑角度探讨中国非虚构诗学，建立中国非虚构诗学话语体系，需要厘清其“固有之血脉”，提炼出适应中国当代非虚构文学乃至适应世界非虚构文学的审美特点。这既有助于弥合中国古代文学与当代文学的疏离，更有利于打破中国文学与西方文学的隔膜。由中国传统文化生发出的非虚构诗学话语，具有巨大的包容性和亲和力，可为世界人文研究提供富于活力和洞见的精神资源。只有这样，我们总结出的中国非虚构诗学的审美特征，才能呈现出更为深层的理论价值，显示出旺盛的生命力。

目前，中国非虚构诗学研究既要努力避免“以西律中”，也不能故步自封、画地为牢,而要在突出中国智慧、彰显中国特色的同时,面向全人类,胸怀全世界。我们既要立足本国,弘扬中华民族优秀文化,又要面向世界,吸取和借鉴世界上一切优秀文化成果。只有平衡和协调好上述因素,实现圆融贯通,方可对中国非虚构诗学的审美特征做出更有说服力的价值阐释。

三、把握时代特点 促进当代转型

20世纪90年代以来,"中国古代文论的现代转换"成为文学理论创新的一个重要突破口。二十多年来,学界对这一课题的研究已取得很大成就,但一些问题依然没有得到有效解决。例如,在对中国古代文论进行现代转换时,将古今文论进行简单比附的做法就比较普遍。文学理论的创新从根本上深化了我们对古代文论的理解。因此,促进中国古代文论的现代转换,仍是中国文学理论研究需持久努力的一个重要方向。

就中国非虚构诗学而言,它是西方学者针对西方当代文学和文论危机提出的一种诗学理论,其中有不少论述是对中国古代文论的"误读"。在中国文学理论界,对非虚构诗学的阐释也存在将古代文论与当代文论机械割裂开的现象。例如,有学者甚至将非虚构诗学与西方的非虚构小说、元小说理论等相对接,还有学者阐述中国非虚构诗学体系时,只是引用古代非虚构理论的只言片语作为佐证,这些做法都会使中国非虚构诗学缺乏足够的生气和活力。因此,使中国非虚构诗学在当代文化语境中发扬光大,是非虚构诗学研究需要解决的又一关键性问题。

将中国非虚构诗学置于当代语境中来考察,关键是要从文化对接的宏观层面寻求结合点,从诗学建构的具体层面寻找增长点。

在宏观层面，要寻求中国非虚构诗学与信息时代的哲学观念、人学观念、媒介观念等方面的契合点，夯实其当代转型的基础。在具体层面，则需紧扣信息时代的新契机，激活中国传统非虚构诗学的活力，促进中国非虚构诗学当代发展。此外，还可从文学本体论、价值论、主体论、创作论、媒介论等多个层面着手，积极推动中国非虚构诗学当代形态的系统性建构，使其不仅能够包含丰富多样的文学现象，也具有针对文学现象的理论概括力和阐释力。在当今时代，对精神文化的理解不能仅局限于其自身，还应综合考察它与整个社会的互动，因而这是一个复杂、宏大的问题。不可否认，信息科学、媒介技术对社会的影响越来越深入，但如果盲目地对这些技术与非虚构诗学的关联进行阐释，则容易陷入"唯科学主义""媒介决定论"等泥淖。因此，准确把握时代特点，寻求时代文化与非虚构诗学的契合点，才能夯实中国非虚构诗学当代形态建构的根基。

随着信息科学的进步和媒介技术的广泛运用，当代非虚构诗学的资料多集中在网络平台，如很多材料都存在于各大文艺网站的书评区、专业评论网站，还有的存在于自媒体平台和自由讨论空间等。如果不及时收集，这些资料就可能永久消失。此外，对于网络上的非虚构诗学相关资料，需仔细甄别、归纳，同时辅之以大量作家作品解读，努力使理论总结与文本细读相结合。只有这样，中国非虚构诗学的当代形态才能有血有肉有灵魂。

（本文系国家社科基金重点项目"中国非虚构诗学研究"阶段性成果，批准号为17AZW001，初刊于《中国社会科学报》2019年10月14日第四版"学者观点"）

教学研究

论创意写作本科教育的培养方向及其边界

李广旭[①]

一、学科现状：从无到有，有却未优

创意写作学[②]在中国兴起，可以视作中文系学科发展的历史必然。

中文系学科的发展与中国当代文学的进程是相辅相成的。20世纪80年代是中文系的黄金岁月，北岛、阿城、韩少功等一代优秀作家先后在文坛涌现，成为那个时代的文化偶像，带动了中文系的繁荣。作家、诗人是80年代重要的文化身份，尽管高校一再公开宣称“中文系不培养作家”[③]，但仍抵不住众多怀揣作家梦的文学青年

① 李广旭，温州大学人文学院教师，文学博士，主要从事现当代文学研究和创意写作教学。

② 在本文中，需要区分作为学术概念的“创意写作”与作为学科概念的“创意写作学”。

③ 据曾任北京大学中文系主任的陈平原教授说：“抗战中西南联大中文系主任罗常培以及20世纪五六十年代北大中文系主任杨晦，都曾公开宣称：中文系不培养作家。”罗文华、周怀宗：《高校中文系为什么不能培养作家》，《人民文摘》2014年第4期，第35页。

纷纷报考，中文系也成为彼时的热门专业。进入90年代以后，市场化的浪潮不断拍打着人们的精神世界，社会现实也发生了历史性的剧变，让知识分子们一时难以适从，这从王晓明教授在90年代初发起的“人文精神大讨论”[①]上就可见一斑。换言之，中文系的式微也是从这时开始的，经管类专业逐渐抢占了报考高地。而这个时期的王朔和王小波等可以看作纯文学背景下培育出来的最后的“偶像”，之后的韩寒、郭敬明等“新偶像”跟前辈全然不同了。新世纪，商品化、市场化、城镇化、网络化等成为社会常态，传统文学的社会影响力被一再削弱，趋于圈层化。鲁敏、魏微、徐则臣等后起之秀虽然也创作了不少优秀作品，但他们已无法达到莫言、贾平凹等前辈那样的偶像效应。诗人群体更是如此，甚至被污名化。在高校，随着产学研一体化的大力推广，能直接转化为社会生产力和社会财富的理工科得到了更多的重视与扶持。长久以来致力于培养“语文工作者”的中文系被边缘化，沦为与经济、实用无关的“无用之学”，生源往往需要靠调剂才能满足。可以说，今天的社会气候对中文系不算友好。从某种程度上看，创意写作学的出现，是式微甚至危机中的中文系对自身培养机制的一次深刻的自我反思，亦可以视作一种学科的探索或自救。

中国创意写作学发端于2009年，时年沪上两所高校成为国内该领域的奠基者——上海大学在葛红兵教授的带领下于4月成立

① “人文精神大讨论”始于1993年夏天，王晓明在《上海文学》第6期发表《旷野上的废墟——文学和人文精神的危机》。此后，《读书》《东方》《光明日报》等相继发表争鸣文章，各领域的学者纷纷参与讨论。1994年和1995年是讨论最激烈的两年，1996年进入尾声。该讨论是富有洞见，深刻地体察到了社会世俗化、物欲主义盛行、拜金主义风气弥漫、国民道德出现滑坡等现实问题，这些问题在今天仍然值得反思。

了创意写作研究中心[①],复旦大学由王安忆、王宏图等在原“文学写作”的学科基础上首次引进并更名为MFA创意写作学科[②],这两个事件标志着“创意写作”(Creative Writing)这一始于1837年美国的学术概念[③]正式在中国落地生根。值得一提的是,创意写作学在国外的兴起,也与当时的文学教育亟待变革息息相关。之后的十年,是创意写作学在中国蓬勃发展的阶段:广东外语外贸大学、中国人民大学、温州大学、西北大学、南京大学、北京大学、华东师范大学、江西师范大学等高校陆续开设了相关学科,从理论和实践两个层次完善了创意写作学的学科建构。此外,上海政法学院、玉林师范学院、吉林工程技术师范学院、山东青年政治学院、信阳师范学院、三亚学院等亦是行业内的佼佼者,在教学法和学科培养机制等方面贡献颇多。《创意写作学理论》《创意写作基本理论问题》《作为学术科目的创意写作研究》等著作的相继出版,对创意写作进行了理论化和中国化,为创意写作学的建构提供了相应的学术支撑与依据,“创意写作”这一在开设初期饱受争议的学科概念,如今已在业界确立了自身的合法性地位,还有进一步做大做强的趋势。

一方面,我们欣喜地看到创意写作学在中国完成了“从无到有”的生根发芽;另一方面,我们也需要清醒地意识到经过十年发

---

① 葛红兵:《创意写作学的学科定位》,《湘潭大学学报(哲学社会科学版)》2011年第5期,第104页。

② 王宏图:《创意写作在中国:复旦大学模式》,《写作》2020年第3期,第14—15页。

③ 学者爱默生(Ralph Waldo Emerson)在1837年美国大学优等生荣誉学会上发表题为“美国学者”(The American Scholar)的演讲,第一次提出了“创意阅读和创意写作”(Creative Reading as well as Creative Writing)的概念。详见许道军:《创意写作的本相及其对立面》,《鸭绿江》2019年第1期,第22—29页。

展的创意写作学仍处于“有却未优”的状态。

虽然很多高校都开设了与创意写作相关的课程与专业，一派红火的景象，[①]但从整体上看，创意写作学仍呈现出一个良莠不齐、定位模糊的样态。第一，相比于其他传统学科，创意写作学的理论深度还有待开掘，而部分高校的中文系对于创意写作学的把握仅从实践的角度出发，这显然是不够的。同时，创意写作学对科际融合有一定要求，需要相关人员除了具有人文学科理论外，还要了解社会学科理论。第二，创意写作学并非一个书斋中的学科，它是具有高度实践性的，需要走出书斋，走出象牙塔，获取外界资源，并与之相结合，驻校作家、文化企业、社区单位、政府机构等都是学科予以完善与产出的资源。第三，很多从业人员并未深刻地理解创意写作的本质与内涵，只是简单地在名称上将传统的写作学置换为创意写作，可谓换汤不换药。此外，不少老师都非创意写作学出身，往往是被学院调剂到这一学科的。加之创意写作缺乏核心期刊，致使很多教授创意写作的老师不得不把更多的研究精力放在其他领域上，也进一步造成了创意写作学“重教轻研”而非“教研结合”的恶性循环。第四，在对学生的培养上显得目标混乱，时常出现“老师不知道能教什么，学生不知道学到什么”的状况，造成创意写作学专业毕业的学生与传统中文系的学生相比没有明显的优势，甚至有些不伦不类。

造成创意写作在高校“虚假繁荣”的根源之一，便是学科在培养方向上存在问题。理解浅薄、定位模糊、边界不清，高校未能结

① 葛红兵在上海大学创意写作丛书的总序上将这一进程形容为“由当初的孤绝而至如今的热闹，其热闹的外观下，实际隐藏着可能更加让人担忧的东西”。

合自身情况制订切实的培养方案，致使创意写作学至今未能产生相应的效力。

二、远大理想：从学科建设到国家战略

创意写作（学）对学生的培养方向是与传统中文系及师范中文系不同的，如果意识不到这一点，那么创意写作相关课程的开设很容易沦为鸡肋。因此我们首先需要理解创意写作与传统中文系的本质性差异。

传统中文系的培养方向是语文工作者，如编辑、记者、文秘、学者等，师范中文系则多了对语文教师培养的偏重，特别是基础教育阶段的语文教师。但今天，随着非师范生对教师资格证的考取及国内就业形势的变化，传统中文系和师范中文系在本科教育阶段对学生的培养上已经没有太多本质上的差异了，呈趋同化倾向。而创意写作的出现，则为国内中文系的培养方向提供了一条新的道路。

当“开始写吧”“成为作家”等[①]声音从欧美传来的时候，国内很多高校对创意写作是持着怀疑态度观望的。造成这种局面的因素是多方面的：一是中文系对写作不重视的传统久矣；二是创意写作学自身的羸弱；三是习惯性地将中文系学生的出路窄化；四是作家不可以被培养的传统认知；五是对国内外格局发展的认识不足……故而一些高校虽然开设了创意写作，但仅把创意写作当作语文教育的补充，将创意写作简单化、庸俗化，并没有意识到创意写作本身是对传统中文系的一种学理与实践上的革命。

---

① 详见中国人民大学出版社出版的创意写作书系。

在《创意写作学理论》一书中，葛红兵教授反复强调“创意写作学科理论的基本出发点是创意第一性、写作第二性”[①]，这是创意写作与传统写作之间的最大差异。“创意写作”一词的重心在“创意”，而“写作”只是“创意”予以展现出来的形式。这意味着创意写作文学观在某种程度上重新定义了文学的本质。在其另一段更为学理的表述中，我们可以直观地认识到创意写作的这种以创意为本位的本质。

> 在创意写作学视域中创意是人作为主体自我实现的根本性实践活动，人作为审美主体的活动也自然与此自我认知统一，人只有把自己领受为创意者时，他才可能真正领受自己的生命本质并以此为基本原则来追求其主体性的自我完成，写作由此被理解为主体对其创意本质的一种领受和实现活动，一种被本质地包含于主体生命的内在实践。[②]

简言之，创意写作(学)更重视创意思维的养成与激发，其目的在于通过对创意写作的学习，开掘学生的创意潜能，使之具有创意能力，并能够进行相关的创意活动。写作，只是创意的结果。

因此，我们可以说，创意写作的培养方向是“作家”，但这个“作家”不仅是说传统意义上以纯文学写作为本的专业作家，而更多是指具有创意思维的“以文字创作为生的创意产业基础从业人员”[③]，

① 葛红兵：《创意写作学理论》，高等教育出版社2020年版，第160页。
② 葛红兵：《创意写作学理论》，高等教育出版社2020年版，第50页。
③ 葛红兵：《创意写作学理论》，高等教育出版社2020年版，第103页。

如策划师、文案师、设计师等。如果用一个更为准确的词来涵盖，即创意师。

创意师或“作家”，是创意写作本科教育的培养方向中最基础的，也是最容易实现的目标。[①]该学科希冀着毕业生经过四年的学习，掌握相关的创意能力，在走出校园后可以完成相应的创意活动。新世纪，中国进入了一个文化创意产业极速发展的时期，文旅小镇、游戏策划、网红经济、网络文学等成为新兴行业中的关键词，这为创意写作的学生提供了施展拳脚的舞台。但对创意写作学来说，其愿景更为宏大，并且是分阶段的，为中国培养创意师只是长远目标的第一步。

创意写作学的未来愿景可粗略分为学术型和实践型，两者又是相互依衬的关系。理解了愿景是什么，也就能更好地理解创意写作的培养方向及其边界。先谈学术型愿景。创意写作当前正在完成的历史任务是从个人培养到学科建构的过程，在中国教育体系中建构起完备的创意写作学学科系统。目前，诞生仅有十年的中国创意写作学的学科建设尚且有很多不足，在传统学科的压力下艰难求生。创意写作学不应该被主流学科体系视为自娱自乐的项目，而应该成为主流学科，甚至替代原有的主流学科。“创意写作学学科的诞生和发展，改变了欧美战后文学发展的格局，也彻底改变了欧美文学教育教学思想体系，为欧美文化创意产业的兴盛和发展奠定了学科基础。”[②]国外通过数十年的创意写作教育，培育了

---

① 学者刘卫东在其著作《创意写作基本理论问题》的实践论篇章中提到了作家工坊、创意社区、文学之都和创意国家四个概念。本文在其“四位一体”的基础上做进一步区分与补充。

② 葛红兵、许道军：《中国创意写作学学科建构论纲》，《探索与争鸣》2011年第6期，第66页。

大批优质的创意人才，为社会创造了大量的价值，这些人才的成长又反过来推动了学科的完善，为创意写作学增值，使其具有了学科竞争力。对中国来说，创意写作学是一门非常具有潜力和前景的新兴学科，虽然现阶段还有很多不成熟不完善的地方，但随着中国创意经济的持续发展，作为学科的创意写作学（或说创意中文）很可能会与传统中文和师范中文分庭抗礼，甚至替代传统中文。

创意写作学科的创建只是学术型愿景中的近景，其远景是一个更宏大的理想——建构中国气派。现阶段，中国创意写作学仍在不断吸收和消化欧美创意写作学的相关营养，但未来，创意写作势必会完成中国化的过程，形成具有中国本土特色的创意写作学。

> 创意写作学科的中国气派，必须以建构创意本体论的文学本质观及其系统文论的诞生（文学的创意本体论、创意写作论、创意批评论、创意文学史发展论、产业论及文化事业论的系统建构）为基础，这是一种中国气派的原创理论，这不仅仅关涉中国创意写作学科在本领域获得自己的“宪章”，也意味着创意写作学科可以面向文学的全领域贡献自己的学科见识。①

从这段表述中，我们可以看到，创意写作的发起者拥有强烈的学科抱负和广阔的学术视野。寄望创意写作能够依托中国国情，打造一个辐射范围广、契合自身发展需求的学科场域。这个场域所涵盖的范围不只是文学，还会将社会学、经济学、心理学、传播学等非人文学科串联起来，结合中国社会驱动力，形成一个蔚为大观

---

① 葛红兵：《创意写作学理论》，高等教育出版社2020年版，第159—160页。

的中国气派。但建构创意写作的中国气派绝非一朝一夕之事，它对创意写作在学科发展和人才培养上提出了更高的要求。这意味着在本科教育阶段，创意写作对学生的培养在注重实践的同时，还需加强学理的注入。在课程的设置上增加创意写作学理论的比重，不只是增加传统中文系课程中的文学理论，更是通过对创意写作本体论、创意写作史、创意批评论等方面的学习，提高学生的理论水平，使其能写会论，成为作家型学者或学者型作家，实现创意写作视域下的知行合一。

实践型的愿景大致分为四个阶段。创意写作的核心机制是作家工坊，它也是创意写作学科培养作家的基本教学单位与教学方法①，其中最著名的莫过于爱荷华大学的作家工坊了。爱荷华大学的作家工坊不仅历史悠久，而且其推出的"国际写作计划"②将视野扩大到全世界，每年都吸引着来自世界各地的作家造访，余华、王安忆、刘索拉、余光中、白先勇等海峡两岸暨香港的作家的身影都曾出现在这里。高校拥有丰富的学术资源和充满激情的青年，以高校为依托，邀请驻校作家，建立起长期运转的作家工坊，能够形成稳定良好的创作氛围。创意写作需要培养出能够承续作家工坊的人才，这样的人才不仅能自己创作，还需要带动他人一起创作。组织、动员等能力也是创意写作学科所要培育的，让人们在相互协作中共同成长。从个人到组织，创意写作工作坊并不是创意写作的最终愿景，它不过是一个承上启下的机制性的过渡。

创意写作是富于实践张力的，它有着积极的"入世"倾向，在对

---

① 许道军：《故事工坊》，中国人民大学出版社2015年版，第3页。

② "国际写作计划"由聂华苓、保罗·安格尔筹划推出，1967年为第一届。聂华苓后来还专门为海峡两岸暨香港的中文作家举办了"中国周末"活动。

学生的培养上鼓励学生从象牙塔走上十字街头,以作家工坊为单位,辐射相对应的社区。这是创意写作学与传统中文系重要的差别之一,创意写作学追求更现实的社会参与度,力求以点带面地推动创意社区的建立。“在整个城市空间里,创意写作不仅仅是指向文学创作,它也指向人们在信息社会中生活、交流、学习必不可少的一种基础技能和素养,这使它具有了人文性和生存论(社会学视野里的应用性)的双重意义,而其中的一个重要环节,就是在创意写作学科的框架内完成教学、生活和文化三重性质的自我行动和社会化实践。”[①]这意味着创意写作学的实践范围是在不断拓宽的,学生不能成为书呆子,他们不仅要掌握校园内的书本知识,还要具有走出校园的社会能力,以便更好地为社区服务。

2019年10月31日,南京成功加入联合国教科文组织创意城市网络,当选“世界文学之都”。[②]该事件无疑是对中国创意写作发展的一针强心剂,一方面是南京政府部门对文化创意产业发展的重视,另一方面也与南京大学等高校建制相对完备的创意写作学科有关,为南京培养了大批优秀的创意人才,让文学成为南京的一张新名片。联合国创意城市网络(UNESCO Creative Cities Network)这一孕生于2004年的项目,是文化创意产业发展的一个结果,标志着文化创意产业程度已经成为衡量一座城市的重要参照标准。城市是比社区更大的公共空间,“从整体上看,创意写作学科教育是基础,读写训练和不同形式的作家工坊,构成了城市创新力量的基

---

① 吕永林、刘卫东:《系统化创生与发展之路——对国外创意写作的一种考察》,《世界华文创意写作协会高峰论坛(2016—2017)会议论文合辑》,2018年10月1日。

② 李润文:《南京入选世界文学之都》,2019年10月31日,http://wenhua.youth.cn/whyw/201910/t20191031_12108092.htm。

础”。[①]“文学之都”的评选能够对创意经济产生更为积极的影响，为民众提供更丰富的文化体验，同时为南京乃至整个中国的当代文学供给重要的原创力量。创意写作的学生需要建立这样一个意识，写作并非纯个人化的创意活动，而是与整座城市相关联的，从事的文化创意产业工作不仅要形成点，更要形成面。

澳大利亚、英国等国家已经在政府的文化政策中明确将“创意国家”摆在了非常重要的位置上。对中国来说，建设创意国家也是未来的必由之路，是全球化背景下实现文化自信与提升国家软实力的重要路径。这里有一个重要前提，即中国需要建设有中国特色的创意国家，而不能全然照搬西方模式。中国有自己的国情与文化积淀，需要相关人士立足中国本土特征完成创意，否则容易像迪士尼真人版电影《花木兰》一样，只是借中国的外壳讲西方的故事，还没讲好，于是成为一部令人失望的影片。因此创意写作不仅要培养学生的写作技能，还要培养学生对中国历史、地理、文化、经济的认知和表达能力，这需要学生能够达到科际通融的水平，即所谓跨学科，这显然是一个更高的要求。更重要的是，创意写作的学生应具备广阔的国际视野，怀揣雄心，立志向世界讲好中国故事。

三、切近目标：需因校制宜地制订方案

中国创意写作学的设计师们为创意写作勾勒了一个令人希冀的美好蓝图，而创意写作的发展也的确呈现出欣欣向荣的景象。在国内的本科教育中，有几所高校已经走在了前列，如广东外语外贸大学于2012年设立汉语言文学（创意写作）、西北大学于2014年

① 刘卫东：《创意写作基本理论问题》，上海大学出版社2019年版，第164页。

设立汉语言文学(创意写作)、上海政法学院于2014年开设汉语言文学(文化创意方向)、玉林师范学院于2015年开设汉语言文学(写作实验班)、温州大学于2015年开设汉语言文学(创意中文实验班)、广东财经大学于2015年设立汉语言文学(创意写作)、重庆移通学院于2016年开设创意写作学院及创意写作本科实验班、山东青年政治学院于2016年开设汉语言文学(文化创意与写作方向)……[①]还有一部分高校虽然没有开设本科专业,但在本科教学的课程设计中增加了创意写作,如华东政法大学、上海视觉艺术学院、西安财经大学、西安翻译学院、东南大学、南京林业大学等。[②]但是,创意写作学理想愿景中的培养方向真的适用于每一所高校吗?

我们可以看到,很多高校都在为创意写作的孕生而摇旗呐喊,争先恐后地在自己的地界开设创意写作,以抢占学术高地。不仅是高校,很多中小学及教育培训机构也纷纷挂出了创意写作的牌子,为自己所谓的"创意写作"贴金。但其中到底有多少人真正理解了创意写作的本质内涵与崇高理想呢?"有却未优"的现状只会让创意写作愈发泛滥,趋于庸俗化与污名化,不仅不会被学界及社会认可,还会走向其反面。我们需要清醒地意识到,创意写作是一个正在发展中的、与艺术及创作行为相关的专业实体,[③]特别是在中国,它不是一蹴而就或凭空建成的成熟学科,它正在并可能仍会

① 《香港公开大学大学创意写作学科名列全国第11位》,2020年7月27日,http://www.gangda.info/lianmeng/3234.html。

② 一些高校已经开设了与创意写作相关的硕士点、博士点,如复旦大学、上海大学、南京大学等。本文主要的论述重点是本科教育,故在正文中没有提及相关内容。

③ 黛安娜·唐纳利:《作为学术科目的创意写作研究》,许道军、汪雨萌译,上海大学出版社2019年版,第5页。

长期处在建构阶段。因此,我们既要仰望星空,又要脚踏实地,为创意写作学奠定一个稳固的学科基础。

创意写作理想的培养方向只是指导性的,未必适用于每一所高校。中国高校是多元的、差异的,从高校系统上看,有研究型、研究教学型、教学研究型、教学型、应用型、高等专科型等;从主管部门上看,有省部共建的,有省市共建的,等等;从特色上看,有公办大学、独立学院、民办大学、中外合作办学等;从类型上看,有综合、师范、理工、政法、农林、医科、艺术、民族等;从高校所在城市上看,有北上广深等一线城市、东部沿海发达城市、中西部省会城市、中西部三四线城市等。可以说,每一所高校所拥有的师资力量、重点学科、文化资源、经济水平、市场潜力、城市规模、学科排名等都不尽相同,需要因校制宜地制订创意写作的培养方向,切忌一味地追求华而不实的理想主义,更不能简单粗暴地一刀切,千校共用一个培养方案。

本文以上海大学、温州大学、上海政法学院、玉林师范学院、三亚学院等五所高校为例,谈论不同配置的高校对创意写作的不同培养模式。

上海大学是中国最早引入创意写作概念的高校,学科发展较为完备、师资配置较为充足,拥有葛红兵、谭旭东、何建明、许道军等行业翘楚,他们也是创意写作学的领路人。上海大学背靠上海这一国际大都会,雄厚的商品市场与政府对文化创意产业的高度重视都为创意写作的发展提供了便利。上海大学创意写作团队经营的上海华文创意写作中心、翼书网等为高校中文系产学研一体化提供了可贵的经验。就高校内部而言,上海大学中文系本身的实力就不俗,坐拥蔡翔、董乃斌、陈晓兰、曾军等业内名师,传统学科如古代文学、现当代文学、文艺学等都有着较高的水准。因此上海大学中文系将创意写作的重点放在了研究生阶段,而本科教育教学仍然是以传统中文系的培养模式运作,创意写作作为重要的课程及方向存在。上海大学对本科生在创意写作上的培养,更像是在为研究生阶段的培养做准备,利用丰富的学术资源对学生进行初步的学术打磨,让学生对创意写作有一个初步的概念,并建立起相关的学科意识。等到了研究生阶段,随着理论的增加,学生有望成为左手学术、右手创作的复合型人才。而即便没有选择创意写作方向的本科生,也会得到良好的古代文学、中国现当代文学、文艺学等学科的滋养,考研考公考教都能得心应手,可以根据自己的兴趣选择不同的出路。上海大学创意写作重视学生的学术训练,为中国创意写作学输送了很多优秀的青年学者,如叶炜、许峰、王雷雷、雷勇、高尔雅、刘卫东等。此外,吕永林、项静、王磊光等其他专业出身的学者也受到了创意写作氛围的感染,走上了从事创意写作的道路。总之,上海大学的创意写作可以成为大城市综合型高校的一个学习样本,类似的高校还有西北大学、南京大学、复旦大学等。

温州大学是早期对中文系本科教育教学进行改革的高校。与上海大学的传统中文系不同,温州大学中文系的基底是原温州师范学院中文系。换言之,其中文系是师范中文系,长久以来致力于培养中小学语文教师。2015年,秉承“敢为人先”的温州大学在陈小碧等老师的推动下,将中文系分为汉语言文学师范班和创意中文实验班。在保留师范传统的同时,对中文系进行了学科改革,用实践性和应用性更强的创意中文实验班替代传统中文系,施行小班教学,聘用蒋胜男、东君等为专任教师(驻校作家)来指导学生。温州地处东南沿海,区位优势远不及上海等一线城市,但温州的城市气质是锐意创新的,很多中小微企业都需要创意人才。温州大学创意中文实验班目前的培养方向是应用型人才，但随着师资建设和城市发展，未来可以向学术与应用并重的复合型人才方向靠拢，这需要温州大学在课程设置上加强理论方面的学习。与之类似的高校还有江西师范大学、江苏师范大学、湖南师范大学等。

上海政法学院作为一所政法院校，与上海大学和温州大学相比，其中文系并不属于核心专业，这样的情形也适用于理工科院校。尽管中文学科是学校的边缘学科，但他们的师资团队中有谢彩、高翔等优秀教师。上海政法学院中文系设有汉语言文学（文化创意方向），结合上海的地缘优势，专业对人才的培养方向主要是应用型，这也符合上海政法学院追求实际、实效的学校气质。上海政法学院将传统中文系中的主干课程进行了删减，特别是理论课部分，加入了创意写作和管理学。这两门课程前者在于培养学生的创意思维和写作能力，后者在于培养学生跨专业的意识，增加本学科之外的知识储备，以期学生能够成长为文化创意产业的技术型管理者。

玉林师范学院有着较好的中文系传统，但地理位置偏远，文创产业不够发达。尽管有着诸多困难，但玉林师范学院在创意写作领域成长迅速，已经成为创意写作在中西部小学院的范本。很多高校都有驻校作家，比如复旦大学的王安忆、中国人民大学的阎连科、同济大学的马原、南京大学的毕飞宇等，这些驻校作家具有很强的号召力和影响力，他们的言传身教对创意写作学专业的学生成长有着不可估量的意义。玉林师范学院没有上述院校那样的著名作家，但他们根植于玉林本土，深耕玉林作家群，梁晓阳等就是其中国内的代表。同时他们注重教师与学生共同学习，其中一些教师如黄健云、张立勇等已经成为作家型学者。玉林师范学院的学生虽然仍以师范为主要出路，但创意写作为他们提供了一些新的可能。他们或许不会成为创意写作愿景中的创意师或创意写作学者,但他们通过不断的创作提高了自身的写作水平,掌握了创意思维的理念,这成为今后教学的宝贵财富。

三亚学院与上述高校均不同,三亚学院原系作为独立学院的海南大学三亚学院,2012年专设为民办院校。地缘区位、生源质量、师资水平等都不占优势,但校方对中文系的改革很支持,给予了很高的学科自由度,并聘请葛红兵教授前往指导。尽管是一所民办小院校,但三亚学院在创意写作领域较为活跃,成立了上海市华文创意写作中心三亚培训基地。如2020年7月31日至8月3日,该基地就承接了由世界华文创意写作协会、上海大学语文教育研究中心主办的"中国创意写作教学暨青少年写作教育高端论坛",借当地的旅游资源来吸引各路专家学者莅临指导。作为民办院校,三亚学院没有学术科研上的压力,因此教师可以专注于教学法及创意写作学对外开拓等领域。三亚学院的毕业生选择继续深造成为学者的不多,大部分学生毕业后就找了工作。因此在课程设置上以写作实务为主,理论为辅,并鼓励学生积极投身社会工作,增加社会阅历与实践能力,部分学生能够被推介到文创企业实习。可以说,三亚学院对学生的培养是偏外向型的,对学生写作能力之外的社会能力有着较高的要求。

四、结语

创意写作在本科教育阶段的培养方向有一个宏大远景,但回归到具体的院校,则需要根据自身院校、专业及城市的不同而做出相应的调整,整体上应呈金字塔状。顶层院校应致力于学术型及复合型人才的培养,展示出领导力,为学科、社区、城市、国家做出贡献;中层院校应将重点放在学术型和应用型人才的培养上,使学生成为创意写作在中国的中坚力量;基层院校应着力打造应用型人才,使学生能够快速适应社会职场,成为创意师。

经过十年沉淀的创意写作,已经在中国初见规模与成效,培养出了很多适应社会就业创业新形势的人才,但这远远不够。目前,中国文化创意产业相较于欧美还很落后,根本原因在于高校文学艺术教育落后的观念和体制[①],创意写作学的程度不足,中文系毕业生的出路往往多局限于教师、公务员、学者、记者、编辑等,具有创意思维的人才远远不够,进而很难推动文化创意产业的整体发展。但我们也能欣喜地看到,一些新兴产业对有创意写作背景的中文系毕业生颇为青睐,比如游戏策划师、文旅设计师等,这都是对创意写作教育教学的认可。因此,中文系在课程设置上可以更加灵活多变,除保留古代文学、中国现当代文学史等基础课程外,可以适量增加创意写作学的比重,如理论学习与不同文类的专题写作。同时考虑在新文科或大文科的背景下实现跨学科的可能,使培养出来的学生既能够具备传统中文系或师范中文系毕业生的知识水平,还能够比后两者拥有更多的实操能力与思想维度,适应新的形势并为社会直接创造价值。

---

① 葛红兵:《创意写作学理论》,高等教育出版社2020年版,第38页。

基于高校“写作”课程的改革研究

严晓驰[①]

西南联大中文系系主任罗常培曾说过:“大学是不培养作家的,作家是社会培养的。”那么,我们今天的大学教育应该如何教授写作呢?

写作并不是不能够被教授,天才的作家也需要天赋基础上的教授加成。福楼拜就曾教授莫泊桑写作,普鲁斯特在那本著名的《追忆似水年华》中多次提到其他作家对他的创作影响,汪曾祺的早期作品带有明显的西方意识流倾向。可以说,几乎所有的文学家都曾直接或间接地接受过其他作家作品的“教授”。叛逆如王朔,坚决宣称自己从不阅读,也受到过北京地区鲜活方言的“教授”。汪曾祺说过:“问题是由什么样的人来教,用什么方法教。”[②]

因此我们可以毫不犹豫地说,写作的能力需要教授,但教授的方式却各有不同。传统写作课程存在的弊端主要有四个方面:一

---

① 严晓驰,浙江农林大学文法学院教师,文学博士,作家,主要从事现当代文学和儿童文学研究。

② 汪曾祺:《汪曾祺全集三·散文集》,北京师范大学出版社1998年版,第463页。

是课程一直偏于理论讲述,学生难以将理论转化为实际的创作体验;二是课程作业通常以大作文和命题作文为主,模式僵化,练笔次数少,作业压力大,学生创作积极性不高;三是师生沟通渠道有限,下课铃声一响便一拍两散,同时由于学生容量大,教师时间有限,对于学生作业反馈不及时;四是课程评价方式单一,以一篇习作评定学生一个学期的学习状态,难以真正考察学生的创作潜力与兴趣方向。

基于改革的创意写作课程目前以专题形式授课,分为概论、结构与分类、人物、情节与叙事、空间、时间以及细节七个专题,涉及小说创作的各个主要层面,主要为:

专题一:是谁告诉太史公的?——概论

专题二:从有法到无法——结构与分类

专题三:岁月从不败美人——人物

专题四:真相不止一个——情节与叙事

专题五:故乡是座不老城——空间

专题六:多年以后——时间

专题七:从一双筷子说起——细节

除了专题授课之外,新型写作课程还在传统写作课程的基础上,结合时代特点与学生特点,融入学习通软件等智能科技手段,开启线上线下混合式教学课堂,开展"体验式"写作、"实践性"练习以及"沉浸式"课程,真正把对写作能力的培养落到实处。传统的写作课程教学模式较为单一,不能很好地激发学生的兴趣。创意写作能力的培养能够帮助高校学生更好地找准自己的定位。

一、从“理论讲授型”写作课转向“情境体验类”写作课

浙江农林大学的写作课程突出先“体验”、再“实践”、后“总结修改”的三步走策略。“体验式”写作实践让学生注重体验的独特性,有利于创新思维的训练,真正落实创意写作的理念。

写作课程是浙江农林大学面向汉语言文学大一、大二学生的专业核心课程。本人在任教三年期间,致力于推进高校写作课程改革,同时结合创意类写作课程的特色及优势,将传统写作课程打造为“体验式”教学、“实践类”训练、“创新型”思维模式的新型写作课程。将原有的被动写作模式提升为主动型、创造型写作模式。本课程的教学过程注重个人体验与生活实践,将学生“带”出课堂,“带”进生活。葛红兵在《创意写作学的学科定位》中指出,创意写作指的是“以文字创作为形式,以作品为载体的创造性活动,它是文化创意产业链最重要最基础的工作环节”①。我们要培养的是高复合型多功能写作人才。

刚刚进入高校学习的低年级本科生理论知识基础并不扎实,过多的理论讲述容易减少他们对写作的兴趣。因而,本课程试图将理论知识化整为零,深入每一次实践操作中去,转变为学生可以理解,甚至是主动愿意了解的生活案例,真正发现学生的兴趣所在。诸如“95后”“00后”的学生喜欢追星,写作课程中便可以结合时下人气较高的IP剧,为学生提供学习素材。本课程教学实践中,

---

① 葛红兵:《创意写作学的学科定位》,《湘潭大学学报(哲学社会科学版)》2011年第5期,第104页。

每学期都会针对不同年级的学生展开不同的写作教学活动。如汉语言文学2015级学生的课堂实践中，任课教师曾选择2003年胡军版《天龙八部》影视剧中的第三十二集，结合金庸原文中第四十一章“燕云十八飞骑 奔腾如虎风烟举”来进行对照观摩。在视觉和听觉双重体验过后，由学生自觉进行分配角色配音，最后将之制作成一集全新的课堂剧。在重新演绎的过程中，学生很自然地发现剧中台词以及情节的疏漏及矛盾。因而在课堂剧表演过后，教师就可以引导学生自发自觉地重新设计台词，再次进行演绎。

再如，对汉语言文学2016级学生的课堂教学中，教师曾现场选择两名学生，让剩余学生观察两名班级同学的外貌，通过对其显形特征的仔细了解进而猜测该名同学的性格以及爱好等隐性特征。为了能够让学生更好地体验通感式的写作，任课教师曾设计“假如给你十分钟黑暗”的主题活动，抽取一部分同学戴上眼罩，感受并体验十分钟盲人的生活，体验海伦·凯勒的生活。被抽取的学生需要戴着眼罩摸取一些同学递上去的日常用品，诸如胶带纸巾等，在黑暗中想象物品的颜色，感触物品的形状、温度以及各类细节。体验活动结束后，布置学生写作“假如你人生中第一次‘看’到了抽纸，你会如何表现”。开始学生会想到抽这个动作，会想到颜色，会想到质地柔软，但是打破这些思维障碍和“记忆墙”后，有的学生想到了也许可以吃，也许是外星人的化形，等等。创造力与思维力就随之产生了。体验是为了让学生感知到日常生活，在创作描写中积累足够多的细节，之后的讨论与实践是为了突破更多的创作可能性，达到艺术的创新。

同时，教师事先准备约两百个不同的具体情境，每学期抽取任意五十个进行教学，保证四年本科期间没有重复。通过对2017级和2018级学生写作课程的教授和作业的统计，我发现在实际的写作训练当中，学生对自身熟悉的话题有更强的表达欲望和表现热情。例如2017级的学生曾经观察描写过学校大西门保安的外貌，2018级的学生以自己为主人公描写过“人物的不同出场方式”。同时，有些话题不一定要亲身经历，更多的时候可能来自间接的经验。比如，在整理学生习作的过程中，我不止一次地发现学生中的“追星”倾向。当描述类似于告白、恋爱之类的场景时，很多学生更喜欢将主人公设置为自己与喜欢的偶像明星。这其实也反映着当下年轻人的追星亚文化。

由此可见，写作，还是窥见自己内心的方式。莫泊桑在自己的小说作品后附录了一篇《论小说》，来为自己辩驳。他认为，作者“所表现的始终是我们自己”，“因为我们总是要问自己：‘如果我是国王、杀人犯、强盗、娼妓、修女、少女或是女莱贩，我会做什么，我会想什么，我会怎样行动？’因此，为了使我们的人物多样化，我们只能改变我的年龄、性别、社会地位和我们被自然用一道不可逾越的器官障碍所包围起来的我的所有的生活环境”①。

另外，新型写作课程试图从“理论讲授型”教学转向“情境体验型”教学。注重个人体验与生活实践，将学生“带”出课堂体验，“带”回课堂总结。将理论知识化整为零，转变为学生可以理解且感兴趣的生活话题，同时结合学生兴趣，提供最新教学素材。每学期需针对不同年级学生的特征展开写作教学活动，诸如配音、课堂剧、绘本制作等。

① 莫泊桑：《一生 两兄弟》，王振孙译，上海译文出版社2008年版，第392页。

二、增加作业“数量”，减少作业“重量”

新型写作课程更新了作业模式。以浙江农林大学为例，汉语言文学专业的写作课程每学期共六十四课时，其中有三十二课时为实践课时。增加随堂即兴练笔的次数，每学期不低于十次，同时减少每次习作的“重量”，控制在十至二十分钟之间，字数随题材而定。即兴练笔多以碎片化的形式展开，不要求结构上的完整度，减轻了学生的心理压力。多次练笔不光可锻炼学生的写作技能，还能观测该学生的兴趣方向及行文特色，具体引导。

随着作业数量的增加，我们还可以从中有效发掘学生的创作兴趣点。汪曾祺曾言：“教创作靠‘讲’不成。……教创作主要是让学生自己‘写’。”[①]

学生对于写作的抵触情绪主要来源于中学时期的“作文”模式，要求每篇文章都在八百字左右，对于某些学生来说是有压力的。其实，也有一些经典的随笔、诗歌、散文以及小说篇幅非常短小精悍的。比如，有段时间流行的“三行情书”以及“微小说”的征文大赛，就很能激起年轻人的兴趣。由于网络时代的碎片化阅读，年轻人更适应于碎片化的写作。因而，本课程致力于打造“小练笔”的模式，多写结合少写，增加作业“数量”，减少作业“重量”，每次习作只要求在一百四十字以上即可。一百四十字的字数限制来源于早期微博的发文字数限制。在各类社交软件上发状态已经成为当下年轻人的新型写作模式，因而，本课程希冀于将学生擅长的写作模式与课堂连接起来，与其说是让学生交一份习作作业，不如

① 汪曾祺：《汪曾祺全集三·散文集》，北京师范大学出版社1998年版，第463页。

说是鼓励他们发一次略长一些的微博状态。自从将作业字数限制放开之后,我渐渐发现,学生想写和想说的内容反而增加了。有时布置微小说的作业,有的学生写完一篇仍不过瘾,甚至还会创作三四篇作业,每篇微小说的风格都不尽相同,这是很好的现象,说明学生确实在其中得到了些许乐趣。

为了不占据学生课外的娱乐时间,本课程的作业基本以课堂即兴创作的形式来完成,每次作业时间一般不超过二十五分钟,小作业甚至五至十分钟即可结束。学生在此期间可以大声地跟周围同学讨论,甚至还能因为看到别人有趣的创意而奔走相告。课堂气氛的轻松有助于大家放下压力,更好地写作。

每个学期的写作课,几乎都要进行八至十次的小作业,学生的创作热情十分高涨。尽管没有字数限制,但每次在学期末总结作业时,总能发现大家在其中实现了“1+1>2”的整合效应。每个学生平均每学期的创作总字数不少于两千字。将近过半的学生学期创作总字数不低于四千字,相当于过去小作文时代的五篇小习作。并且在这个过程中,学生的创作积极性还得到了完全释放。学生最喜欢的就是交流点评的环节,因为可以看到其他人与众不同的创意。

写作课与其说是教会学生创作,不如说是教会学生如何用文学的方式去思考,并寻求其中的最大可能性。大卫·姚斯在《小说创作谈:重思关于写作技艺的传统观念》中说过:“本书不会告诉你要做这个和不要做那个,而是致力于勾画出这些可能性,然后才说如果你这样做……和不要那么做,除非……”[1]

---

① 大卫·姚斯:《小说创作谈:重思关于写作技艺的传统观念》,李安译,中国人民大学出版社2016年版,第13页。

再者,通过对同一个学生多次作业的综合分析,有时还可以有效地了解学生的心理状态和童年的记忆以及创伤。例如,在对2017级学生的课堂教授中,我发现有一个女孩几乎所有的习作当中都出现了暴力的描写。经过一些私人途径的了解,我发现该学生的童年当中遭受过相当程度的家庭暴力,而这些家庭暴力都来自她的父亲。我认为写作不单单是一种练笔,很大程度上它是我们了解自己内心的一个途径和一个过程。阿德勒认为,“探索童年记忆是理解原型、理解个体本性的有用工具之一”[①],并且,“在记忆中,最关键的是他能够回忆起来的最早的事情及他所采取的描述方法。最初的记忆是一个人人生观的雏形。通过最早的记忆,我们能够看出他发展的起始点究竟是什么”[②]。此即是说,一段记忆的真实性如何其实并不是最重要的,关键在于我们自身赋予这段记忆的意义。这意义就关联到我们的“生活意义”。记忆之所以重要,就在于人们对它的解释、对它的定义,以及这些记忆对现在及将来生活的影响。[③]

写作课程在改革过程中减少了写作“重量”,提升了写作“数量”,学生每学期练笔次数不低于十次,小作业的方式减轻了学生的心理压力,很好地提升了创作乐趣,学生在具体操作中配合积极。

三、智能软件的课堂运用

新型写作课程还创新性地配合使用了学习通智能软件。当代

---

① 阿德勒:《理解生命》,张俊贤译,新世界出版社2016年版,第12页。

② 阿德勒:《生命对你意味着什么》,王倩译,南海出版公司2015年版,第76页。

③ 阿德勒:《生命对你意味着什么》,王倩译,南海出版公司2015年版,第19页。

大学生更倾向于电子写作。纸质写作有相应的优势，比如有些同学可以在纸质写作的过程当中传达一些比较温暖的讯息，诸如小插图等；但是运用电子写作的话，可以极大地提升学生的写作效率。并且从直观的数据统计中可以看出，运用电子写作能让学生写得更多。表1反映的是浙江农林大学汉语言文学专业181班和182班学生在创作字数不限的情况下，每次作业的人均创作情况。

表1 每次作业人均创作字数

中文2018级写作情境主题	班级总字数/万字	学生提交作业模式	人均创作字数/字	作业时间/分
1. 书目解读	2.2	电子+纸质	265	30
2. 白云诗歌	0.96	纸质	116	30
3. 编个真故事	3.48	电子	419	30
4. 初吻的故事	1.19	纸质	143	30
5. 耳光的故事	2.1	电子+纸质	253	30
6. 猫咪对话	1.92	纸质	231	30
7. 收入的判断	0.45	纸质	54	10
8. 让人物出场	2	电子+纸质	241	30
9. 外星人外貌	0.47	纸质	57	20

当然，每次作业的字数也受限于教师所布置的题材类型，但我们从9次作业的样本中大致可知，学生人均创作字数最高的为第三次作业。我们去除创作时间不满30分钟的两次作业，同时去除诗歌创作这一特殊题材创作，仅取作业时间为30分钟的6次作业样本来看，不同提交媒介类型对学生创作字数的影响如图1所示。

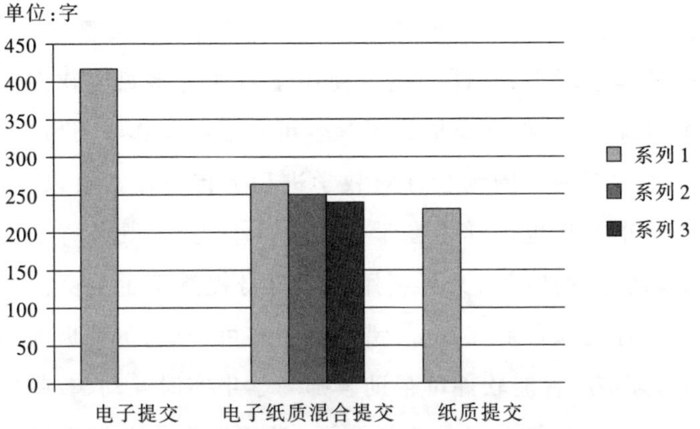

图1 不同提交媒介对学生创作字数的影响

运用电子和纸质两种模式混合上交作业的3次,学生平均创作字数分别为265字、253字与241字;单纯用纸质方式上交,创作字数为143字;单纯用电子提交的作业中,人均创作字数为419字,达到所有作业中的最高值。在这次作业中,我要求学生"编"一个尽可能真实的故事,创作时长为30分钟,作业提交模式即为电子版。

从2018级学生的作业数据中可以得出,使用电子书写的模式能够更好地激发学生的写作热情。当代大学生多为"低头族",手机在他们的日常生活中占据着重要的地位。一方面,实体书写需要耗费手力;另一方面,长期使用手机输入法的学生对于一些用词的书写已然生疏。所以手机书写相对而言更便捷,有助于学生整理思路,检查错别字,用讯飞等智能语音输入软件甚至连打字的时间都节约下来了,真正实现了从脑到笔端的顺畅。再者,当代大学生的许多习作用语都受到网络的影响,有些学生还有丰富的网络文学创作经验,因而在线写作能够极大地激发学生的写作热情。此外,用手机写作还能让学生养成随时随地写作的习惯。但是,我在课程中并没有完全放弃纸质书写,毕竟,适当地锻炼学生的手写能力，也是在网络迅猛发展的时代保持一种传统的美感。

在教学手段上，本课程结合使用学习通等多媒体软件。网络云盘中资源丰富，很好地扩充了学生可获取的写作学习资料，任课教师在每堂课前一周都会针对教学进程上传写作素材以及示例。每次课堂小习作也由学生在学习通软件上提交，既节省了由课代表通知和收发的时间，又可利用平台自身提醒学生上交。每个学生提交的时间都有系统备份，错过时间亦可补交，可谓极大地便捷了师生。再者，智能软件可帮助教师与学生实时互动，教师能够根据每次作业进行打分以及添加评语，学生可在作业结束后随时查看，及时修改。教师可根据学生的提交状态、创作状态以及反馈讯息及时了解掌握情况，有效调整上课内容。在遇到生生互评时，学习通软件也可发挥智能软件平台的投票功能，确保投票数据透明化和即时性，很好地节约了课堂通过举手表决检查票数的时间。

为了增强学生创作兴趣，拓展创作视野，本课程在选取经典文学作品作为课程资源的基础上，坚持经典性、时效性以及年轻化，大量的网络文学文本也将作为课堂的案例素材。学习通软件可以提供大量的阅读链接，诸如读秀知识库（http://www.duxiu.com）、超星电子图书（http://www.sslibrary.com）等网站可以帮助学生迅速找到文本。同时，对优质公众号、热门IP原作等的讨论都可引发学生的兴趣。

四、多元化的考核标准

在积极完善课程框架、拓展课程学习资源的同时，我们还需要优化课程的考核制度。本课程试图建立多维度的考核标准，打造以平时练笔为主、以期末考核为辅的多元考核机制，此即“过程性评价+终结性评价”的模式。过程性评价中实施多元考核制度，每次作业由课前体验、课中实践和课后修改三部分构成。终结性评价则注重主观能动性创作，而非学生对于写作理论的理解。

在过程性评价中，创作作业占平时成绩的50%，由教师挑选五次得分较高的作业构成。每次作业考评由三部分构成：课前体验准备占比20%，课堂实践占比50%，课后创作修改占比30%。课前体验的检测主要依赖于学生对创作的感悟和理解；课堂实践则以文本创作为主；课后创作修改是对前两个考查项目的拓展，也是我们创作实践的重要环节。对于几乎所有的创作者而言，好文章都是改出来的。怎么改，由谁改，改到什么程度，则是我们需要探究的。

其一要知道怎么改，得先知晓文本的问题出在何处。比如，在“时间永远停留在2020年2月29日”的情境写作中，有学生决定在这一天购买彩票成为亿万富翁。这个创意设计就有疏漏，因为彩票的购买和兑现通常不在同一天。还有学生认为，要在这一天疯狂进行网络购物，这样吃喝不会穷尽。这个设置同样有问题，因为很少有快递能够当天到达。由此我们可知，小说的修改就在于细节的不断完善，以及情节的不断推敲。

其二是由谁改，这个部分借助教师和学生共同完成。在文本创作完成后，任课教师可以将主题文本分成几类，归拢相同套路的作业，选择有代表性的作业样本来进行课堂讲解，师生共同完成修改。

其三是修改的程度。写作课的目的主要在于培养学生的写作兴趣，从而尽可能地强化学生的创作能力。所以对于学生文本的创作要求不宜过高也不宜过低，要求过高会打击学生创作积极性，过低则会影响学生创作态度。修改到基本没有大的叙事漏洞，情节完整,无错别字与病句即可。毕竟就算是伟大的作品,也常常有疏漏。许多学生创作的文本中所谓"缺点",也许恰恰正是其"特点"。比如,一些学生喜欢创作网络小说,情节上多有夸张,与经典文学作品的要求当然存在距离,但对于开放拓展思维的课堂练笔而言,却是非常值得肯定的。

在平时作业的布置上,为了让学生积极参与到文学创作中来,本课程建立了200个情境创作资料库,每学期抽选50个让学生进行创作,保证他们在本科4年期间不重复使用作业资源,确保素材新鲜度。

再者,多个情境作业的创设也是为了考查学生创作的兴趣点所在。本课程每个学期的平时作业有8—10次,认真参与课程的学生,总会在某几次作业中"大放异彩"。这也是为了鼓励学生,你也许不能胜任所有题材的习作,但是你总会找到自己感兴趣并擅长的方向。不论是诗歌、小说、散文抑或是报告文学、网络小说等,只要学生能找到自己创作的目标即可。这样的过程性评价也许会让任课教师产生大量的工作压力,因此我会在作业点评中鼓励学生积极参与,有时候同辈人给出的意见会更有建设性。

在终结性评价中,考题设置与答案分析均侧重学生对创作的理解与实践。比如,在2018—2019学年第一学期的期末考试中,有一个题目如下:艺考现场,屋子里只放了一张桌子和一把手枪。有三名考生(甲/乙/丙)上场,他们分别如何表现?

此题考查学生对不同人物性格创作的掌握度。以下情况可加分:①甲、乙、丙三人反应不同,每个空格可获得基本分2分。②甲、乙、丙三人对于手枪的用途不同,每人可获得加分2—3分。③枪支的用途不是发射等常规用途,可获得加分2—3分。④运用其他富有创意的不与其他人雷同的写作模式,可酌情加分。

每学期的课程考试，基本上分为五个部分，第三部分为基础题，考查学生的阅读积累与片段式的写作能力。比如，可以令学生“以《西游记》中五个妖怪的名字为基础，构想出五个新妖怪的名字，并在括号中说明新妖怪与原妖怪的关系”。此题考查了学生对课堂讲授过的《西游记》文本的理解，以及在此之上的想象。后两部分为实践题，考查学生系统性的创作能力。比如，“青春期女儿一夜未归，早上才回家，请分别写出她与母亲和父亲的对话”。此题可以考查学生对于男性和女性对话思维不同的认知。

总体而言，本课程不唯考试论，也不过分注重期末成绩，而将重心放在平时写作能力的培养上，两相结合，共同考查。而期末考试更多是对平时作业的延伸与拓展，考查学生对知识的灵活运用能力以及创新能力，并非是机械记忆。

五、小结

本人自2016年教授写作课程以来，一直致力于发展、开拓课程，历经了三个阶段。其一是草创摸索阶段，时间是2016—2017学年，主要致力于课程总体框架的建构，试图奠定创意写作课程的基础。其二是调整完善阶段，时间是2017—2018学年，主要对课程框架实施进一步修改，增加学生实践操作的比重，推动课堂翻转，融入课堂剧、情境演绎等多元化的课堂活动。其三是反思提升阶段，时间为2018—2019学年，主要在前期实践基础上充实课程教学理论知识，将课堂经验转化为研究成果；同时结合学生反馈，进一步优化课程。

为了更好地进行个性化教学，本课程还推出了“创作工坊”式的写作模式。针对每个学生的创作兴趣，因材施教，因题施教，加强了师生、生生的合作互助与交流沟通。

本课程在连续三年的学生评教中得分为88.77分、90.96分以及95.84分,初步获得了汉语言文学专业学生的认可,学生在课堂活动中表现活跃。学生在开课期间自发创作积极性高,在校刊《东湖》和其他各类报刊上多次发表文章,在创作比赛中亦收获颇丰,单人单篇创作字数最高达4.6万字,课后与任课教师沟通亦十分频繁。

基于本课程的发展现状,本人将在今后五年持续建设革新。

第一,要扩充教学资料,引入多元化的文本资源,使学生在批判中学习提炼,在创造中提升反思。

第二,要结合农林类高校优势,培养学生多元化生态型的创作能力:其一是文学作品的创作能力;其二是学术科研报告以及论文的写作能力;其三是面向社会的多维度写作能力,诸如申论、新闻报道、广告文案等的写作。

第三,要将学生的写作能力具体外显为可观测的指标体系,包括在各级别文学类杂志报纸上的发表数量及质量,在各类网络平台上的发表数量及质量,课堂实时练笔测验中的作业质量(共有A+/A/B+/B/C五级),以及其他相关考评等。

第四,运用可观测的指标指导进一步教学实践。在已获得的课堂实践数据中,按照“时间轴”的顺序统计每个学生的成绩分布以及写作方向,鼓励学生找到适合自己创作的具体方向。

第五,我们还将为学生创意写作能力训练搭建相应的平台,帮助学生发表作品,提升创作兴趣。

本课程在知识与技能目标上致力于提升学生多元化创意写作能力,使学生能驾驭各类文体以及各类主题的创作。在过程与方法目标上,结合新媒体加强线上线下交流,打破原有经验式教学,推进“体验式”实践，共设置教师讲授、学生体验、总结归纳、学生实践以及教师点评学生互评等五个部分。同时创设具体情境，减少习作“重量”，增加习作“数量”。减少命题作文带来的束缚和捆绑，开设“小练笔”式即兴创作。在情感态度与价值观目标上，希望学生可通过创意写作课程达成创新精神，能对创意写作和文学阅读产生浓厚兴趣，从被动写作转向主动写作，从消极写作转向兴趣写作。

（本文系浙江农林大学2019年教学改革研究项目“2019年本科高校省级线下一流课程”阶段性成果，项目编号为KG2019033）

大学写作学的体系建构及其学理的增补和异延

马明奎[1]

一、写作学体系建构所面对的现实

大学写作学成为独立学科的呼吁为时已久，大学生语文写作能力孱弱的事实也昭然若揭，但是大学写作学迄今不能矗立于学术界，盖在于学理之缺乏也。周德仓先生这样描述，“在80年代明确张扬起自己旗帜的‘写作学’，初以‘文章学’命名，后改为‘写作学’，打破传统‘八大块’，由静态而为动态，致力于写作主体研究，倾力探索写作的过程特点，勾连最新理念，其分支学科辐射迸发，在中国的文化界纵横驰骋了一番，引发了写作文化勃兴的光荣一幕。但是，有些根本性问题仍然未能弄明白，特别是写作学的研究对象问题”。[2]在周先生看来，连研究对象还没搞明白，写作学的独

① 马明奎，湖州师范学院副教授，作家，现任湖州市民间文艺家协会副主席。
② 周德仓：《高校写作教学的定位兼及写作学科的独立性问题》，《西藏民族学院学报（哲学社会科学版）》2001年第1期，第86页。

立问题就失却了前提。谢志礼先生则这样认为："写作学的研究一开始是把眼光集中在'文本'上的，人们几乎是不约而同地认为，只要通过对文章体裁的精心描述和对文章构成的详尽解剖，学生自然会写出像样的文章。这种思想导向的结果是，传统写作理论形成了以'文本'为中心的理论体系，即人们常说的以'材料、主题、结构、表达方式、修改'等为主要内容的'八大块'理论，这种'文本主义'的误区是显而易见的。"[①]这里涉及理论体系和学术典范的问题。谢先生首先指陈了理论体系的问题：第一是"内容方面多、繁、杂，未能自树一帜"；第二是对写作活动的研究"仅仅是停留在静态的、分解式研究方面，缺乏动态方面的研究"；第三是"忽略了对写作主体——作者的研究"；第四是"对写作实践训练关注较少，写作训练随意性较大，往往是理论讲授与实践训练简单对应，既缺乏宏观的调控，又缺乏切实的有效的指导……训练效果可想而知"。[②]亦即写作学理论缺乏主体论、方法论及本体论，混杂零乱不成体系。"一个不容忽视的现实是：在写作新理论体系的建构中缺乏宏观的把握，即理论建构缺乏整体性（系统性）方面的深思熟虑，还仅仅表现为一种'摸着石头过河'式的探索，缺乏清醒的目标意识。"[③]其次是学术典范问题。他指陈了问题呈现的脉络以及理论更新的偏差："进入20世纪80年代，随着改革开放的深入以及文学创作、文学研究的繁荣，写作理论研究有了巨大的发展和可喜的突破；特

---

① 谢志礼：《写作学学科理论研究的定位问题初探（上）》，《应用写作》2001年第12期，第5页。

② 谢志礼：《写作学学科理论研究的定位问题初探（上）》，《应用写作》2001年第12期，第5—6页。

③ 谢志礼：《写作学学科理论研究的定位问题初探（上）》，《应用写作》2001年第12期，第6页。

别是'三论'(信息论、系统论、控制论)和西方接受美学的引入,更使得写作学科在理论研究方面有了长足的发展,基本摆脱了传统写作理论体系的桎梏,并进而建构起具有学科特点的新理论体系。"[①]但是,新体系的建构仅仅体现为新名词和新术语的引进,是理论和思想的直接移植,而不是融会贯通,因而写作学并未找到属己的命题域:"新理论体系的最终目标是什么?理论研究内容上的深度和广度的关系是什么?教学上哪些是学生应该必须掌握的知识,训练中如何定序,学生写作能力的鉴定标准是什么?等等。"[②]于是他推出写作学的最新典范:智能型写作。他是这样描述智能型写作的理论体系的:第一,基础理论、教学理论、实践训练三个体系有机结合,三者之间既相对独立,又相互隶属、相互补充,成为一个科学、系统的理论框架;第二,体现鲜明的学科特点——科学性、系统性、阐释性、可接受性、可操作性与可指导性;第三,以开发学生智能、全面提高学生的素质为最高目标。[③]

时光荏苒,到今天为止,周、谢两位所陈述的写作学的四大问题——理论体系、思想资源、学术典范以及由此导致研究对象空缺,不能确立自己的命题域,依旧困扰着我们的学术研究。本文试图就上述问题做点探索,求教于大家。

---

① 谢志礼:《写作学学科理论研究的定位问题初探(上)》,《应用写作》2001年第12期,第6页。

② 谢志礼:《写作学学科理论研究的定位问题初探(上)》,《应用写作》2001年第12期,第7页。

③ 谢志礼:《写作学学科理论研究的定位问题初探(下)》,《应用写作》2002年第1期,第5页。

二、写作学体系建构的理论资源

理论体系的建构必然落实到学科定位上。而将写作学定位到怎样的学术处境和理论状态,关键在理论本身的思想指涉和对象研究,在其理论资源的丰足和学术典范的形成,即上述的理论体系、思想资源、学术典范以及指涉研究对象四个维度从而确立的命题域。[①]这个顺序不是倒过来的,即命题域、研究对象、学术典范及思想资源。我们认为,一个学科的建立与一个时代所提供的思想资源和学术典范有着根本的联系。学术问题不是社会问题,不能先从研究对象说起,而是反过来:在既定的时代精神和学术思想亦即福柯所说的"知识型"之下,我们才能找到所要研究的目标对象和属己命题;在没有向导和风标的理论空茫状态中,我们可能变得盲视或塞听。

真正影响写作学理论建构的问题主要来自强势学科的挤逼和时代精神的转移。最强势的学科是文艺学和语言学,其指涉界域几乎涵盖了传统写作理论的全部义项,诸如社会生活、作者传记、篇章结构、修辞手法乃至文本传播和接受的各方面。从时代精神来看,社会对于写作学的需求已经功利化到备考和赚钱两点,写作不再是精神劳作,而是成为一种市场经营,学生最简单也最根本的要求是:你能教会我什么从而增加我的赚钱能力!不仅写作学,文艺学和语言学同样受到这种时代精神的折辱,变得势利和低能,这就是我们所面对的残酷现实。在这种强势和转移面前,写作学本有的精神现象问题就变成社会经济问题。葛红兵教授主持的"创

---

① 吴炫:《什么是真正的理论?》,《文艺理论研究》2010年第4期,第2—8页。

意写作”(Creative Writing)就是以文字创作为形式、以作品为载体,经营文化产业链中最重要、最基础的工作环节——研究创意产业管理和运作规律,以创意写作的活动规律、教育教学规律为“创意写作”提供基础理论支持。[①]问题的具体情境是:“由于应试教育的决定性影响,基础教育中对学生写作能力的培养十分功利化,并未形成基本的写作能力,于是这个‘尾巴’就带到了大学,大学只好放弃它固有的设计,来完成中学的‘未竟之业’,高校写作教学就在这种窘境中被迫改变自己的方向,……不意中迷失了‘自我’。”[②]以上三个方面的情况生成一个怪圈:实用性导致实用性的短缺。问题就回到最初:写作究竟是在做什么?写作学有没有可能超越实用性,在更广阔、更高远的理论空间拓展自己的领域?

现象学告诉我们:对象是被给予的。我们的进一步追问是:写作学的对象是被谁给予的?给予的究竟是一个什么对象?其给予的方式是什么?显然,把写作学的研究对象圈定到实用领域,从而给予确定的“基本知识和基本技能”,抑或“以文字创作为形式、以作品为载体,经营着文化产业链中最重要、最基础的工作环节”的,就是时代精神的实用原则及由此决定的工具论理念。我们要问:这样的给予主体是合法的吗?是合理的吗?而且,这一给予主体派生的给予方式完全不顾及写作学本身的精神心理特点和符号语言本质,事实上把复杂精微的写作能力简化为一种粗糙僵硬的工具手段和一些支离破碎的修辞技巧,这是在中学阶段已经完成的训练。

---

① 葛红兵:《创意写作学的学科定位》,2011年9月25日,http://blog.sina.com.cn/gehongbing。

② 周德仓:《高校写作教学的定位兼及写作学科的独立性问题》,《西藏民族学院学报(哲学社会科学版)》2001年第1期,第88页。

改变一个时代的精神和理念不是本文的旨趣,我们没有这个能力,但是追问其合法性和合理性却完全可能。我们完全可以指陈实用理念之外和之上的写作动因,亦即一种超越社会经济实用功能的写作理念的培养,应该成为我们建构写作学科的理论体系的最高价值目标。就给予写作学研究对象的主体来讲,全部人类文化和知识体系作为一种既定的本体性存在根本不能用社会经济的实用性来认证,人文理性和价值关怀的主体性丧失,恰恰成为写作学不能确立自己理论体系的首要原因。这就决定了写作学的理论建构,不能仅仅吸纳那些旨在服务经济市场效应的浅见陋识,不能以功利思想和简单操作为旨趣,而应该是宏观理论体系,亦即基础理论、教学理论体系、实践训练体系三者的有机结合,使学生确实掌握特定文体的写作,达到提高实际写作能力的目的,"三级理论体系最终指向最高目标——开发学生智力、全面提高学生素质"①。写作学理论体系的思想资源自然指向思维科学、文体研究以及主体论和价值论所关涉的存在本体的建构。

写作学不能仅仅成为一种关于写作技巧和能力的经验总结。鲁迅先生就从来不相信作文的做法之类写作理论。《文心雕龙》也讲:"文之为德也,大矣!与天地并生者,何哉?夫玄黄色杂,方圆体分。日月叠璧,以垂丽天之象;山川焕绮,以铺理地之形:此盖道之文也。"②然其"《文心》之作也,本乎道,师乎圣,体乎经,酌乎纬,变乎骚;文之枢纽,亦云极矣"③。与之相应,维特根斯坦则阐明:语言符号与人的存在之间存在着结构同型性和意义通约性。显然,

① 谢志礼:《写作学学科理论研究的定位问题初探(下)》,《应用写作》2002年第1期,第5页。

② 刘勰:《文心雕龙》,上海古籍出版社2015年版,第3页。

③ 刘勰:《文心雕龙》,上海古籍出版社2015年版,第287页。

维氏重视人文价值,刘勰则原道征圣、倚重天地人文的本体存在,但两者都没有将写作和文章操练成经济实用的确定目的。换言之,就一篇文章的写作来看,可能是持有具体目的的,这就是传统写作理论中所言文章的主题思想;但是就写作学理论体系的建构而言,建基于人的存在和宇宙万物的观照,在道体与人文之间做文章,不仅是写作学跻身于强势学科之间、超越于实用工具之上的最高价值,而且是写作学回归人本身的必由之路。文章就是人的存在范型,写作就是为了提升人的存在价值,写作学则涵泳于大化流行和思想品类之间,建基于人的存在方式和价值追求之上,其最低层面才是实用和操作。程民教授的“天下文章三分法”就以此为规约:文学作品指涉精神和价值的最高层面,杂交文体指涉存在方式和思想品类的中间层面,非文学作品才指涉生存的百业操持和日用功课。

文体研究是写作学理论体系建构的核心部分。西方叙述学和中国的传统诗话词话都包含文体知识,但是叙述学旨在建构,诗词话旨在赏析。写作学的旨趣应该在建构与赏析之间,这既是写作学的前身文章学的知识产出,也是当前写作学不能抛弃的理论资源。把文体理论与人的价值存在联结起来,并做同型性和通约性冶炼,两者之间需要精微的学理增补和复杂的理论建构,这是后面的话题;但是回归写作主体的心理学研究和文本建构的叙述学整合,是写作学工具理性的确定资源。叙述学和诗词话的思维方式不同:叙述学是西方学者在放弃主体论和价值论,摈弃心理学和社会学之后,从结构主义和形式主义窠臼中挣脱出来,从语言学生长出来的一门带有实证科学特点的逻辑实用学科,其基本方法论是诗歌语法和细读理论;中国的诗词话则与之相反,是以作者——大写的“人”为基点,向天、地、人三才发散,从而形成兴观群怨以来的根本价值论性质的写作理论,其思维方式是悟性的和诗性的,它不可能是一种实用理论。这两者都有用,都应该作为写作学理论建构的思想资源。庄子说:“道在屎溺。”以本体性的眼光和以工具论的眼光来审视写作学的学科定位,其结果是完全不同的。这里再度发生体用之辩:我们的观点是以中国传统诗词话的价值论为体,以西方叙述学实证主义为用,在文体论上用功夫,就形成价值论、主体论、文体论、叙述学和语言学一路贯通的写作学理论体系,而与写作心理研究相关的文体论是联结主体论与叙述学的中介环节。

三、写作学体系建构的学术典范

库恩的范式是指特定的科学共同体从事某一类科学活动所必须遵循的公认的“模式”,它包括共有的世界观、基本理论、范例、方法、手段、标准等等与科学研究有关的所有东西。在库恩看来,范式是本体论、认识论和方法论的综合体,是学术界共同接受的一组假说、理论、准则和方法的总和,它形成科学家的共同信念。学术典范与之相近但是不同:库恩的范式是一种主体性的、带有先验性质的方法论,其思维方式是实证性和逻辑性的。典范则有样相、模式、原型、建构和阐释等含义,思维方式是意向性和整体性的。但是,任何学术的表述都离不开逻辑阐释,学术典范不可能是臆想和猜测,而应该建立在严格的科学基础之上。就像人的身体构造可以进行严格的科学描述一样,文体可以科学描述并进行逻辑分析。这也正是写作学作为严格科学和学科性质之所在。

文体研究是写作学理论体系的核心,是我们从本体论向主体论和语言学过渡的中介。也就是说,文体研究上承主体价值论,下启文本叙述学，核心学理是把持文体进入叙述[①]的写作心理研究[②]和文体文本研究。它包括：文类研究，相对于三类文体的学理对象分别是体裁、格式、话语；模式研究，相对于三类主体的学理对象分别是题材、语体、命题；语言研究，相对于三类文本的学理对象分别是情境表述、语用风格、概念体系。表1是关于文体向文本过渡进程中学理分配关系的表述。

表1 文体向文本过渡进程中学理分配关系

文体研究	本体论	主体论	价值论	文本论
文类研究	体裁研究	格式研究	话语研究	文章学
模式研究	题材研究	语体研究	命题研究	心理学
语言研究	情境表述	语用风格	概念体系	叙述学
文体分类	文学文体	非文学文体	杂交文体	文本学

这里有三个关键词：文本、文体、文类。文本所呈现的是人对其生活世界的意识，文体是人对于自己作为意识主体的意识，两种意识都是意向性的。文类则是非意向性的，它体现人对自身意识活动及其成果的意识，因此成为文本和文体意识的源泉。在对文类的认识上，文本和文体在先；但是文章作为意识成果在其自身逻辑上，则文类先于文体和文本。[③]文类研究是文体研究的逻辑起

① 这里的叙述是现代叙述学的概念，它有别于传统叙事学中题材叙述的含义，是一般文本叙述的意思。

② 严格地讲，任何文章写作都不能脱离心理精神之弧，因此即使实用和理论文体，就写作主体的内在功夫而言，也是进入心理学研究的。

③ 刘光耀：《对文类与文体和文本关系的认识论考察》，《襄樊学院学报》2004年第1期，第58页。

点，在人们体认自己作为写作主体之后，朦胧的文类意识不断向外呈现，乃有样相、模式、语言乃至文体，它是拓展空间性达到的理论地步，我们称之为增补。文本论则是文体研究的成果，是人们认识客观生活之后，从文本逐渐向内进入主体心理、价值观点、符号体系乃至文本原型，一种时间性推衍，我们称之为异延。从文类到文本，是主体经由文体拿捏从体裁向话语、从题材向命题、从情境表述向概念体系转化的心理学和叙述学过程。

增补和异延是德里达的概念。“增补”(supplement)一词来自卢梭关于教育是对天性的增补的观点。就德里达的本意言，作为补充的东西是被增补之物的本质性条件，“它使自己介入或悄悄插进替代的行列；倘若它充填，就好像一件东西充填虚空之处。如果它再现和制造意象，那是因为存在先前的欠缺”[①]。将文体视作文类的补充，原有文类的内在结构就成了一个无限开放的东西：文类里面的东西不断涌出，诸如体裁、题材、情境；文类外面的东西不断涌入，诸如话语、命题、概念——它们对原有文类观念进行增补，就形成一个相互交织的指涉格式、语体、语用等的文体意指链，作为一个可以承载和容纳的精神心理之弧，所有学科强势都变成写作学的学术驱动和有机成分，而且在主体心理和文本叙述的不同面向绵延结构，形成一个学术联结体。写作学的学科独立性在这里成了一个伪命题！

“异延”(differance)强调两点：异，即差异，区分；延，即延宕，延搁。“异”是指空间上的不同，一个词的意义是从这个词与其他词的不同、差异中产生；“延”是指词的能指在其所指事物不在场的情况

① 转引罗里·赖安等著：《当代西方文学理论导引》，李敏儒等译，四川文艺出版社1986年版，第131页。

下出现，因而是一个被无尽推衍的进程。德里达虽然反对终极和绝对，解构逻辑权威和学术专制，但是他不否定逻辑本身，不能不假定一个逻辑起点的存在，否则我们将一学不立、一事无成。从哪里开始“异”？又从何处发生“延”？这是写作学发起的端点，我们只能设定。这个点我们认证为文类。文类学(Gemology)是研究各种文体的特征及其相互影响与演变的学科，近似于中国古代文论中的文体研究，即文章的体裁、样式、风格以及文风的研究，但两者并不相同。[①]文类是空间性整体概念，文体则是时间性个体概念。不是把文体而是将文类设定为逻辑起点，这是一种本体性和整体性的考虑，就是超越文本中心或工具中心的理念，在学理增补的后现代视野下，将写作学的本体建构异延为一个超越逻辑的文体意指链，进入样相、模式、原型、建构和阐释的义域，并且为叙述操作留足天地。异延之“异”体现为写作学理论的层次性特点，亦即从文类研究到语言研究的空间拓展中，文体研究可分为纵向轴的体裁研究、格式研究、话语研究的文章学层面，模式研究、语体研究、命题研究的心理学层面以及情境表述、语用风格、概念体系的叙述学层面。这是一种学理空间之“异”，它是节奏性和逻辑性的、可以实证和分析的理论状态。异延之“延”则体现为写作学理论的绵延性特点，亦即在本体论、主体论、价值论向文本论时间性推衍进程中，横向轴各理论矩阵之间、三大类文体之间，乃至文体论与语言表述和叙述操作之间的绵延。这是一种学术进向之“延”，是阐释性和建构性的，可以延宕构拟的学术处境。以此立意，写作学才能建构出谢先生所谓“科学性、系统性、阐释性、可接受性、可操作性

① 谢天振：《文类学的研究范围、对象和方法初探》，《外国语(上海外国语学院学报)》1988年第4期，第68页。

与可指导性”的理论体系。

事实上，以文体论为核心、以文类研究为逻辑起点的学理描述仅仅是写作学理论建构的中介环节，在其理论“播撒”以及实践“痕迹”的意向上，顺逆之间，还衍生着写作心理之上的主体价值论和文本叙述之下的对象命题域；在超越学科独立性的逻辑限定后，写作学理论典范的确立转化为知识生产方式的研究和理论指导实践的操作。就知识生产的方式言，写作学不是一种“知识型体系”[①]，而是热拉尔·热奈特所做的来自文本批评的理论概括，是克里斯蒂娃的“互为指涉(intertextuality)”。当然，克氏是针对文学文本的互文性而言的，但是可以用来参究写作学理论的建构。她所指陈的方法包括公开的或隐蔽的知识引证和借鉴，较晚理论对于较早理论质素的同化，概念、原理、命题、规律等理论构件的积累和体系性建构。刘俐俐老师以之为依据而推衍出假设命题。[②]这就表明，写作学的学术典范恰恰是以消解学科独立性为前提，不断生产和创新着知识和思想的全部理论范式，就此而言，它们是本体性和本源性的。就理论指导实践而言，维特根斯坦关于语言与存在的同型性和通约性是一个重要的思想，是以作者——大写的“人”为基点，以文体为中介，向天、地、人三才发散，在悟性和诗性的思维方式指导下，以人的存在方式来参究文类存在形态，从人的存在状态体悟文本建构方式，在涵泳万物品类和俯仰大千世界的价值体认中建构文章与生命的叙述关系，本质是象征和模仿。这里，写作主体的心理研究和文本的叙述操作不仅进入样相、模式、原型、建构和阐

---

① 谢志礼：《写作学学科理论研究的定位问题初探(上)》，《应用写作》2001年第12期，第7页。

② 参见刘俐俐的专著《文学“如何”：理论与方法》，北京大学出版社2009年版。

释的文体义域,而且它就是生命劳作。

四、写作学体系建构指涉的命题域

以作者——大写的“人”为基点,以文体为中介,向天、地、人三才发散是个重要的命题。大写的“人”是一个本体性和主体性的价值域,文体论作为学理中介含摄了心理学、叙述学以及实证主义和逻辑理性的应有之义,天、地、人三才则影射从文类向文本、从主体论向价值论、从写作学理论向实践性操作,以及从文学文体向非文学文体“播撒”而有的全部“痕迹”。写作学体系建构的命题域由此展开。

首先是写作学的研究对象。“天”的义域指涉三类文体所隐约的全部人类精神文化产品,是文类涵盖的范畴,批评和创作、阐释和建构、赏析与借鉴就成为写作学研究的最高命题域。换言之,写作学理论体系的建构必须从阅读指导和写作实践开始,杜甫所谓“读书破万卷,下笔如有神”,欧阳修所谓“无他术,唯勤读书而多为之,自工”[①],亦即鲁迅所说的“文章应该怎样做,我说不出来,因为自己的作文,是由于多看和练习,此外并无心得或办法的”[②]。问题是“世人常言老杜读尽天下书,过矣。老杜能用所读之书耳,彼徒见其语有‘读书破万卷,下笔如有神’。万卷人谁不读,下笔未必有神”[③]。关键还在人:如何使学生习得基本的文类知识、深厚的文体修养以及旨在建构存在从而必须写作的决心和信心。这个人是老

---

① 苏轼:《寄六一语》,《东坡志林》,三秦出版社2003年版,第53页。

② 鲁迅:《致赖少麒》,李新宇、周海婴主编:《鲁迅大全集9》,长江文艺出版社2011年版,第226页。

③ 赵永纪编:《古代诗话精要》,天津古籍出版社1989年版,第319页。

师而不是学生。老师是天,这是写作学体系建构的第一个理念。落实为学科研究对象,就是文类知识及其话语体系,就是三大类文章的体裁类型、风格特点、写作路径、语言方式以及结构样相。在文类研究的义域内,传统文论历来主张文如其人,这个"如"不是"像",而是人与宇宙万物比德的思维方式的文类化和文本化,以文体论为中介,这一命题从形而上回向形而下,亦即维特根斯坦的结构同型性和意义通约性,衍化为言象意的文本关系。

写作学理论向实践性操作的转化是"地"的义域,这里的人才是学生——既是写作学的接受主体,也是将理论运用于实践的写作主体,它指涉文章样相、写作过程以及叙述能力,属于心理范畴。不是一篇,而是一类或一种文章的写作模式、语体风格和命题方法,是写作学研究的第二个命题域。模式论的本质是题材研究,模式是主体摄取题材进入主体心理之后,在不同心理层次的呈象、概括、命题以及表述的理路和方式,是链接、统制、映照主客双方价值意向和形式关系的中介物和意指链。就文学体裁言,模式是作家组织题材、熔铸情感、赋义能指的心理方式;在非文学体裁则外化为格式,一种相对硬性的统摄材料、表述思想、承载立意的语体形式;在杂交文类就是命题结构,它兼容模式含摄格式,是在两种文体路径、两种思维方式之间漂移的形式意向。

所谓模式(Pattern),是从文章经验和文类现象提炼出来的核心知识体系,是解决文类问题的方法论,包括思维路径、语言方式和意义结构三义;模式识别(Pattern Recognition)则是组织题材、表述话语、制作文本的形式规律——题材结构、对象分析及逻辑关系的把握,指涉描述、阐释、分配的主体运思过程。所谓语体(a register of language),是针对特定的对象和语境进行交际时所选择的话语体系、逻辑结构、语言方式的思维心理特点,指涉语料组合及话语方式的选择、主体身份和接受对象的拿捏，直接导致一个人的文风和一篇文章的体例，也即巴赫金所谓“话语体裁”。所谓命题(Proposition)，是对于事实、事态及事理判断和证明的语义陈述。命题不是逻辑学或理论体裁的特产，它可以涵盖三类文章的赋义方式。换言之，不仅理论或应用文等非文学体裁，文学及杂交文体同样进入命题范围。一组题材可以概括出一个或几个命题，既可以作为意义结构进入论证，也可以作为结构方式实现语料组合；当然，也可以作为思维构架进入语用风格的分配。在写作学理论建构中，模式是从文类研究走向写作心理、文本研究的津梁；在写作学教学实践中，模式识别是教师与学生心传口授、心领神会的法宝。学生只有掌握了模式——文体样相、文章格式、文本结构，从心理惯性和思维定式进入写作路径，才能把文心落实在地，从而将写作理论知识转化为实践操作能力。

模式论是写作心理研究从主体论向价值论转化的深入层次，模式(语体和命题)是主体价值向题材意义实现意向性建构的心理形式和义项载体，也是文体的体裁元素和结构单位。但是，主体价值要真正走向文本，必须落实到语言表达，语言研究就成为写作学体系建构的第三个命题域。语言研究是文体论向三才播撒的最后一维——“人”。卡西尔讲，人是符号动物。语言符号体系有自身的特点和规则，有特定的使命和目的，这就是情境表述、语用风格以及概念体系——这是从三类文体语言运用的基本义项说起，属于叙述范畴。每个词的释义以及词句篇章的营构是语言学议题，叙述学乃至文本学提供的是位体、置辞、通变、奇正、事义、宫商等“六观”。位体讲主体身份与文章体例的适合关系；置辞讲词语选择与辞章风格的协调程度；通变讲修辞藻饰与典故譬喻的互文引用；奇正讲文采风流与典范辙式的辩证统一；事义讲题材立意与语符运用的应和契合;宫商讲声音格律与情感基调的起伏变化。六观之间隐约而现的是隐含作者、叙述者、作者乃至题材与文本之际赋义、接受和传播的叙述学状况,是写作技巧、文体修饰、文本观照的层面,是文如其人最后的实现。

我们回到谢志礼先生的最高命题上来:"如何把理论转化为写作能力,这可以说是写作理论研究中的一个重要命题,同时也是写作教学、实践训练的关键环节。这一点已有定论同时也是为实践所证明的。所以无论是古人还是今人,无论是写作专著还是写作教材,无不强调这一问题。"[①]但是,这已走出写作学而进入教学论范畴,问题就变成:理论体系的建构必须由走出这一体系的理论承诺来实现和完成。这就是文体理论向文本理论的增补和异延。文本学主要研究文学作品的生成方式与存在形态。文本的存在方式指涉图像与语词、虚拟与幻觉、自然与习俗乃至空间与时间等范畴,指涉文本与超文本、读者与隐含读者、知识型[②]与文化传统等领域,指涉阐释与对话、审美与应用、网络写作与教学管理等训练的环节,从而与学科和专业相衔接——这是写作学体系建构的第四个命题域。

---

① 谢志礼:《写作学学科理论研究的定位问题初探(上)》,《应用写作》2001年第12期,第7页。

② "知识型"是福柯《词与物:人文科学考古学》(上海三联书店2001年版)一书中的核心概念,指某时期存在于不同学科领域之间的所有关系,是既定时段内各种知识和学科共通的基础和可能性条件。作为一套先验性规则,它构成全体异质话语的基础,决定能够思想什么、不能够思想什么、能说什么和不能说什么。"知识型"所揭示的是西方文化特定时期的思想框架,是"词"与"物"借以被组织起来并能决定词如何存在和"物"为何物的知识空间,是一种无意识的思想范型。

通识教育背景下的写作课教学理念和实践探讨

姚晓萍[①]

通识教育理念自20世纪初被引入中国以来，发展生机勃勃，其与当今高等教育对学生完整人格、担当意识、知识贯通、全球视野的培养要求紧密相关，它摆脱长此以往“概论式”知识传授的弊端，摆脱教学与育人脱节的怪圈，努力构建教师与学生之间的“学术—生活共同体”关系，“培养学生的学术想象力、理论的贯通力、阅读与思考的能力、写作与表达的能力，为学生的终身学习奠定扎实的基础”[②]。在通识教育的大背景下，写作课教学理念的转换和具体的实践改革显得尤为重要和紧迫，因为它与学生写作与表达能力的培养之间有确定的对应性，高校写作课教学亟待摆脱“天赋论”决定学生写作能力高低的窠臼，在写作理念传递与实践能力培养

---

① 姚晓萍，浙江财经大学人文与传播学院副教授，主要从事中国新诗与中俄比较文学研究。

② “复旦通识”丛书编委会：《通识教育再出发——“复旦通识”丛书总序》，甘阳、孙向晨主编：《通识教育评论·2018年春季号》，复旦大学出版社2018年版，第1页。

之间搭建起畅通的桥梁。

从传统意义上看,写作能力的养成与提高是汉语言文学等人文社会科学类专业人才培养的重要目标。但是在当今社会,写作能力已经不局限于人文社会科学类专业,正在成为各专业层次人才培养的核心目标之一。《哈佛通识教育红皮书》(以下简称《红皮书》)提出,通识教育应在四个方面培养学生,即"有效思考的能力、清晰交流思想的能力、做出恰当判断的能力、辨别价值的能力",欧美高校在多年的教学实践中形成了一整套行之有效的训练流程和培养体系,非常具有借鉴意义。从《红皮书》中我们可以看到,"能清晰而有效地思考和交流"是大学通识教育的首要基础,这也是我国目前高等院校人才培养的重中之重。因此我们要围绕基础,确立一个有内涵、有层次、有时间进度的写作课程体系,以充实通识教育内容。通识教育是造就具备远大眼光、通融识见、博雅精神和优美情感的人才的高层次的文明教育和完备的人性教育,大学写作课程应该跳出以往专业写作课程设置的框框,将通识教育的目标作为课程建设的依据。[①]首先要明确通识写作课程的教学目标,树立以素养和能力培育相结合为目标的理念;其次要加强创意写作思维和思辨能力的培养和训练。

一、通识写作课程的教学目标:素养与能力培育相结合

从通识教育目标来看,目前我国大学通识教育课程一般分为

① 杨安翔:《论大学通识教育中的写作课程核心体系建设》,《写作(上旬刊)》2015年第2期,第8页。

两大类:素养类和能力类。写作课一般被归入"能力类"课程之列。然而从通识教育的总体理念来看,写作课的能力培养应建立在知识的宏观融通基础上,是培育核心素养的延伸与加持。因此,在通识教育背景下的写作课教学目标就不能限于写作理论的灌输以及写作技巧的应用,而是紧密结合通识大类课程之间的关联性和互补性特点,培养学生在各学科门类的不同领域形成相应的写作标准自觉,在对文本的剖析中确立写作标准的生成与演练流程。在高校的教学中,每一门素养类课程都与写作能力的培育有关,应通过写作能力的提升夯实各学科知识架构的基础,例如"中外经典文学鉴赏"课程,可引导学生在对经典作品的剖析和解读中把握写作的规律和方法。但每一门课程对学生的写作能力培育又不负有直接责任,因此我们有必要建立这样一种共识:当我们将通识教育的目标锁定在素养和能力的并驾培养上,那么所有通识教育的课程都可以通力合作规划和设定总体的培养目标。写作课程正是承载和实现这一目标的最好手段。

温儒敏先生曾指出:"写作是一种综合能力的运用,学科知识、思想发现、文字表达、逻辑思维和理论分析能力,甚至作者的人生体验与个性,等等,都要求在写作中完满地融合体现。"[①]通识课程的授课对象遍及文、理、工、商、医等各专业,学生在开阔的知识框架和学科视野中进行充分讨论和对话,有助于不同学科专业的知识背景和思维模式发生碰撞和互补,培养学生具备知识结构、能力结构和道德结构合一的完整人格。南京林业大学的杨安翔教授也提出了"通专结合"的可持续培养思路,"中国的素质教育倡导学科间的交叉、融合;倡导人文精神与科学精神的统一;倡导道德人格

① 温儒敏:《中文学科论文写作训练》,北京大学出版社2003年版,第1页。

培养与知识文化教育的统一；倡导技能技艺培养与审美艺术教育相协调；培养一专多能全面发展的现代人才，这与通识教育的目标完全一致”[①]。写作课程作为通识教育的重要核心，既能够推进文化素质教育的进程，又能使学生的思维和表达能力得到训练和提升，加强“创意写作”和“应用写作”两个课程子系列的体系化建设，通过学科知识之间的互补和专业方法之间的互鉴，培养学生的可迁移能力和跨界能力。中国正处于深刻的社会转型时期，高等教育的通识化与专业化并驾齐驱，才能实现多元化的人才培养目标。

二、创意思维培养与训练：借助“他者”的力量

我们一直以来有一个观念，认为学生在写作中“没有写清楚，是因为没有想清楚”，但这里其实是存在逻辑陷阱的，“写”的前导过程包括“想”的环节，但是“想”的过程是不可见的，我们无法切实把握“想”的具体化过程。正因为“想”这一过程存在模糊性和可变性，因此它常常要承担“写不出来”的结果。（在这里我们要忽略“思维导图”这一工具，因为在思维导图的创始人托尼·伯赞看来，导图也是一种“写作”。）我想提出另一种假设，即学生“没有想清楚，是因为没有写清楚”。这一假设初看比较极端，但其中蕴含着写作与思考的辩证关系，写作实质上是思考的方式和过程，通过文字化作品的精准呈现，我们模糊的思维过程才得以可视化和清晰化。从这一点来看，郑板桥先生所谓“意在笔先者”是写作行为的定则也，然而“趣在法外者”才是写作得以丰富的所在。

---

① 杨安翔：《论大学通识教育中的写作课程核心体系建设》，《写作（上旬刊）》2015年第2期，第7页。

香港大学教育学院的谢锡金教授根据大量学生写作实践活动案例总结出"写作思维过程教学法"。写作思维过程教学法研究指出,解决写作时出现的障碍,靠的是大脑认知系统不停运作的动力。而大脑的记忆系统由三部分组成,分别是:操作记忆,思维运作时,大脑可以处理的资料项数;短期记忆,在短暂的时间内大脑可以储存的独立资料;长期记忆,经过消化后累积下来的资料,以有系统及互相联结的方式储存。

操作记忆、短期记忆及长期记忆三者各自独立又各有交叉,它们决定了作者写作时的思维速度或是资料存取速度,作者写作时下笔的流畅程度是这方面的表征之一。写作的最初阶段,大脑会在短期记忆系统里寻找相关的资料,写作题目及指示正是搜寻资料时的重要指引。当写作者搜寻到适用的资料时,这些资料将会以经验的原始形态重现,例如重现当初经验时的完整影像。提取出的适用资料将暂存于短期记忆,大脑则同时提取书写知识包括语言系统的法则以及用以表达意念的恰当语言。因此大脑的操作记忆一开始便完全操控整个思维运作过程,而某些作者会依靠一个一个如多米诺骨牌一样的思维步骤彼此刺激进而完成整个写作过程。那么,如何实现写作思维过程呢?我们认为,写作行为引入"他者"的参与,不仅可以提取短期记忆,而且能够激活系统的长期记忆。"他者"甚至可以成为作者写作行为的主体,"他者"也可以唤起写作主体的深层经验、感受和思考,也有助于作者在写作过程中确立"读者"意识。以下通过散文写作教学过程进行说明。

散文写作教学实践的任务为散文写作训练。首先,对学生进行两两分组,布置提取短期记忆任务,安排学生用条目式写下自己从出生到目前的人生经历(大事记或印象深刻的事)。此环节无须详尽展现细节,只需写出目录。第二阶段与同组另一个学生交换采访,同组学生选择自己感兴趣的事件进行追问并记录,挖掘事件背后的细节和故事逻辑,写作主体的思路在对话中逐渐凸显出来。在这一过程中,两个学生互为主体、互为“他者”,在一问一答间彼此刺激,激发出学生的长期记忆,这些记忆可能是连学生本人都没有意识到或者忽视的细节。第三环节,学生对自己的长期记忆进行加工呈现,“他者”的介入可引导写作主体进行全脑思考,打破单线程的思维提取模式,完成记忆的多维度多线程触发,从而在深度和广度上丰富散文写作的层次。

三、思辨能力培养与训练:树立“靶向”思维,借鉴“笔战”艺术

林语堂先生在《中国人》一书中这样评价中国人的思维特点:“中国人的思维方式是综合的、具体的”[①],“根据中国人的观点,真理永远不能被证实,只能被感知”[②]。他还曾举过一个关于思辨的例子,有一段英文“There is no difference but difference of degree between different degree of difference and no difference”(所谓区别是指程度的不同,这种不同是介乎于程度不同的区别和没有区别之间的区别)。中国的翻译家可能用孟子的一句话来代替:“以五十步笑百步,则何如?”这样的表达在定义和精确性上不如原句,但是行文更晓畅明白,不得不承认这就是我们的思维特点。长久以来,我们语文教学也存在这样的误区——重视文采远胜于理据。以往的中学语文教学偏重抒情散文、小议论文的写作,缺乏必要的

① 林语堂:《中国人》,易坤译,广西民族出版社2001年版,第90页。
② 林语堂:《中国人》,易坤译,广西民族出版社2001年版,第98页。

批判性写作训练,大学生入学一两年后还带有先前的写作惯性,在写作中易出现排比泛滥、冗长拖沓、空洞无物的问题,给大学的通识写作教学提出了严峻的挑战。

中国自古以来就有深厚的抒情传统,诗经、离骚、唐诗、宋词等文学形式都以抒情见长,创造了诸般辉煌,也衍生了轻事实逻辑、重情感转换的思考模式。然而逻辑与情感并非决然对立的两种思维,它们恰好是人类理解世界的两个根本维度,康德在《纯粹理性批判》中提出"无直觉之概念是空洞的",学生思辨能力的培养不能脱离对认知对象的直接感知,但又不能局限于此。卡西尔也在《人文科学的逻辑》中指出:人文科学不能只停留在"对象"成品的层面观察,而必须从人作为文化缔建者的心智活动去考虑。对"认知对象"的直接感知和深层挖掘,要求写作教学也要树立"靶向"思维,进行"对象"明确和"事实"明确的写作训练,对文章的结构、逻辑提出更高的要求,而对文采、风格可适当降低要求,强化思想间的横向、纵向联系,注重层次间的总结或推理过程,运用金字塔思维组织文章的结构。当然,我们最终的目标是完成逻辑与文采兼具的写作。以下通过论说文写作教学过程进行说明。

论说文写作教学实践的任务为论说文写作训练。在教学中可借鉴中国现当代文学史上的"笔战"艺术经验,由两名学生对同一社会现象及热点事件进行评判式写作,作品在课程平台上进行展示,其他学生可以为自己支持的文章点赞或反驳,点赞可直接完成,反驳要通过写作完成,全班学生都要对每一轮"笔战"进行投票,"笔战"可安排三四轮(大概七八篇文章),师生对文章进行讨论和点评。这样的训练可以培养学生的批判性思维能力,学生在引导下用更文明更理性的方式去反驳他人观点,论证己方观点,提升思辨能力。如夏志清和捷克汉学家普实克关于"文学批评"和"文学科学”的争辩、“语丝派”与“现代评论派”的论战，以及当代网络上热传的“笔战”，均可拿来做例文。需要注意的是，在“笔战”过程中教师要适当把握尺度，避免失控。

当前全球形成了重视本科教育的共识，正共同迎接教育变革。哈佛大学自2018年起实行新的通识教育课程体系，更加强调本科生的通识教育；斯坦福大学提出了“2025计划”，进一步探索开环大学、轴翻转（将“先知识后能力”反转为“先能力后知识”）等未来本科教育模式。通识教育旨在打破学科专业之间的壁垒，在对话和互补中完成全人教育；专业教育意在夯实学科专业的基础上，实现某一领域有所成就和建树的人才培养。在大力推行通识教育的道路上，写作课程也需建立起丰富、多维的课程体系，挖掘古典写作的经典范式，借鉴创意写作的成功策略，使写作课成为联结和沟通各学科门类的思维养成术。

（本文系2019年浙江省高等教育“十三五”第二批教学改革项目“基于‘通’‘专’能力对接的文传大类课程体系建构与实施研究——以浙江财经大学文传类专业与《经典阅读》课程为中心”阶段性成果，项目号为jg20190298；也是2020年浙江财经大学教育改革研究重点课题“交叉·融合·互补·共生——‘新文科’背景下人文四大专业人才培养协同机制构建及实施路径研究”阶段性成果，项目号为JG202106005）

浅论叙述类文章的"说话式"写作

倪浓水[1]

"说"和"写"历来都是有机的结合。从小学到中学,语文教学都非常强调通过训练学生的"说话"来提高他们的写作能力,也就是所谓"以说促写"。本文并不质疑更无意反对这种观点和实践。这里想探讨的是说话和写作的另外一层关系。笔者的核心观点是:说话就是写作,建议提倡一种"说话式"写作,或者说要像说话一样写作。

需要说明的是,本文的探讨主要围绕叙述类文章进行。因为众所周知,议论性和说明性文章,说话和写作的确还是有很大区别的。

一、问题的提出

把说话和写作分离开来,曾经是我们古老的传统,也是一个沉

① 倪浓水,浙江海洋大学教授,作家,主要从事海洋文学研究及小说创作,舟山市作家协会评论委员会主任。

痛的教训。一个不可否认的事实是,先秦时期的古文反而易懂,这是因为那时候说话和写作尚未明显分开,《论语》更是保留有许多“说话”的痕迹。但是后来就说话一套、写作一套了,形成了专门用于书面表达的文言文。再后来,写作的人又进一步走向了卖弄的歪路,喜欢使用一些冷僻字,还习惯大量使用典故,弄得文章越来越佶屈聱牙,如果没有人训诂,实在无法读懂。虽然唐宋时期曾经兴起“古文运动”,倡议回归先秦文章的“说写结合”传统,还有朱熹这样的大家勇于实践“白话”写作;但说话和写作分离的趋势,一直到了新文化运动兴起后才被彻底打破。

遗憾的是,最近几十年来,这种将说话与写作分离的倾向,似乎又有所抬头了。无论是在小学和中学的课堂上,还是在大学写作的讲台上,一说到写作,就往往会搬出一大套清规戒律来。其具体的表现有:

第一,主题政治化。叙述类文章,主要用来抒发情感,表达对生活的感悟。这种情感和感悟,可能与政治思想有关联,但更多的是属于心灵感觉,朦朦胧胧,无法确指,也无法清楚表达。可是现在动笔前,非要先立一个明确的政治思想性很强的主题,学生往往会觉得无从立意。

第二,结构程式化。叙述类文章属于创造性写作,它不同于应用文等规范性写作。叙述类文章的结构是随着内容而定的,是随着感觉的变化而变化的。可是现在许多教师很喜欢搬出“凤头猪肚豹尾”这一套来指导学生如何开头、如何结尾、如何夯实中间部分,把本来自由流淌的叙述类写作硬是变成了条条框框,结果造成学生不知如何下笔的窘境。

第三,语言机械化。叙述类文章的语言,本是作者个性的体现。既然是“百人百性”,那么文章的语言风格也应该是各具特色才是。可是我们的教师在指导和批改学生的作文时,总是喜欢引导他们使用所谓规范性用词,似乎成语越多文章就越好。结果造成千人一腔、千文一色的“群体”作品。

这些问题的存在,其实大多与学生无关。我们经常会碰到这样的情形:在与学生面对面交谈时,学生的表达往往个性鲜明,语言生动,表情丰富,感觉细腻独特。可是同样的内容,让他们写出来,却往往成了干巴巴的文字堆砌。久而久之,学生对于写作,会产生一种没有东西可写、不知如何写的困惑,进而产生对于写作的恐惧感和厌烦感。究其原因,就在于学生在动笔写作的时候,往往忘记了自己,而是采用群体式立意、群体式结构、群体式话语体系的“公共思维载体”。也就是说,作为“说话者”的他,与作为“写作者”的他,已经分离成了两个人。

正是鉴于这样的情况,本文提倡“说话式”写作,引导学生像说话一样写作。

二、“说话式”写作的依据

提倡“说话式”写作,有以下两方面的依据。

其一,因为说话和写作,在很多方面是相同相通的。几乎可以说,说话与写作,在相当大的程度上是同一回事。

为什么要说话——写作的必要性。说话与写作,在目的性上是完全一致的。无论是说话还是写作,都是为了交流和合作,或者出于一种个体情绪调整的需要,或者是为了将自己的思考所得和新发现与人共享,等等。写作要避免无的放矢,说话要有明确的目的,这种功能要求上的一致性,使得两者在很大程度上可以成为一体。

对谁说话——写作对象的确定。叙事理论上有隐含读者的概念，也就是说，叙述类文章（其实也包含其他文章）在写作时，都有一个“读者预设”，作者明白自己这文章是写给什么样的人看的。说话何尝不是如此？同样的内容，说给父母家人、上司下属、老师同学等不同的人群听，其角度和重点乃至口气都有很大的差别。在表达的对象问题上，说话和写作的要求也是一样的。

说些什么——写作内容的选择。俗话说，看人说话、看菜吃饭，说话对象和预设读者的确立，会直接导致对于表达内容的主观性选择。作为一个社会人，无论是说话还是写作，在内容的选择上都是比较慎重的，都会选择一些比较主流、比较阳光、大家都愿意听和看、大家听和看了后都感到比较愉悦的内容；或者会选择一些自己认为正确的思考结果与人探讨；或者选择一些对社会、人生的感悟与人共享；等等。这是负责任的说话和写作的体现。在这个问题上，两者的态度也是一致的。

怎样说——写作的形式。善于说话者，都非常讲究说话的形式。说话时，面对不同的听众，依据不同的内容，采用对话、商榷、征询、请示、要求等不同的方式。同样，对于写作而言，面对不同层级的读者和根据不同的写作目的，写作者也会采用介绍、描述、抒情、论证等不同的表达方式以及创作、转述、复述、仿写、扩写、缩写等不同的文本形式。灵活性是它们的共同要求。

如何说得好——写作的基本要求。说话和写作都是表达，它们的基本要求都是一样的。表达要清楚，要有条理，要有重心和中心，不啰唆，不颠三倒四，还要有快有慢、有轻有重，富有一定的节奏感。它们都非常在意表达的效果，说话和写作对形式的追求，都是为了更好地与听者和读者交流。

其二，无论是表达效果、内容要求还是沟通形式，说话与叙述类文章的写作之间，都存在着相当的同质性。这种同质性源于两者思维的一致性。

写作思维是一个重大的理论问题,中外学界对此多有研究。美国著名的写作理论家唐纳德·奎德在《写作中的思考》中曾经指出,过去以为思维是一种内部的语言活动,而写作是外在的语言表达;但事实上,写作和思维是同时产生的,思维完整、始终如一地贯穿于写作过程。中国的一些学者也认为,写作活动是人的心理内容寻求、发现或创造内在语言物化形式的思维过程。[①]更有一些学者认为:“写作就是思维……写作就是一种具有特殊性的心理活动,思维活动……文章形成的酝酿过程,是一个由引发而推进到高潮的心理过程。”[②]

所以学界普遍认为,写作与思维密不可分。写作是思维的外化形态,思维是写作的内在逻辑。具体到“说话式”写作,说话与写作的思维本质和思维过程都是一致的,因为两者都以感知为基础,都以语言为借助媒介,都以形象思维为基本形态,更为主要的是,两者都以情感和说话者或作者的个体感觉作为价值判断的衡量标准。这些众多的一致性就形成了说话和写作在表达形态、表达要求和表达效果等方面的同质性。

三、叶圣陶与“说话式”写作

其实把说话和写作视为一体,倡导像说话一样写作,并非笔者的新发现。中国当代写作界的先贤叶圣陶先生早就指出过这一

① 谢融蓉:《中国写作思维理论研究综述》,《绥化学院学报》2011年第6期,第43页。

② 覃可霖:《写作思维论》,《西南民族大学学报(人文社科版)》2003年第6期,第153页。

点。今天重温叶先生的一些论述,对于加深我们对说话与写作的“一体性关系”的认识,将不无裨益。

早在20世纪二三十年代,叶圣陶先生就开始探索写作的实践和教学问题,后来形成了一整套的写作理论。其中对于说话与写作的关系,他有许多精到的论述。

他在《怎样写作》一文中曾经指出:“语体文的最高境界就是文章同说话一样……要达到这个境界,不能专在文字方面做功夫,最要紧的还在锻炼语言习惯。”这里的“语言习惯”,指的就是说话的能力,把说话看作写文章一样重要。所以叶老又说:“现在小学里有说话的科目,又有演讲会、辩论会等的组织。中学里,演讲会和辩论会也常常举行……一个人生活在人群中间,随时随地都有说话的必要……把语言习惯锻炼得良好……对于作文,又是一种最可靠的根源。”①这里值得我们高度重视的是,叶圣陶先生认为“说话”是作文“最可靠的根源”。这说明在叶圣陶先生看来,作文的能力与说话的能力是紧密结合在一起的,根本不可能分开。

叶圣陶先生不但敏锐地看到了说话和写作之间存在的内在一致性,而且还认为,说话和写作之间存在一种互动性关系。其具体的体现就是“诵读”,即大声朗读已有的作品。他说:“从前的人学作文章,都注意诵读。往往说,只要把几十篇文章读得烂熟,自然而然就能够下笔成文了。”②“诵读”虽然读的是已经成型的作品,但是反复和大声朗读,可以加深作文者的语感,进而潜移默化地影响到他的书面表达。

叶圣陶先生对于说话与写作之间内在关系的探索没有满足于

① 叶圣陶:《怎样写作》,中华书局2007年版,第56页。
② 叶圣陶:《怎样写作》,中华书局2007年版,第58页。

此。后来他又发现,说话与写作之间的那种互动性关系,不但存在于说话和写作的初始阶段,还体现在文章的修改阶段。于是他又提出了一种新的观点,他认为在文章写好后,如果再还原成说话的形式,那将非常有利于文章的修改,对于提高文章质量有非常显著的效果。这种“还原成说话”的方法,具体来说,就是把自己已经初步写好的文章“读出来”,用“读”的方法进行修改润色。他在《把稿子念几遍》一文中说:“写完一篇东西,念几遍,对修改大有好处……念下去顺当……也就是意思流畅妥帖。反过去,念下去不顺当,必然是语言有这样那样的疙瘩……写东西表达意思,本来跟说一番话情形相同,所不同的仅仅在于说话用嘴,写东西用笔。”①

需要指出的是,叶圣陶先生提倡像说话一样写作,写好后再用读出来的方法进行第二次“说话化”修改,指的主要是叙述类文章,而且还是生活化的文章。叶先生多次建议从小学开始,让学生多写日记,多写生活笔记。“让学生在自己真实的生活中、世界里,表达自己的思想和情感。……让学生写自己生活中经历的感兴趣的事情,学校、家庭、社会百态等方面均可以涉及。这样的随笔(文章)形式多样、内容广泛,不计字数,不限文体,只要贴近生活,不弄虚作假,写自己愿意写的东西就行。”②

四、“说话式”写作的好处

提倡“说话式”写作,把写作看作平时说话一样,会给学生和初

---

① 叶圣陶:《怎样写作》,中华书局2007年版,第118页。

② 李硕:《当下作文教学对叶圣陶作文教学思想的接受——主张学生多写生活作文》,《现代交际》2016年第17期,第237页。

学写作的人带来什么好处呢？笔者认为，至少有以下几个方面的好处。

（一）会让写作者放松心态，去除紧张情绪

文笔的滞涩源于心理的紧张，而心理紧张往往与写作者过于纠缠立意、结构等机械性要求有关。大脑里装着一大堆主题、结构等条条框框的写作者，他的思绪不可能是自由的。而没有自由畅想的心绪，不可能有文笔的舒畅。“说话”则不然，说话的时候（这里指的是一般交流性说话，非指开会发言等特殊场合的说话），人处于相对放松的状态，所以他的思绪也是相对自由的。所谓“漫谈”云云，指的就是这样一种状态。在这种相对自由放松的自然状态下，人的思路就特别活跃，灵性的东西往往能够忽然显现。如果以这种状态进行写作，文章往往会显得很有灵性。

（二）会让作者更注重自己的情感，从而增加文章的感染力

叙述类文章是情感的产物，虽然也伴随着思考等理性活动，但这种思考是基于作者情感基础的。所以叙述类文章是感性和知性的外化，而非议论文这样是理性思考的结果。文章的语言之流，实际上就是作者的情感之河的自由流淌。去掉形式篱笆的纠结，让自己沉浸于情感之水的自由流动，这实际上就是一种“说话”的状态。在这样的状态下写作，所产生的作品必然是形式自然、情感深厚的清新感人之作。这与绞尽脑汁“写”出来的“匠人之作”，是完全不同的。

（三）说话和写作相互促进，有效提高表达能力

写作学上的“文如其人”“我写我心”等种种说法，表达的无非

是这样一种观点:作品是作者的另外一种存在,是作者身心世界的一种外化形态。而按照叶圣陶“写东西表达意思,本来跟说一番话情形相同,所不同的仅仅在于说话用嘴,写东西用笔”的观点,“写东西”和“说一番话”都是作品。说话的水平与写作的水平,实际上是同一回事,只是形式的不同。所以它们之间是完全可以相互促进的。像说话一样写作,就是要求将说话和写作同等看待,这样写作会像说话一样自然,说话会像写作一样严谨,人的表达能力,无论是口头的还是书面的,都会大大提高了。

以上探讨了有关提倡“说话式”写作的背景、依据、历史传统和效果等几个方面的问题。必须再次强调的是,这种“说话式”写作的使用范围是有限的,它只适合于叙述类文章,而且还是那种生活气息比较浓厚、情感比较真切的叙述散文。如果是写议论性的文章,或者抒情色彩比较突出的艺术散文,“说话式”写作就不适合了。

(本文初刊于《写作》2017年第23期,有修改)

现代诗写作的“分段训练法”

钱　刚[①]

现代诗写作是当前语文教育的弱项，很多学生熟练于记叙文、议论文和说明文写作，但一旦涉及现代诗写作就会露怯。不少学生在中小学阶段从未写过现代诗。有鉴于此，个人在面向大一新生开设的“基础写作”课中，专门设置现代诗板块，希望引导他们推开现代诗写作的大门，并在实际教学中摸索出一套“分段训练法”，取得了一定成效。

在介绍这个方法之前，需要谈谈现代诗的定义。现代诗的定义有很多种，值得注意的是伊格尔顿的说法，他在《如何读诗》一书中写道：“诗是虚构的、语言上有创造性的、道德的陈述，在诗中，是作者，而不是印刷者或文字处理机决定诗行应该在何处结束。”[②]伊格尔顿从极其专业的角度来定义诗歌，讲究周密性和包容性。但在现代诗写作的启蒙教学中，这种概念会造成理解的困难，让学生

---

① 钱刚，绍兴文理学院人文学院教师，影视编剧，研究方向为当代诗歌史和写作理论。

② 伊格尔顿：《如何读诗》，北京大学出版社2016年版，第32页。

更难下笔。在实际教学中，个人结合各类定义，试图将诗歌定义为“主要借助节奏和意象来警醒经验的语言艺术”。这个定义虽然不够严谨，但它强调了意象、节奏和经验，这三个特征对于“分段训练法”至为关键。

训练法的第一步是赏析阶段，即鉴赏能力的自觉培养。需要强调的是，赏析阶段的时间不宜过长，持续一段时间后，就应该放在写作中同步进行，相资为用。不能说擅长鉴赏就擅长写作，也不能说擅长写作就擅长鉴赏，但鉴赏一定有助于写作，很多大作家也是大批评家。一个现代诗写作者如果具备优秀的鉴赏能力，其写作势必如虎添翼。具体来说，鉴赏对写作有两方面的意义。

首先，鉴赏能力是评判自我写作质量的重要能力。一个写作者如果具备出色的鉴赏能力，相当于掌握了自我纠错、评判和提升的能力，能够熟练分析、深入感悟、精确表达诗歌文本中审美质感和高低优劣，而不是止步于一些大而化之、无效模糊的外在感性表述。想得越透彻，析得越精准，说得越清楚，作品的自我评判能力就越强。

其次，鉴赏能力是汲取他人写作经验的重要途径。写作者在阅读某些杰作时，可以有意识地从创作者角度学习和观照诗歌技法和艺术内涵。诗人的写作可能凭借直觉和天赋一气呵成，但作为学习型读者，可以逐字逐句拆解、分析和体悟其用词之妙、结构之巧和经验之丰，评判哪些字句段落写得好、哪些写得差，产生了怎样的具体效果，是哪些具体原因造成的，从中可以得到哪些写作经验，等等。长期坚持下去，在技法和直觉上慢慢接近这些作家，将其彻底内化到自我的写作经验中。在实际教学中，对于现代经典诗，要求学生的鉴赏做到四点：准确、入微、具体、特殊。避免用模糊空洞、抽象俗套、抄袭重复、华而不实、故弄玄虚的说法来表达阅读感受，要从真切表述中看到个人独特经验的唤起，看到身体的切实感受，否则就不算真的读懂了，想透了。

在课堂上，个人曾以学生认可度很高的一首诗——海子的《面朝大海 春暖花开》为鉴赏对象，要求学生从标题开始，逐字逐句分析这首诗歌。现代诗虽然具有模糊性和游移性，某些文本晦涩难懂，但绝非不可说、不可析，成熟诗作的经验表达恰恰是精确具体的，模糊只是一种表面现象。过度神秘化现代诗的解读，不利于现代诗的传播交流，也不符合实际情况。

在具体解读中，一些学生意识到标题中的两个短语——“面朝大海”和“春暖花开”可能存在分裂性，在正文分析中，他们通过深入解读，印证或推翻这种分裂性的猜想。

在学生完成解读后，我要求把这首诗跟《春天，十个海子》进行对比，得出自己的结论。一些学生发现这两首诗歌有着共通之处，虽然《面朝大海 春暖花开》显得温暖阳光，《春天，十个海子》的气质寒冷忧伤，但底色很接近，前者是诗人绝望的隐晦表达和表面反弹，后者是诗人绝望情绪的通透释放。有学生将它们称为海子遗书的AB版，这种看法是有道理的。

训练法的第二阶段是快速产出阶段，即短时间内完整地写出一首诗。现代诗写作的教学，首先要破除学生的畏难情绪，让他们知道现代诗是可写、可知、可评的。很多学生因为没有经历过现代诗写作，误认为门槛很高，有的作家和教师也表达过类似观点，加深了这种误解。虽然把一首诗写得出彩特别难，但写一首入门级的作品并非难事，其门槛并不比散文小说的更高。能够熟练写作文的人，就能够通过短时间的训练，写出一首诗来。这首诗的质量哪怕很低，只要写出来了，就能够起到破除误解、增强信心的积极作用。对于初学者而言，写得出比写得好重要，这也是他们的现代诗写作中建立的第一个属于自己的坐标。他们从整体上初步建立了写作感觉,有了这种整体性感受,第三阶段的分层训练才更具指导意义。这个阶段实质上是第四阶段的雏形。

在课堂具体实践中,个人采取两种方法让学生快速产出。第一种方法是“任意写作法”。首先让学生任意写下五句话,然后抽取几个学生的作品进行朗读,让大家挑出最不像诗歌的作品,最后大家一起修改,将其改成一首诗歌。在修改过程中,在场学生会目睹诗歌从平常语言中产生的奇妙过程和形成的艺术特征,切身体会到现代诗的写作经验。

在一次课堂上,我选了一个学生写的几句话:人们激昂鼎沸,都要讨一个说法,但是嚷嚷半天,最终还是沉默了,陷在了规矩里跑不掉。首先,按照诗歌一般规律,将这几句分行排列:

人们激昂鼎沸
都要讨一个说法
但是嚷嚷半天
最终还是沉默了
陷在了规矩里跑不掉

之所以这么做,是因为对于大学生而言,一句一行的诗歌形式最为熟悉,这样处理更容易唤起他们的诗歌感觉。分行本身也具有化腐朽为神奇的魔力。

第二步是做减法,让学生把认为可以删除的部分删掉,并将语感不太好的字句和节奏进行调整。学生普遍觉得“陷在了规矩里跑不掉”不太像诗,应该拿掉。我让几个学生直接上来调整诗句。经过删除调整,这几句话最终变成了这样:

人们群情激昂
要讨一个说法
嚷嚷半天
又陷入沉默

第三步是做加法，通过启发性思维，让两个学生上来给诗歌增加结尾。经过反复推敲，一首有点意思的诗出现了：

人们群情激昂
要讨一个说法
嚷嚷半天
又陷入沉默
开场变成黑色幽默

这首诗相对完整，但必须微调，否则语感层面不过关。最终和学生一起，将其调成：

人们群情激昂
大声嚷嚷
要讨一个说法
却渐渐沉默
沉默　沉默
开场变成黑色幽默

这次课堂的效果比较满意，学生在协同写作和修改的过程中，对于现代诗写作过程有了直观把握，教学目标初步实现。我在课后布置了相关作业，让所有学生从第二步续写这首诗，收到一些不错的作品。这种练习让学生在现代诗写作中走好了最初几步。

第二种方法是模仿法，即在诗歌教学中，让学生模仿难度较小的诗歌，降低门槛，让他们开始现代诗写作。某次课堂中，我曾以“食物派诗歌”为例，让大家模仿其写一首诗。之所以选择“食物派诗歌”，是因为“食物派诗歌”是一种抖机灵的可爱诗歌，篇幅较短，模仿难度小，且经过了流行文化的检验，主题和表达方式容易赢得学生的喜欢。当时给学生看了几首“食物派诗歌”：

1. 我是/在大海自由徜徉的/糖醋鱼/你是/在天空恣意翱翔的/麻辣翅根/那天午后/你飞到水面 问我/“你我之间 究竟是谁/比较 下饭”

2. 烤生蚝/蒸雪蟹/盐焗虾/面朝大海 春暖花开

3. 光阴似流水/不要让它白白逝去/一定要从中/捉几条鱼

从学生的课堂反应来看，“食物派诗歌”确实引发了共鸣。我让学生以食物为意象，照着“食物派诗歌”的风格写三到六行的诗歌，很多学生当场写了出来，有的甚至写了两首。有初次写诗的学生这样写道：天上飘着白云/草地跑着绵羊/我被太阳烤得冒烟/我是吃棉花糖还是烤全羊。还有学生写道：黑夜不能吃/黑莓很好吃/月亮不能吃/月饼很好吃/好看的东西不能吃/好吃的东西很好看。这些作品超出个人预期。

训练法的第三步是分层模仿阶段，即按照意象、节奏和经验三个层面展开模仿写作训练。首先是意象的模仿。具体方法是，让他们找一个感兴趣的、优秀的中国现代诗诗人，提取诗中的典型意象。这里需要说明的是，之所以没有找外国诗人，是因为外国诗人的很多意象有着独特文化背景，初学者对此认知难度较大，而且不少诗歌经过了几层转译，可能会让学生对意象的理解形成偏差。对于初步学习者而言，中国诗人的经典意象更容易分析和把握。

在实际教学中，大多数学生会找顾城、北岛、海子、舒婷和余秀华等人的代表作品。以海子诗歌为例，通过分析总结，学生总结出最常见的一些意象：土地、麦子、村庄、远方、黑夜等。我抽取了其中的一个意象“麦子”，让学生分析海子诗歌中，麦子作为意象如何用到具体诗句中；麦子对于海子而言，有着怎样的微妙含义；麦子在其他诗人那里，含义又有怎样的区别。通过这种方式，他们了解这个意象的微妙含义和具体用法。

其次是节奏的模仿。中国的现代诗节奏不是简单的外在形式，而是“涵括语音、语形、语义、情感、生理等方面的节奏类型，彼此交互作用”①。诗歌节奏的学习是为了培养良好的语感。在这个层面的学习中，为了让学生对节奏有相对全面的直观感受，我找了两个例子。第一个是沈祖棻的《别》：“我是轻轻悄悄地到来，像水面漂过一叶浮萍；我又轻轻悄悄地离开，像林中吹过一阵清风。你爱想起我就想起我，像想起一颗夏夜的星；你爱忘了我就忘了我，像忘了一个春天的梦。”在这首诗中，学生很容易领略到节奏的含义。第二个例子是韩东的《雨》：“什么事都没有的时候/下雨是一件大事/一件事正在发生的时候/雨成为背景/有人记住了，有人忘记了/多年以后，一切已经过去/雨，又来到眼前/淅淅沥沥地下着/没有

① 王泽龙、王雪松：《中国现代诗歌节奏内涵论析》，《文学评论》2011年第2期，第53页。

什么事发生。"这首诗的节奏内含于经验表达之中,富于变化,并不是外显为韵脚和句式的整齐。在这种认识的基础上,让学生对感兴趣的诗人的写作节奏进行分析,包括情感和语调的变化,以及与之联系的句式长短变化、语法结构和韵脚特点等。

对诗歌节奏的教学,一开始不需要讲得太深,否则对于初学者而言,会造成理解的困难。如果不先学会写外在节奏明显的诗歌,熟练掌握其中妙处,所谓"手中无剑,心中有剑"的境界就无从谈起,所谓节奏内在化,进一步散文化、叙事化的技巧也无从谈起,饭要一口一口地吃,路要一步一步地走。

第三个层面是经验的学习。在现代诗写作的学习中,需要向学生说明的是,经验在这里不是指教训和技能的总结,而是指作为生存个体的现代诗作者,在作品中展现出来的,自身具有的独一无二的整体性经历和体验。让学生意识到这一点非常有必要,诗歌不仅仅要表达感情和情绪,更要融入个人的生存体察和感悟,它是诗歌的核心,因人而异,是宏观和微观相互结合的独特生命体验。

在课堂上,我曾经以两首典型诗歌为例,一首是北岛的《回答》,另一首是于坚的《某夜》。北岛的《回答》作为大历史的宣言和反思,比较容易被学生理解。他们理解于坚的《某夜》则相对困难,一些学生反映找不到主题,甚至有人觉得没意思,经过详细解读后,学生慢慢意识到这首诗表达的是一种入微的、神秘的生存经验,是很多常人经历过、但遗漏的陌生又熟悉的经验。在这种解读中,学生慢慢开始探索和理解诗歌的经验表达,分析其中的主题和具体经验、切入角度和方式等,进而学会独立捕捉和体味经验。

经验层面的学习属于现代诗写作学习的核心部分。学生往往到这个层面才意识到诗歌与世界联系的幽微方式,这些方式往往大大突破其想象,让其发现与优秀诗人相比,自己跟世界的连接方式、感受方式、呈现方式的差异和距离在哪里，进而调整和学习诗歌经验的“切入—感受—表达”方式。

训练法的最后一个步骤是整合写作阶段，即三个层面的分层学习后，进入整合写作。让学生整体地、惟妙惟肖地模仿某个优秀诗人的诗作，全面汲取其精华，体会其妙处；同时通过各类经典的阅读，纵向汲取优秀元素，内化为写作能量，不断调整写作方式，创作出更为成熟的作品来。诗歌写作者如果扎扎实实，深入模仿过一些经典诗人的作品，不仅不会让自我风格受限，还会给日后写作打下深厚基础，使其更快成长为风格鲜明、技法成熟的现代诗诗人。

最后，个人想强调一点，在现代诗写作教学中，要充分尊重和重视学生。他们习作的优劣之处要说得具体清晰、准确可信，指出不足的同时，多挖掘优点，维护其写作信心，对于初级写作者而言，信心比什么都重要。学生往往比我们想象的有才华，写作教师需要认真聆听学生对于写作和诗歌的看法，做到教学相长。以上是个人尚在实践的分段训练法具体内容，希望得到方家的批评指正，以期完善。

对当前古典诗词创作相关问题的几点思考

赵素文[①]

中国计量大学汉语言文学专业的培养计划里，设有一门文学方向的学科必修课程“中国古典诗词技巧”。我自入职以来，一直担任课程的教学工作，指导了2006级至2017级共十二届数百名大学生的古典诗词写作，略有些创作经验，也从引导学生写作中得到了一些创作感悟和经验教训，让我对当前古典诗词的创作现状和弊端问题有了较为深入全面的思考。由此，我拟从以下三个方面，谈一点对古典诗词创作中普遍关注的几个问题的粗浅认识。

一、为什么鼓励现代人学习和进行古典诗词创作

随着我国经济的发展，民族文化认同感和自豪感也随之水涨船高，人们不复一味崇洋，开始反思并探究中外文化的特性与异

① 赵素文，中国计量大学人文与外语学院副教授，硕士生导师，主要从事明清文学研究和写作教学。

同。随着国学热潮的兴起，社会上也出现了一批提倡穿古装、读《弟子规》、崇尚洒扫庭除、静坐清谈之国学馆、修身营。更有甚者，沉渣重泛，竟出现了女德班、某些似是而非的书院学宫。这虽然多半属于传统文化搭台、经济利益唱戏的逐利行为，但众声喧嚣中却也看出人们对传统文化的精华糟粕缺乏取舍，盲目崇拜。相比之下，以古典诗词为代表的中国古代文学，体现出的中华民族文化思想内蕴、审美情感、生活意趣，倒的确是中华文化中的明珠瑰宝，也是中华民族最珍贵的文化遗产之一，在国学复兴的大时代中，更值得重视倡导。

20世纪初，“五四”新文化运动局面倡导者发起了白话文运动，前辈知识分子出于改变中国积贫积弱局面的激切愿望和强烈政治诉求，把一切传统文化的遗存，包括汉语语言文字，都归结为国家落后挨打的原罪，因此提出“诗界革命”，企图一夜之间便用新诗革了古典诗词的命。但今天我们再做客观回顾、理性分析，则也能意识到，中华古典诗词中展示出的不管是和谐静谧、高远洒脱、温情低徊的意蕴，还是激愤沉郁、峥嵘沧桑、悲天悯人的情绪，都十分典雅优美，富有感染力，它们很好地契合了中国人的审美渴望，满足了中国人的思想情感舒放需求，能够轻松引发人们的情感共鸣，抚慰人们在文化流变中迷惘无措的心灵。

其实，古今中外的文学家，也从来不乏从中华古典诗词中汲取营养的。在盛唐文化辐射下的日本、新罗学者和诗人，曾对汉诗推崇备至。白居易在《白氏长庆集后序》中说：“其日本、新罗诸国及两京人家传写者，不在此记。”[①]白居易此集完成于会昌五年(845)，当时他便知自己的诗在日本、新罗多有传抄。事实上，白居易的

① 白居易：《白居易全集》，中国文史出版社1999年版，第692页。

《白氏文集》由空海大师带回日本后，当时的嵯峨天皇视为枕秘，在宫廷专门设置《白氏文集》的侍读官。日本“中古三十六歌仙”之一的女作家清少纳言，在其《枕草子》中曾言：《昭明文选》与《白氏文集》，乃博士必读之书。另一位被称为“平安时代三大才女”之一的紫式部，在传世名作《源氏物语》中，引用白诗达百余首。不止古代汉文化圈内的国家受到了中国古典诗词的深刻影响，就是现代美国意象派诗歌运动的鼻祖、重要代表诗人埃兹拉·庞德，从青年时代开始，也对中国古典诗词颇为推崇，出于浓厚兴趣，他自发将陶渊明、李白、李清照等人的诗歌翻译成英文，在西方诗界产生了一定影响。

《毛诗序》认为：“诗者，志之所之也，在心为志，发言为诗。情动于中而形于言，言之不足故嗟叹之，嗟叹之不足故咏歌之，咏歌之不足，不知手之舞之，足之蹈之也。”[①]中国传统文学批评理论中，历来有“文载道”“诗言志”“词缘情”“歌永言”[②]之说。总而言之，诗歌从本质上来说，应该是“阐述心灵的文学体裁，是一种表情达意的工具”[③]。人们倾向于选择自己最习惯、最认可的文体形式，来展示自己的精神生活、抒发自己的情感状态，那么不管是中国古典诗词还是现代新诗，作为同一文学体裁的不同表现体式，便没有高下之分。而对于每个中国人来说，天然具有亲切感的中国古典诗词，倒也是一种可供优先选择利用的传情达意的文体形式，值得感兴

① 郭绍虞：《中国历代文论选》，上海古籍出版社2001年版，第30页。

② 以上诸说之提出，如《尚书·舜典》：“诗言志，歌永言。声依永，律和声。”宋周敦颐《通书·文辞》称：“文所以载道也。”其实，这些说法绝对隔离文、诗、词的文体，分述其载道、述志、抒情的艺术职能，难免有些绝对，因为不管是文还是诗、词，文体之间的边界模糊和艺术功能的互相纠缠是难以避免的。

③ 李永芳：《古典诗词与现代诗写作》，《文学教育（上）》2018年第9期，第122页。

趣的诗歌爱好者研究和学习。

当前我国大部分青年和大学生，在传统文化认同感逐渐增强的社会背景下，从小到大的语文学习过程中，已经不乏对经典诗词作品的阅读记诵，具备了相应的基础知识积累，这无疑是针对他们展开古典诗词写作实践教学的一个优势。教育家陶行知“教学做合一”理论认为，“做”是核心，主张在做上教，做上学。[①]也就是说，对古典诗词的学习，仅仅围绕着“讲”和“读”“背”这样二维平面的“教”和“学”是不够的，还要去“做”，就是让学习者亲身参与到诗歌创作实践中去，这才是正确学习法的第三维度，帮助学习者构建立体化、具象化的知识体系。通过自身创作体验，学习者将能更好地理解古典诗词立意选象、炼字组句、构篇成章的奥妙，了解古典诗词蕴藏的思想情感、意象气韵和艺术手法之精微，从而更好地提高其古典诗词欣赏、感受能力和对传统文化的认可程度，也帮助他们更好地掌握古典诗词格律声韵的格式规范。

二、怎样合理对待古典诗词格律的继承与创新

继承和创新，历来是个很有理论探讨意义，但是实践操作比较困难的话题。我教授汉语言文学专业2010级学生的古典诗词写作课程时，有个学生在作业中写了首五律：“教授何逼迫，文章背却瞢。韵押平仄仄，偶对仄平平。才气天生有，其如典海重！不为规矩限，字落怯言成。”阅完不免会心一哂。其实这个学生不能算全无才气，此诗措辞虽刻薄，主题却清楚，直观地表现了初学者在创

① 陶行知：《教学做合一下之教科书》，《陶行知全集》（第2卷），四川教育出版社2005年版，第650页。

作时，被押韵、平仄、对仗、用典诸方面规范拘限，戴着古典诗词形式的镣铐，力图跳出表达现代情感的舞蹈，却因为不知该如何客观对待诗词格律等文体的形式要求，不免陷入顾此失彼的狼狈状态。当时我只能尴尬地以诗回复："无辜某某乃仓皇，仄仄平平奈古倡。非是君生乏美质，今昔异代懒寻章。"我也不得不承认，学生对古典诗词过于严密的格律规范是排斥的，毕竟今日生活迥异于古人社会，完全食古不化，对中国古典诗词的传承和发展没有一点好处。中国古典诗词，特别是近体格律诗，之所以被现代创作者视为过时或被扬弃，或许有古今语言文化隔阂的因素，但最大短板还在于其格律规范得过于细密谨严带来的文体束缚乃至精神禁锢。因此讨论中国古典诗词的继承发展，就必须直面古典诗词格律的问题并予以改良。

狭义的格律，是指唐以来兴起的近体诗在字数、节奏、平仄、押韵、对仗等方面的规定。从广义上来说，任何诗都有格律，即使极少不押韵的诗歌，也需节奏律动，这也是一种格律。诗词格律是古典诗词形式美与内容美的高度集合，具体主要体现在押韵、对仗、平仄诸方面的严格要求，包含了文体学、音乐学、音韵学等学科的知识。诗歌的押韵，能够带来诗歌在音乐上的回环美；对四声平仄的重视，带来抑扬顿挫的诵读体验，使得诗歌语言具有良好的音乐美；而重视对仗，则带来诗歌结构上的对称美。诗歌韵律和结构有机结合，则带来诗歌形式适应内容的意趣美。中国古典诗词的基本美学特征，即这种富于民族风情的独特典雅的意趣美，要通过诗人对意象的精心择取、语词的千锤百炼、抒情的纤敏把控，以及对格律规则的曲意迁就营构出来，并展露于人前。因此，今人要想拥有并继承古典诗词的这种意趣美，完全撇开押韵、平仄和对仗的传统格律规范是不可能的，难免带来缘木求鱼、事与愿违的后果。现代人写古典诗词,常出现以下流弊:虽然保留有律诗或绝句的外形,却全然罔顾格律,出来的作品形存神亡。要么流于粗浅俚俗,全无趣致;要么内容被形式牢牢禁锢,因文害义,导致言不达意,思想僵化,无病呻吟,了无新趣。

因此,如何合理继承古典诗词的格律,又如何适当对传统的格律规则做出突破和创新,是每个进行古典诗词创作的人必须要面对和思考的问题。而这便需要我们深入了解,并熟练掌握古典诗词字数、节奏、平仄、押韵、对仗运用方面的种种既定规则的精髓,再尝试突破定式、别出窠臼,重构一套适应自身的相对简化的新型格律规范。下面对这些问题做简单探讨。

首先,关于押韵,应以语音和谐回环为要,不妨因人而异,兼容古今韵书。

对古典诗词格律规则的继承、革新和体系重建的尝试,其实在近代就已经开始了。20世纪二三十年代以来,不断有学者主张“诗韵改革”。诗歌押韵本意是为了通过朗诵时回环往复的声音,创造和谐平衡效果,从而更好地渲染和抒发情绪,产生意犹未尽的韵味。古典诗词中特别重视格律规范的近体诗,其押韵规则是在唐代形成的,是根据唐代语音的实际情况而确定的,但经过一千多年的汉语语音发展变化,古今音变已经不可避免地带来同一韵部的字押韵不谐的问题。比如,杜牧的《山行》:“远上寒山石径斜,白云生处有人家。停车坐爱枫林晚,霜叶红于二月花。”从唐代适用的《切韵》看,“斜”“家”“花”三字同属一个韵部,读起来是和谐的;但拿今天的语音来念,音值差距已经较大,读起来就不够和谐了。各时代出现的韵书,随着古今音变,都会出现慢慢脱离语言实际,造成押韵不谐的问题。又比如,至今还广为流传应用的《平水韵》,即使经过历代修订,归并为106韵部之后,其中仍然有大量在今天读音很难分辨的邻韵,如东冬、支微齐、鱼虞等。比如鲁迅先生的《无题》:“惯于长夜过春时,挈妇将雏鬓有丝。梦里依稀慈母泪,城头变幻大王旗。忍看朋辈成新鬼,怒向刀丛觅小诗。吟罢低眉无写处,月光如水照缁衣。”诗中的韵脚“时”“丝”“旗”“诗”属于《平水韵》的上平声“四支”,而“衣”则分属上平声的“五微”,已经突破了《平水韵》的韵部拘限。我们今天拿普通话读来,却并没有违和感。可见,今日使用普通话的创作者,再来斤斤计较押韵要严分“一东”和“二冬”或“四支”和“五微”之类的《平水韵》邻韵,已经没有什么必要了,因为即便将这些邻韵部字混押,也不影响诗歌产生和谐回环的声音效果。正因如此,1922年赵元任根据《国音字典》编著了《国音新诗韵》。此后陆续出现了1937年张洵如编著的《北京音系十三辙》;1941年黎锦熙、白涤洲编著的《国音分韵常用字表》(又名《佩文新韵》,后改名《中华新韵》)。此后1965年中华书局上海编辑所出版了《诗韵新编》,1978年上海古籍出版社对它进行了修订重版,此书是以普通话为依据编定的现代韵书,但在编辑体例上却有个缺点,即照搬《中华新韵》体例,保留了现代普通话没有的“入声”条目,造成了对“以普通话字音为标准”之编撰初衷的破坏。后来,又出现了《中华诗词》编辑部整理编撰的《中华新韵(十四韵)简表》、杨发兴的《中华今韵》等依托普通话语音编写的现代韵书,删除了“仄声·入声”条目,较好地归并简化了普通话的可用诗韵问题。针对诗歌押韵这一方面的改良和创新尝试,目前无疑已取得了一定成果。

总之,当前的古典诗词作者,选择押韵参据的韵书时,使用以全民通行的普通话为依据编撰的《中华新韵(十四韵)简表》等现代韵书,无疑最方便,也最易于被广泛接受。但是,考虑到当前古典诗词创作者的人群构成,除了对传统文化有深入研究并付诸实践的专业人员,以及根据语文新课标规定接受传统文学教育的青少年外,还有部分年纪较大的民间传统文化爱好者和践行者。他们可能对普通话的接受程度并不那么高,或者因方言语音的干扰,在普通话发音习惯上有难以纠正的困惑,这类创作者,如果强制使用普通话韵书,也会给他们带来类似于今人用古韵的不和谐困扰。那么,遵从诗韵革新的精神导向,其实也可以态度开明地允许他们用自己熟谙的方言语音为押韵依据,只要诗歌能传情达意、用对应的语音诵读时具备声音和谐回环美即可。另外,针对那些对《平水韵》《词林正韵》等古韵书情有独钟的爱好者,我们的态度也不妨宽容开放,兼容古今韵书,双管齐下,自由选择。

其次,关于对仗,我们其实也可以适当采用遗形取神的开放态度。

古典诗词创作的规则中,关于对仗一项有明确严格规定的是近体诗中的律诗,包括排律。排律,又名长律,是律诗的一种。普通律诗八句,排律铺排延长至十句以上。排律平仄押韵遵从律诗普遍规范,但对仗要求则更为严格,它要求全诗除了首联和尾联四句不对仗之外,其他所有的联句都要对仗。这就意味着,即使最短的排律,十句中,至少中间六句,也要构成三副对联。唐代科举考诗赋,多采用六韵十二句的五言排律形式,要求文辞华美,音韵和谐,对仗工稳。唐代试帖诗的代表作钱起《省试湘灵鼓瑟》便是其中的典型:“善鼓云和瑟,常闻帝子灵。冯夷空自舞,楚客不堪听。苦调凄金石,清音入杳冥。苍梧来怨慕,白芷动芳馨。流水传潇浦,悲风过洞庭。曲终人不见,江上数峰青。”此诗除了首联“善鼓云和瑟,常闻帝子灵”和尾联“曲终人不见,江上数峰青”不对仗外,中间八句,构成四联工整的对仗句。排律写得越长,要求的对仗句越多。对于今天的普通作者来说,一味地铺陈排比,形式上虽然有整齐排宕的气势,可用来炫才;但内容上易陷入为铺张而敷陈的陷阱,心为形役,不值得推崇。因此,排律这种诗体形式,今人写作,需慎选慎用。

律诗八句,理论上要求除了首联和尾联之外,其他两联——颔联和颈联要对仗工整,但实际写作过程中,古今作者已多有突破。全诗仅存一联对仗者,名篇如常建五律《题破山寺后禅院》,其颈联"山光悦鸟性,潭影空人心"是极有意趣的佳对,但颔联"曲径通幽处,禅房花木深"虽是名句,却不对仗。以"诗律细"(《遣闷戏呈路十九曹长》)著称的杜甫,其名篇《月夜》,颈联"香雾云鬟湿,清辉玉臂寒"写得温情旖旎,对仗工整,但颔联"遥怜小儿女,未解忆长安"也未能对仗。其他律诗,当然也有全诗八句,对仗多达三联或者四联者。如杜甫《春望》:"国破山河在,城春草木深。感时花溅泪,恨别鸟惊心。烽火连三月,家书抵万金。白头搔更短,浑欲不胜簪。"除了尾联,该诗前三联对仗都相当工整。杜甫的《宿府》诗,则除了首联"清秋幕府井梧寒,独宿江城蜡炬残"似对非对,后三联对仗都很工整:"永夜角声悲自语,中天月色好谁看?风尘荏苒音书绝,关塞萧条行路难。已忍伶俜十年事,强移栖息一枝安。"杜甫晚年名作《登高》,更是全篇八句,两两对仗:"风急天高猿啸哀,渚清沙白鸟飞回。无边落木萧萧下,不尽长江滚滚来。万里悲秋常作客,百年多病独登台。艰难苦恨繁霜鬓,潦倒新停浊酒杯。"四联写景、抒情、叙事,十分工整。

由上可见,律诗中具有多联对仗,固然能带来磅礴的气势和整齐对称的结构观感,但若作者因此词不达意,则应当以立意为要,先勉力保证抒情述志主旨之完整,再每篇中尽量保证颈联一处对仗即可;甚至若作者实在不能做到形式和内容兼美,诗中全然不用对仗也未尝不可。如李白《夜泊牛渚怀古》:"牛渚西江夜,青天无片云。登舟望秋月，空忆谢将军。余亦能高咏，斯人不可闻。明朝挂帆席，枫叶落纷纷。”此诗便无一联对仗。

再次，关于律句限定四声平仄的问题，不妨通达化用“一三五不论，二四六分明”的旧规，并灵活运用拗救技巧，为自由措辞创造腾挪空间。

中国古典格律诗词中的句子，也就是律句，之所以重视四声平仄格律的交替变换，是因为从发音效果来看，平声高长，仄声低短。若一个句子中高昂悠长的平声字太少，则呃噎拗口；若全无仄声字带来低仄短促感，则全诗节奏流于平缓单调。只有平声与仄声有序交替重复，诗歌吟诵才会有抑扬顿挫的音乐效果。因此格律诗平仄问题中需要刻意规避的“孤平”“三平尾”“三仄尾”诸病，还是应当避免的。

格律诗的每个律句对句中偶数位置的字平仄有明确规定，即所谓“二四六分明”；但奇数位置的字往往可平可仄，留待作者自由酌定，也就是所谓“一三五不论”。但具体放进整首诗中，一般也只能五言律句的第一字，七言律句的第一、三字平仄自由，相应的第三、五字，平仄也是既定的。但今天我们如果结合格律诗中非关键位置的字可平可仄、出现拗的情况可以不救的原则，那么可以放宽对律句的平仄约束，即五言律句的一、三两字，七言律句的一、三、五三字，都可以不论平仄。这样每句中我们能够自由操控平仄的字更多，也就一定程度上更容易实现诗句措辞造语的自由率意。其实，这样的处理李白早已做过。前文提到的《夜泊牛渚怀古》，第二句“青天无片云”属于平起平收句式，其标准平仄格式应该是“平平仄仄平”。但即使以《平水韵》衡量，“无”字也是平声，则该句实际是“平平平仄平”。也就是说，李白早已经把这个五言律句第三字的仄声，径改为平声。可见他采用“一三五不论”和非关键位置平仄“拗了不救”的组合原则,已经把这个五言律句的第三字直接当作可平可仄来处理了。

李白的这首诗还是拗救的一个例子。我们通常把格律诗中平仄不循常格的句子,称为“拗句”。对格律诗中出现的拗句,采取一定方式予以补救,就是“拗救”。本诗第三句“登舟望秋月”、第七句“明朝挂帆席”都是平起仄收式的五言律句,其标准规范是“平平平仄仄”,但是作者出于自由表达的需求,把这两个句子的第三字都改成了仄声字,出现了拗字,此时若也像第二句一样,采用非关键位置拗句不救的偷懒处理,无疑是不行的,因为会导致“平平仄仄仄”的三仄尾弊病,这样的句子必须被扬弃。因此李白使用了拗救技巧,把第三字被占用的平声,在第四字中予以归还,于是最后出现了诗中“平平仄平仄”的句式。这两个句子的具体拗救过程,可做如下直观呈现:平平平仄仄—平平仄仄仄—平平仄平仄。“仄平仄”“平仄平”三字尾的出现,往往是格律诗句经过拗救的鲜明标志。

总之,不管是押韵、对仗还是平仄格律,在把握总体规则的基础上,适当做突破和革新,都是可行并有现实价值的。这是我们对古典诗词形式继承与创新的重要尝试,也是重构适应自身的当代格律规范的内容。

三、怎样利用旧瓶装新酒,
用古典诗词写出时代感和新意

古典诗词是文言语境的产物,其措辞也倾向于用典雅简洁的文言语体,这与其追求意境意趣的审美理想有机结合,形成了与生俱来的“古典性”特征。但是,就如北大钱志熙所言:“理论上诗词

应该表现当代生活、文化、科技,更应该表现当代人思想与精神。"[①]即使以古典美为理想追求的古典诗词,也应该面对当代社会,担负起文学"兴观群怨"[②]的社会职责,写出时代新意来。

从《诗经》时代开始,中国古典诗歌在过去的数千年间,文体形式上屡屡变迁;便是初唐以后逐渐出现定型的近体诗,被广泛用于创作也已逾千年。历代作家孜孜矻矻、呕心沥血醉心辞章者不乏其人,即便历经劫火,留存作品也是浩如烟海,不可胜数。不管是体现人类的共通心理,还是展露个体的独特情绪,诗歌想别出机杼已经较难。但是这并不意味着当前古典诗词的创作必然只有陈词滥调,缺乏生气;事实上,今人的某些创新性探索,不仅能够绵延经典,或许也可以创造出未来的新经典来。

今人之于古人的优势,或许在于对自然科学、社会本质和自我内心的探究和剖析,更理性客观。而这些,也必然带来认知和观念上的新变。利用新观念,旧题也能写出新意来。比如,同是以嫦娥为歌咏对象的诗,李商隐的《嫦娥》站在男性立场,想象"嫦娥应悔偷灵药,碧海青天夜夜心"。我们可以把它解读为:这是传统文化对女性生存价值的一种典型偏见,完全把女性视同男性与家庭的附庸,失去了性价值和生育价值,那么即使美丽清冷如嫦娥,也不过本质上是一个悔不当初的怨妇。但作为今天身心独立的女性,笔者也可以把《嫦娥》诗写成:"独守蟾宫得自在,世人何苦感怀猜。沧桑情怨消蚀尽,冰魄清清桂影开。"在他人看来,嫦娥立得很高,注定身边寥落,那又如何? 只要自己内心清明空透,从现状中得到

① 钱志熙:《也谈现当代诗词"人史"及所谓"现代性"问题》,《中华诗词》2018年第6期,第61页。

② 讨论文学社会功能的"兴观群怨"说,源出孔子《论语·阳货》:"诗,可以兴,可以观,可以群,可以怨。"

平和宁静和自我满足,便是人生赢家。这首诗用来赞美那些追求生命价值、主动选择单身,却在职场和思想上活出了独特风采的优秀女性。上面这两首诗,思想观念上有天渊之别,但都可以拥有自己的情感共鸣者。因此,我们得承认,新时代的新观念,也能被称为点亮新经典的一束光芒。

现代人崭新的生活方式,产生了无数新事物,也可以成为前所未有的意象来源和观念载体。古典诗词里随处可见的"宝鸭香冷""金缕翠钿"等事物,在当今日常已隐退无迹,今人作诗再满纸金翠,未免显得陈腐虚伪。但层出不穷的新事物、新语汇,同样可以成为提炼诗词意象触手可及的材料。比如现代科技的代表事物电脑、网络,同样也可以成为古典诗词审美的对象。笔者偶然混迹诗词网站,得一位网友王编辑七律留言,前两联云:"屏上相逢莫问由,一天不见宛三秋。空间结谊千朋聚,网络含情万友投。"把电脑显示屏、虚拟空间、网络等新事物都写入诗中,成为呈现新时代生活面目与交际状态的典型意象,也给诗歌带来了截然不同的现代性气息。又比如,笔者偶赋《夜归》五绝:"岁暮霜风紧,重霾接九霄。路遥灯散串,扑面阻高桥。"写冬夜加班归家者的所见所感:严重雾霾、高速公路上向远方延伸散落的灯串、阻车在高架桥底下体验到的威压感。这是当代人疲惫奔波状态和自然环境面貌的展示,与古代的"火树银花""明月夜砧"或者"柴门犬吠"完全不同。

同样,新视角也能带来对旧事物的崭新认识。承现代科学之功,我们可以更幽深地仰观宇宙,也可以更高远地俯瞰大地。人观察事物的视角变化,也会带来外在物象截然不同的面目呈现。远望泰山而未登临的杜甫,笔下是"齐鲁青未了""一览众山小"的经验性想象;身在山中的苏轼,看到的却是"横看成岭侧成峰,远近高低各不同"的不识真面目的庐山;笔者在日本福冈归航东京的飞机上，看到了“浮翼层云上，晴空碧海合。青螺涵水面，雪岭尽波折”；当代诗人、飞行员魏新河看到的是“地衣微皱”“百川如网，乱山如豆”（《水龙吟·黄昏飞越十八陵》[①]）。古来有之的山川原野、道路人家，在不同的视角高度，呈现出前所未有的崭新面貌。

综上所述，古典诗词作为全民流行文学形式的时代虽然一去不复返，但作为有独特美学意蕴和抒情价值的文学体式，通过合理的改良和创新，包括格律与内容的现代化，使之能适应现代生活的抒情需求，从而使这种古老的文体焕发新的魅力，得到延续和发展，还是很有必要的。

① 魏新河：《水龙吟·黄昏飞越十八陵》，2020年3月23日，http://www.chinasshw.com/index/index/show/cid/25/id/13221.html。

写作教学中如何提高儿童的多元想象力

常　立[①]

顾名思义,想象力指的是人运用想象的能力。概念如此简单,但是真正理解殊为不易,原因是在这个定义中涉及了“想象”一词,而在哲学、美学、文学、教育学等诸多领域,何谓想象,可谓众说纷纭、莫衷一是。于是,我们需要先了解:想象是什么?

有两种颇具代表性的想象观:一种是柏拉图的“神赐”说。他认同荷马的“缪斯赋予诗人以灵感”的说法,认为想象不是一种能够习得的技艺,而是一种神赐的迷狂;莎士比亚、培根、弥尔顿、卡德沃思、沙夫茨伯里、威廉·布莱克等都持此种观点。另一种是亚里士多德的“模仿”说。他强调荷马的“缪斯是记忆的女儿”的比喻,认为想象和记忆之间有着密切的联系,人可以通过模仿去学习想象;霍布斯在《利维坦》中做此断言——经验产生记忆,记忆产生想象,想象产生诗的修饰;洛克、休谟等均持此种观点。前者强调

① 常立,浙江师范大学人文学院副教授,硕士生导师,儿童文学知名作家及翻译家。

天赋的创造,后者强调后天的习得。柯尔律治综合了上述两种想象观,对幻想与想象做了区分(在此之前幻想等同于想象,诸家表述时不做区分):幻想是一种联想的过程,想象是一种创造的过程。在幻想中,既存的记忆形象通过联想聚合在一起,没有新的形象生成;而在想象中,经验的原始材料被赋予新的形式和外表,生成了新的形象。因而,想象就成为一种生成新的形象的创造过程。柯尔律治的这一想象观被我们今天的文艺理论和写作理论广为采用。然而关于想象力是什么的疑问并未迎刃而解,因为在这一定义中,仍有一个含义晦暗不明、游移不定的术语:形象。于是,我们还需要了解:形象是什么?

W.J.T.米歇尔在《图像学》一书中,对形象的观念做了细致的梳理与呈现。根据维特根斯坦提出的“家族相似”学说,我“把形象看作一个跨越时空来自远方的家族,在迁徙的过程中经历了深刻的变形”,为这一形象家族构建谱系如图1:

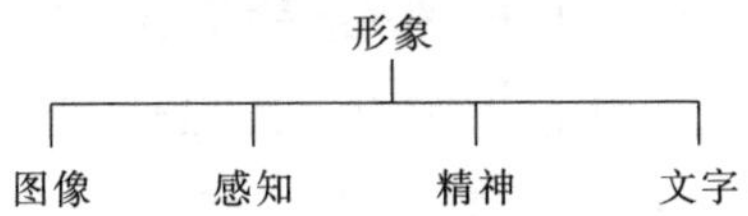

图1 形象家族谱系

图1中每一分支代表一种形象,分属于不同知识学科范畴。比如图像形象(涉及图画、雕像、设计等)属于艺术史,感知形象(涉及感觉、可见形状、表象等)属于生理学、心理学、艺术史和文学批评之间的交叉区域,精神形象(涉及梦、记忆、思想等)属于心理学和认识论,文字形象(涉及隐喻、描写等)属于文学批评。相应地,创造不同类型的新的形象,就是不同类型的想象的使命。

因而,常见的想象可以分为四种:图像想象,感知想象,精神想象,文字想象。它们分别创造出新的图像形象、感知形象、精神形象象和文字形象。由此可知,我们通常谈论的指义模糊的想象力,其实是指创造出新的图像形象、感知形象、精神形象和文字形象的能力。历览诸家关于想象的论述,可以归纳出两个重要特征:第一,想象并非凭空而来,而是建立在经验的基础之上,经验提供了创造的原始材料;第二,想象必须创造出新的形象。由此我们可以概括出提高想象力的原则:从相似(的经验)到不同(的新经验),从已知(的知识)到未知(的新知识),从模仿(的形象)到创造(的新形象)。以下我们将据此原则提出提高儿童不同类型想象力的主要方法。

一、冒险:提高儿童的文字想象力

文学从根本上可以视为词语的冒险。例如,从前有一块石头,接下来就是石头这个词语的冒险——石头爆炸了,从中跳出一个猴子……这就是《西游记》;石头讲起了故事,说自己前生是个人,一生下来嘴里就衔着一块玉……这就是《红楼梦》;石头上写满了天书符篆,被人推倒后从地下蹿出一道黑烟,跑出了一百零八个妖魔……这就是《水浒传》。不独这块石头,任何一个词语,都有能力生成一个故事,展开自己的冒险。

1. 词语的冒险。打开任意一本书的任意一页,搜索该页第一个名词,以此名词为主人公,写出一个故事。无论这个词是动物、植物还是矿物,世界上的每一个事物,都可以有它自己的故事。

2. 词与物的自由组合。作家陈诗哥的童话《如果世界重新开始》是这样开头的:

> 如果世界重新开始,那将是一个早晨,不,那时候,早晨不再叫早晨,而叫"安古",那是婴儿发出的第一个

声音。

“早晨”是一只鸟儿的名字。

因此,每个安古我们都会听到早晨在歌唱。

学生可仿写,比如:“玫瑰不再叫玫瑰,叫火车。大丽菊不再叫大丽菊,叫轮船。星期天,我要去花园看火车和轮船。”这个小练习里包含着索绪尔语言学中所指与能指关系的任意性原则,即事物及其命名之间的关系是偶然建立起来的,如此,想象我们回到世界的开始,在写作中给事物重新命名,创造新的形象。

3. 读民间故事,写类型童话。民间童话在一次次的叙述中繁衍,经过各种添枝加叶和改头换面,孕育出众多看似大同小异、实则趣味各别的异文。教师找出某一类型(比如“狗耕田”型)民间童话的不同异文,让学生阅读并在教师的帮助下找出其差异,用自己的方式重述这一类型童话。这一练习有助于学生了解民间想象是如何通过重述再生并变化的。

二、空白:提高儿童的图像想象力

认知科学通常认为婴幼儿对阅读图像的兴趣要超过对更为抽象的文字的兴趣,而在小学阶段,儿童对文字的兴趣会逐渐提升,但这并不意味着对图像的阅读就不再重要。事实上,在被称为“读图时代”的今天,图像想象力一直被强烈地需要着,而这是一种可以通过写作加以提升的能力。我们阅读图像的时候,想象力发挥作用的地方常常在图像之外的空白处。例如,在图画书《母鸡萝丝去散步》中:前一幅图中,母鸡萝丝走出鸡舍去散步,一只狐狸在后面悄悄地跟着她;后一幅图中,狐狸被钉耙狠狠地击中了脸,而母鸡萝丝已穿过农家的院子。这两幅图之间的空白处发生了什么?读者可以想象出狐狸高高跃起扑向萝丝却踩中了钉耙的画面,阅读的乐趣就从这空白处的想象中生发出来,故事既发生在图画之中,更发生在图画之外的空白处,发生在每一个读者的想象之中。下面几个写作练习,都是着眼于空白的。

1. 线条的旅行。教师可以让学生在白纸上任意勾勒连贯的线条,线条可以是各种颜色和形状,然后让学生写出线条所代表的人物及其旅行,尤其是在线条之外的空白处发生了什么。这方面堪称经典的作品是法国雷吉斯·法勒绘制的图画书《POLO的故事书》,POLO顺着一根绳子爬上无尽的太空去追赶偷书的小偷,正是这一根绳子,使POLO在山穷水尽处每每另辟新路。该书用极简单的线条不断引出无数天马行空的瑰丽想象。

2. 页间的空白。教师可以选择一本图画书,让学生在掌握主要情节之后,把注意力放在每一页与下一页之间的空白处,写出这里发生了什么。

3. 画外的故事。教师可以选择一幅画,让学生写出这幅画的内容以及画外的故事。

三、放大:提高儿童的感知想象力

每个人都有感觉,能够感知外界的形状、颜色、气息、味道;每个人都有情绪,能够体察自己的喜怒哀乐。提高感知想象力的秘诀在于不断用放大镜观察自己和世界,把日常的一点感觉和情绪予以放大,把平常放大为异常,新的形象由是而生。比如,一个小孩的鼻子比普通小孩长一点不算什么,可是如果这个鼻子能继续变长呢?如果能随着小孩说的谎话无限变长,并且这个小孩还是一个木头小孩呢？木偶匹诺曹的异常形象就在放大的夸诞中诞生了。

1. 放大面孔。对着镜子仔细打量自己的面孔，想象这张面孔正在变大，然后尽可能仔细地描写出放大了的自己的面孔。这个练习锻炼的是观察自己和想象自己的能力。

2. 放大事物。任选一件事物长时间打量，想象这个事物正在变大，然后尽可能仔细地描写出放大了的事物的样子。如福楼拜所说，要使一个事物变得有意思起来，只需要长时间地凝视它，事物将在凝视中变成新的事物。这个练习锻炼的是观察细节和想象细节的能力。

3. 放大感觉。任选一种自己体验到的感觉，将这种感觉不断放大，推向极致，然后尽可能仔细地描写出放大了的感觉。这个练习锻炼的是体验感觉和想象感觉的能力。

四、捕捉：提高儿童的精神想象力

精神世界是个神奇莫测的领域，其中梦境、记忆和思想都是稍纵即逝而又难以捉摸的。现代文学的历史，可以视为文学不断对精神世界进行探索的历史——普鲁斯特试图捕捉过去的记忆，乔伊斯试图捕捉现在的时刻，卡夫卡试图捕捉梦的思维……对精神世界加以探究并尝试捕捉这些飘忽不定之物，对提升精神想象力至关重要。

1. 记录梦境。让学生在枕边放一笔记本，早上醒来第一件事是速记下自己还隐约记得的梦境。持续一段时间之后，会发现能够记录下来的梦越来越多。这些梦的素材将会增进写作中的精神想象力。

2. 复现记忆。尝试尽可能仔细全面地记录自己印象最深刻的一件事，注意要尽可能仔细与全面，仿佛要让时光倒流、记忆重现似的。

3. 反向思考。阅读一个故事，尝试对它进行反向思考，并反向改编这个故事。例如，读完了《三只小猪》，尝试从狼的角度来重新讲述它（美国作家谢思卡的《三只小猪的真实故事》就是这样做的）。又如，读完了《海的女儿》，尝试讲一个人爱上人鱼并且努力变成人鱼的故事（笔者的童话《人鱼之歌》就是这样做的）。反向思考，有助于激发学生富于创造性和批判性地去反思他们所处的环境，让他们向自己和这个世界发问，这正是所有伟大的富于想象的文学所做的——不断颠覆约定俗成的标准，鼓励读者去重新思考、重新发现，而伟大的想象也常常由是而生。

在想象之中，可能性是无穷无尽的，关于如何提高想象力的答案也是无穷无尽的。我在此给出的是一份参考答案，而不是唯一的答案，真正的答案存在于每一位教师、每一位家长和每一个学生的想象之中。

（本文为浙江省哲学社会科学规划一般项目“民族国家想象与传统资源的现代化”的阶段性成果，项目编号为19YSXK04ZD-02）

论摄影理论在文学写作教学中的运用

徐　琼　马善程　王雅灵①

文学写作是人们运用文学语言叙写艺术形象、表达思想感情的创造性活动,它是学生既喜欢又惧怕的课程,也是任课老师既热爱又纠结的课程。在"读图时代",利用现代化的教学手段,将摄影理论运用到文学写作课程中去,不失为一种激发学生学习兴趣、提高教学效果的有效方法。本文试就这一课题进行探讨。

一、将摄影理论运用于文学写作教学的可行性分析

(一)艺术的共通性为其提供了理论基础

摄影和文学在本质、审美、表达等方面有一定的共通性。人类

① 徐琼,宁波大学人文与传媒学院中文系副教授,主要从事中国现当代文学、影视文学及写作学的教学研究;马善程,宁波大学潘天寿建筑与艺术设计学院美术系副教授;王雅灵,浙江万里学院文化与传播学院编辑出版系副教授。

最早的写作可以追溯到文字的初创时期，摄影则晚得多，要到1939年8月19日“达盖尔银版摄影术”的公布。最早的写作并不具有美感，“记录”是其最核心的功能；摄影术的诞生首先是技术的胜利。但两者都在不断发展的过程中灌注了审美的内涵，具备了审美功效，成为艺术世界的一部分。

在创作过程中，摄影和文学艺术都需要创作者在仔细观察、深入发掘的基础上，找到好的角度来表达自己对自然、社会的认识与思考，展现自己的精神世界与情感风貌。“摄影的本质是发现与记录，就是向外观看，找到事事物物之间的关系，将其捕捉，把意义传达给更多人知道。文学、艺术的价值也正是如此：让别人的生活经验成为自己的成长参考，然后把刻骨铭心的领会表现出来，供另外一些人借镜。”①

从理论教学的层面来说，摄影与文学写作都涉及主题、结构、环境、角度等内容，这些术语不仅在名称上有相同性，在具体的内涵上也有共通性。这些又为摄影理论在文学写作教学中的运用提供了理论上的可行性。

(二)“读图时代”的大众需求为其提供了受众基础

20世纪70年代，丹尼尔·贝尔(Daniel Bell)就指出：“目前居‘统治’地位的是视觉观念。声音和图像，尤其是后者，组织了美，统率了观众。在一个大众社会里，这几乎是不可避免的。”②半个世纪过去了，人们对于图像的依恋有增无减。

---

① 阮义忠：《摄影美学七问》，上海译文出版社2015年版，第8页。

② 丹尼尔·贝尔：《资本主义文化矛盾》，赵一凡译，生活·读书·新知三联书店1989年版，第154页。

图像不是新事物，它随着人类文明而生，但从未如现在这般占主导地位。随着摄影技术、数字技术、影视技术和网络技术的发展，图像已对人类形成包围之势，或者说，人类已经进入“读图时代”。在这种背景下，大众的思维方式和对外界刺激的接受模式都是图片化的，尤其是现在的大学生，他们从一出生就身处“读图时代”。从这个意义上说，将“读图”的方式引入教学是对时代潮流的一种适应。

从客观效果来说，图片的尺幅大小通常都在一眼尽览的范围之内。因此，与文学作品相比，其艺术传递的过程更短，审美效果的呈现也更直接。课堂教学时间有限，在目前大部分学生没有养成课前阅读的习惯，课堂上又不可能留出很多时间供学生阅读文学文本的情况下，利用一些摄影图片进行同理性感受和分析，一则更高效，二则更具吸引力。

二、摄影理论在文学写作教学中的运用

（一）主题的确立

摄影始于技术，到如今已发展成为一门艺术，它不再是对拍摄对象的简单拷贝或者机械再现。早在19世纪，夏尔·皮埃尔·波德莱尔（Charles Pierre Baudelaire）就在《现代的观众与摄影》一文中写道：“摄影保持记忆功用，它可以使那些废墟永远保存在我们回忆的档案里。但是摄影不只应该记录外在世界，也应涉及不能触摸的东西，以及想象的范畴。”[①]真正的摄影作品都饱含了创作者独特的情感体验和精神寄托，是有灵魂的，它是创作者思想、意志和

① 阮义忠：《摄影美学七问》，上海译文出版社2015年版，第29—30页。

个性的表现，有创作者内心的投射。

图1 这护栏不安全，别扶！[①]

图2 坏了的铁栏杆(摄影/王雅灵)

图1和图2的拍摄对象都是坏了的铁栏杆，但两者在主题的表达方面相差甚远。图1只陈述了“我已坏”的事实，但图2用特写镜头靠近被摄物，捕捉“我已坏”背后的故事，其中有创作者对岁月沧桑的喟叹，以及对铁栏杆不忘坚守的感动。通过图片的比对，我们可以看到图2在主题的表达方面明显要优于图1。

由此可以联系文学写作中主题的确立问题。大部分的文学写作教材都将“主题”放在最重要的位置，强调文章要有“意”。“无论诗歌与长行文字，俱以意为主。意犹帅也。无帅之兵，谓之乌合。”[②]与摄影者相同，写作者需要主动接近各种事物，在杂乱无章中选择、提取有意义的元素，来表现一定的创作意图，让作品呈现出一定的主题。假设以某处风景为写作对象，如果没有“意”，空间方位里的种种写得再具体也是空洞的，没有感染力的。作者既可以表达对风景的赞颂，也可以传递风景所蕴含的神奇，还可以思考风景背后的创伤，无论如何，都应该有对生命的思考，要有一定的

① 佚名:《这护栏不安全，别扶!》,2014年10月28日，http://ehsb.hsw.cn/shtml/hsb/20141028/186702.shtml。

② 王夫之:《姜斋诗话笺注》,戴鸿森笺注，人民文学出版社1981年版，第44页。

精神指向。

(二)结构的安排

从相机变小到手机摄影兴起,摄影爱好者群体不断扩大,各种摄影课程或“秘籍”也以不同的形式出现在普罗大众的视野中。站在信息前沿的学生,大多早已自觉不自觉地从论坛、微信、微博等途径吸收了一些摄影理论,其中被普及得最多的便是构图技巧。构图就是“要合理地安排画面上的点、线、面,恰到好处地组织经营好画面中各元素之间的关系,形成合理的结构”[①]。

从摄影理论上说,构图可以有很多方式,但不管是“三分法”“黄金分割法”,还是“对角线构图”,很重要的一点是要有视觉上的平衡,其最终目的是寻求最佳的画面效果,最好地表现作品主题和审美情感。

图3 玩航拍的男孩(摄影/王雅灵)

图3记录的是男孩在堤坝上玩航拍的情景,用的是“三分法”的构图方式。左侧是作品主体小孩,右侧远处是电线杆,一前一后,一左一右,达到了平衡,整个画面空阔明朗,少年的航拍器与他求知的心正欲起飞,充满生命气息。

① 郭艳民:《摄影构图》,高等教育出版社2010年版,第2页。

摄影构图可以联系写作中结构层次的安排。人类总是在不断尝试新的讲故事的方法，文章的结构也越来越复杂多样，但总体也要达到一个“平衡”。现实的写作实践中，学生往往惰于结构，信马由缰任意写来，写到字数足以交差，便草草收尾，其结果往往“虎头蛇尾”，既达不到审美效果上的均衡，又削弱了主题的表达。

这里所说的“平衡”不是等形或等质，而是各部分之间力或量的均衡。平均分布和对称安排都是达到平衡的方法，但核心不在外部的“均等”。文学写作的实践中，有些学生看似一一道来，面面俱到，实际可能造成了主体位置的缺失，甚至造成主题的游离。比如，有学生写一天里的生活，从早上起床到晚上睡觉，每件事都做完整记录，均衡落笔，看似具体细致，但一不小心就写成了流水账，既无重点又无主题。

(三)主体位置的突出

摄影理论中被摄物体有主体和陪体之分。所谓主体就是画面中的主要表现对象，陪体则是画面中的次要表现对象，但陪体会对

图4 人像背影[①]

图5 排排坐(摄影/马善程)

① 北斗:《人像背影》，2016年5月19日，http://www.huitu.com/photo/show/20160519/ 141328101200.html。

主题的表现和画面的均衡起到一定的作用。陪体起的是辅助作用,它不能破坏主体的中心地位。摄影讲究对焦,焦点自然在主体,对焦之后,主体更加清晰明确,如果被摄入镜头的物体较多,又不能很好地进行对焦,就会“失焦”。

图4的主体是女孩的背影,树林作为陪体存在。从画面呈现的效果来看,女孩虽然温婉可爱,却被淹没在陪体中得不到更好地表现。若将树林做一些虚化的处理,或者让女孩的着装色彩更突出一些,主体就会更鲜活。

陪体在整个作品中所占篇幅不一定比主体小很多,也不一定要被虚化成背景。图5是一幅名为《排排坐》的街拍作品,其中的母子自然是主体,作为陪体的麦当劳叔叔所占的篇幅并不小,中西相对的文化背景下的相似姿态产生出一种谐趣,非但没有抢夺主体的中心位置,反倒凸显了作品的主题。

在文学写作中,也有主要形象与次要形象之说。一个作品往往出现多个人物,但浓墨重彩去刻画的就一个或几个(视篇幅而定)。如《阿Q正传》,作品中有多个人物形象,但作者的笔墨主要集中在阿Q身上。在一个作品中均衡地去塑造每一个人物,可能会造成哪个形象都不丰满、哪个人物都不鲜活的问题。

(四)时空环境的设置

除了主体和陪体,摄影理论中还有前后景的说法。摄影师可以利用焦距与光圈的基本功能,在作品中加入清晰或模糊的前后景,营造出一定的画面氛围。运用前后景可以增强画面的立体感和空间感,创造出一种新的意境,增强作品的表现力。

图6 合掌村(摄影/王雅灵)

图7 江南古镇①

图4-1拍摄的是日本岐阜县一个叫合掌的村落。创作者登高而摄,以樱花树作为前景,既交代了环境,增加了层次感,又将山村微雪的静谧朴质表现了出来。这一知识点又可以与文学写作中的环境描写联系起来。文学作品的环境既能交代时空环境,又能渲染一定的氛围,是写作训练中不能忽视的一个部分。以龙应台的散文《目送》为例:

> 华安上小学第一天,我和他手牵着手,穿过好几条街,到维多利亚小学。

这是文章的第一句,若将其想象成一幅画,主体是“我”和“华安”,只有简单的两个人物,画面比较单一。作者紧接着写道:

> 九月初,家家户户院子里的苹果和梨树都缀满了拳头大小的果子,枝丫因为负重而沉沉下垂,越出了树篱,钩到过路行人的头发。②

---

① 《前景误区知多少》,2016年5月13日,http://mp.weixin.qq.com/s/abR8Frjl6Rufp3FzuWgZGA。

② 龙应台:《目送》,生活·读书·新知三联书店2009年版,第3页。

加上这一段环境描写后，整个画面就鲜活多了。它既交代了时间，勾勒了季节，同时也预示着华安终有一天会长成“成熟的苹果”或是“越出树篱的枝丫”，为后文的“不必追”做了铺垫。

值得注意的是，很多初学摄影的人在学到了前景知识后，会想方设法在作品中加入前景，如图7。在这个作品中，主体是闲散安逸的江南古镇，整个色调以灰白色为主，创作者加入了艳丽的黄色小花为前景，这既与主体不协调，又对主题的表达无益，显得生硬而多余。同理，在文学写作实践中，也会有同学为了环境描写而描写，这种起不到作用，甚至起反面作用的环境描写应该避免。

（五）角度的发现

“蹲下来”“站上去”，是摄影老师常对学生讲的话。同样的被摄物，换一个角度便会呈现不一样的风貌，当你“站得高些”或者“蹲得低些”的时候会观察到平时留意不到的画面。同理，还有站得“近些”与“远些”。尝试不同的立足点和观察点，有益于发现新的角度。

图8　军训（摄影/马善程）

图9　鱼之眼（摄影/马善程）

图8是一幅名为《军训》的摄影作品。关于军训的题材，拍摄者通常会把镜头集中于训练场上的飒爽英姿以及训练间歇的欢乐嬉闹，但这个作品独辟蹊径，将也许是因为身体原因正在休息的学员

与正在列队的学员安排在一起，将“练”与“不练”两种状态用对比的构图方式组合在一起，形成与一般的作品不一样的戏剧效果。这个作品用了俯拍的方式来展现，若不能“站得高些”，创作者未必能发现这样的画面。

在学习写作的过程中，同样需要寻找新的角度，找到新的生发点。古今中外，关于亲情的文章已有很多，《目送》能从诸多的亲情散文中脱颖而出，不仅在于亲情的表达和行文的温暖，还在于对“不必追”这个角度的捕捉，作者“站得高些”，看到了成长与相处的定律，表现得既无奈又洒脱通透。

拍摄者位置的高低可以形成俯、仰、侧、平的角度，拍摄者位置的远近可以形成远、中、近、特写的景别，在每个不同的位置都会获得不同的审美效果。图9名为《鱼之眼》，是拍摄者在渔船码头的收获，作者用特写的方式来表现一条即将成为商品的鱼。特写能传神传质，拉近作品与观众的距离。想象在喧嚣的码头边，一边是鱼贩子热烈的讨价还价，一边是鱼的不甘与悲伤，画面中没有过多的被摄物，鱼眼表现一切，极具视觉冲击力。文学写作中，走近表现对象，进行细节描写也是一种很重要的手法。如朱自清《背影》，写“交卸”了差事、奔完了丧的父亲穿过月台给儿子买橘子的背影：“戴着黑布小帽，穿着黑布大马褂，深青布棉袍，蹒跚地走到铁道边，慢慢探身下去……用两手攀着上面，两脚再向上缩；他肥胖的身子向左微倾，显出努力的样子。”[1]寥寥几笔的细节，似淡还浓，令人泪目。

---

① 朱自清：《背影》，《朱自清散文经典》，二十一世纪出版社2014年版，第31—32页。

三、将摄影理论运用于文学写作教学的优势与难点分析

摄影和文学写作有各自的语法，它们相互独立，各具魅力。但因为有艺术上的相通之处，加上摄影技术的普及以及“读图时代”的大众审美心理，将摄影理论运用于文学写作教学是值得尝试的教学辅助手段。

这也是一种学科交叉的有效尝试。英国著名教育家约翰·亨利·纽曼(John Henry Newman)对高校有过这样的描述：在这里“通过心灵与心灵的碰撞，知识与知识的交流，研究得以推进，学术的发现得到检验和完善”。[①]本科教育未必深入科学研究领域，但摄影与文学两个学科的碰撞也可能迸发出新的火花，给学生更多的启迪。退一步说，摄影理论作为知识的普及，对于学生审美品位的提高也不无裨益。

这种学科交叉对任课老师提出了更高的要求，其难点在于要求老师有一定的摄影理论基础。摄影是一门精细的艺术，初入门容易，要提高不易，它不仅要求摄影者有良好的艺术感觉，还要有过硬的技术。既能教摄影又能教文学写作的老师屈指可数，懂一点摄影知识的写作老师，可能存在摄影理论储备上的不足或者对摄影作品的理解和分析有偏差，这就使得这种结合产生了一定的难度。

在本文所做的探讨中，摄影只作为一种媒介手段，意在通过直

---

① John Henry Newman, *Historical Sketches(v3)*, ongmans,Green and Co., 1909, pp. 228-229.

观画面让学生较快速地获得各种感受,并最终落实在文学写作原理上,所以对摄影技术的要求并不是特别高,更重要的还是对美的感受力。艺术之美是相通的,若能掌握一些基本的摄影理论(当然越深入越好),做适当的尝试是可行的,这就降低了门槛。

综上,将摄影理论用于文学写作教学有一定的理论依据和可行性。摄影中的主题表达、构图方式、主体陪体、前后景设置与拍摄角度的发现等,都对文学写作教学有一定的启发。它不仅能使学生更直观地获得文学写作的理论知识,在提升学生审美能力方面也能起到一定的作用。“读图”可能是种“快餐文化”,有其弊端,但作为教学的辅助手段,它有尝试和探索的价值。

疫情背景下创意写作线上实习的设计与反思

郭　垚①

一、地方院校创意写作专业实习困境

创意写作学科经过十余年的不断发展完善，在上海大学、复旦大学以及人民大学等“双一流”高校的带动下，逐渐被国其他内院校认可接受，许多地方院校开始重视创意写作教学，并尝试设立“创意写作”“创意中文”等相关专业。对地方院校而言，课程体系和教学模式可以学习借鉴国外或本土高校经验，但学生实习实践却无法复制美、英、加、澳甚至国内“双一流”大学的模式。造成这种困境的主要原因有三：

第一，地方院校所在城市的文化产业发展较弱。中国的创意写作学科，从建立伊始，就有着比较明确的与文创产业对接的目标：“中国当代文学至此已经不再仅仅是所谓‘圣手’作家的天才事

① 郭垚，温州大学人文学院教师，文学博士，主要从事现当代文学研究和创意写作教学。

业,而是文化产业的一部分。”“创意写作不仅培养作家,还更多地着力于为整个文化产业发展培养具有创造能力的核心从业人才,为文化创意、影视制作、出版发行、印刷复制、广告、演艺娱乐、文化会展、数字内容和动漫等所有文化产业提供具有原创力的创造性写作从业人员。”①“创意写作学科的创生和建构是中国当下创意文化产业化发展的要求。”②

北京与上海这样的超一线城市,本身是文化产业重镇,对于坐落于这些城市的院校来说,学生的实习实践与产业结合紧密。以上海为例,据《2019年上海文化产业发展报告》,2018年上海市内容创作生产类实现增加值相较于2017年增长59.68亿元,内容创作生产能力显著提升。内容创作生产是创意写作学科毕业生主要对口就业方向,产业的稳健发展为学生就业创造了良好的外部环境。而二、三线城市,文化创意产业严重依赖政府的资金支持,虽有政策支撑,但总体发展较弱。与此同时,目前地方院校的就业导向又是服务于地方经济的,矛盾就此产生:长久存在的高校等级制度使得地方院校创意写作毕业生在超一线、一线城市竞争力不佳,但二、三线城市又因为自身产业发展平平,很难为毕业生提供对口工作岗位,导致学生实习实践乃至就业都比较困难。这是目前地方院校创意写作专业学生就业面临的最为显著的问题,但这一问题却鲜少得到关注。

第二,创意写作学科特色不明显,师资力量匮乏。除了就业环境等外在问题,一些地方院校,尤其是师范院校开设的创意写作专

① 葛红兵、许道军:《中国创意写作学学科建构论纲》,《探索与争鸣》2011年第6期,第69页。

② 葛红兵、高尔雅、郭彩侠:《高校中文教育改革与“创意写作”学科建构》,《当代作家评论》2014年第5期,第181页。

业,缺少鲜明的学科定位。比如信阳师范学院的创意写作专业“许多专业核心课程和实践性教学环节与信阳师范学院汉语言文学专业(师范类)课程基本重合……其在创意写作专业核心课程方面所占比例不高,专业特色不够明显”①。写作核心课程占比不高,并非由于院校对专业认知不明,背后症结其实是师资匮乏。一方面,由于写作学专业发展尚不成熟,专业教师较少;另一方面,地方院校也难以招聘到合适的职业作家来授课。学科特色不明显,师资力量较弱,不仅影响授课,更会连带影响到实习实践活动。创意写作的部分实践活动,类似学徒制。缺少专业的培养机制和富有经验的教师,会极大地影响学生实习以及职业生涯规划。

对于“双一流”高校而言,这两个问题相对容易解决。以复旦大学创意写作专业硕士点为例:“复旦大学的队伍里有六位高级职称的专职教师全程参与该专业的教育和培养工作。每位学生配备一个校内导师,还配备一个有文学创作和编辑经验的校外导师。”②“2013年和2014年暑假,复旦大学创意写作专业的31位同学先后到上海作协开展了为期一个月的专业实践。同学们分别到《上海文学》、《萌芽》、作协创联室、办公室、上海作协云文学网‘青年作家孵化基地’实习,并配备相应导师。”③尽管复旦大学的创意写作专业培养的是硕士,但也足以体现出“双一流”高校的师资规模。这样规模的师资配备和实习安排,显然是地方院校难以复制学习的。

师资力量的普遍匮乏遇到分散实习模式,让问题变得更为严重。分散实习时,学生往往更依赖企业导师在业务方面的引导,但

① 禹权恒:《地方性师范院校创意写作专业人才培养模式探究——以信阳师范学院为例》,《广西科技师范学院学报》2020年第2期,第7页。
② 王宏图:《创意写作在中国:复旦大学模式》,《写作》2020年第3期,第16页。
③ 王宏图:《创意写作在中国:复旦大学模式》,《写作》2020年第3期,第18页。

最终实习情况检验又掌握在校内专业老师手中，直接导致实习与考核的脱节。又因为师资匮乏，校内专业老师往往无暇顾及学生实习的落实情况，又没有足够的力量像“双一流”大学一样统一安排校外导师，使实习很容易变成“走过场”。但实习又是形成专业观念的重要环节，实习没有做好，很容易使学生放弃对口职业，转而寻求更为稳定但相对保守传统的工作。

第三，职业导向不明朗，学生没有形成专业实习意识。随着互联网经济的不断发展，文化创意产业的持续增长，就业市场上出现了不少新兴职业。20世纪初网络文学的兴起，孕育出庞大的网络写手群体。如今，自媒体、游戏、动漫等行业的强势发展再一次拓宽了文字工作者的就业道路，提供了大量文字创作岗位。但是，现实的岗位需求和地方院校学生的就业观念并不能对接。学生尽管爱好打游戏、看动漫、浏览自媒体、观看展览演出，热衷参与文化活动，但并没有意识到这些东西的创造与自己的专业相关。在地方院校，尤其是文化产业相对落后的地方，学生很难将这些岗位纳入自己的职业规划中。一方面，因为多数创意写作专业隶属于中国语言文学系，所以学生及其家长的就业期待往往和传统中文专业保持一致，均倾向于选择从事教师、公务员、记者、编辑等传统中文系热门职业。这就使得学生在实习阶段，往往很少选择文化产业相关岗位进行锻炼，而是把时间用来准备考研、考公务员以及考教师资格证，本应为至关重要的培养学生自主能力的实习活动，却变成了修学分完成的“过场”。另一方面，虽然当下是信息社会，本科生的视野越来越开阔，但囿于“毕业院校竞争力不足”“追求稳定”“向往体制内保障”等择业观，地方院校创意写作专业的毕业生还是会被传统具有“稳定”特征的岗位吸引。

创意写作的专业特点是应用性极强，几乎所有开设该专业的学校都会在培养体系里强调实训、实习、实践的重要性。但是在具体操作层面,因专业尚未形成足够成熟、科学的实习体系,加之地方院校受种种条件限制,创意写作专业培养体系在实习方面比较薄弱,大量空白地带有待填补。

二、线上实习——疫情背景下的一次实验

2020年初暴发的新冠肺炎疫情,不仅影响了高校教学,同时也给学生实习带来了极大的不便。以温州大学创意中文专业为例,按照培养计划,2020届毕业生本应在2020年3月至5月进行为期两个月的专业实习,修满学分。但由于各地防疫措施不同,且均以减少人员跨地区流动为防疫第一要务,学生无法按惯例进行线下实习,学院采用变通的形式保证2020届毕业生能够顺利完成实习任务。特殊的形势加速了创意中文专业实习改革的步伐。为了应对新冠肺炎疫情带来的新情况,也为了逐步突破地方院校创意写作专业面临的困境,温州大学创意中文专业针对2020届毕业生,设计了兼顾安全防疫与实践锻炼的线上实习方案。

线上实习方案分为两部分。第一部分为普通线上实习,是原有分散实习模式的线上版,即依旧由学生自主选择实习单位与实习岗位,教师进行辅助性指导。只不过出现了两个变化:一是允许远程实习、线上实习;二是要求学生必须呈现具体实习工作成果。远程实习与线上实习需要实习单位的配合方能实现,如果不是防疫的硬性要求,这项改革是很难获得实习单位配合进一步推进的。对于创意中文专业对口的实习单位而言,因为行业特征,不少工作完全可以线上完成,但如果不是防疫要求,企业还是偏向让实习生进行线下实践。可以预见,疫情缓解之后,线下实习依然会是主要

的实习方式。但是有了这次全国范围内大规模线上实习的经验，无论是实习单位还是参与实习的学生，都在一定程度上感受到了线上实习的优势，这就为日后逐步展开线上实习做了良好的铺垫。

远程、线上实习可以缓解因地方院校所在地文化产业不发达导致的实习岗位少的问题。以往的实习，学生往往倾向于选择院校所在城市或者家庭居住城市，这样一来，生活成本低，实习收益大。线上远程实习，使学生能够花费更少的生活成本寻求北京、上海、杭州等文化产业发达地区的实习机会。而这些地区的文创企业所提供的实习岗位，比起正式工作岗位更加易得。学生的实习成本降低，实习机会增加，实习地点选择范围更广。

在创意写作对口的实习领域，如新媒体、短视频脚本创作等文字工作量较大的岗位，线上实习具有明显的优势。这些岗位本身工作时间比较机动，沟通交流也主要依赖线上手段。对于企业而言，纯线上实习比之以往，要更加方便快捷，没有烦琐的线下入职，招聘实习生的效率也显著提高。许多创意写作相关的岗位，如文字创意、图形处理、数据搜集、资料编纂、策划设计等工作，线上实习适配度更高。有了这次的大范围线上实习实验，今后这些工作领域，也不妨鼓励提倡进行线上实习，不仅能够帮助企业减少成本，提高效率，还能为学生提供更多选择，一定程度上克服了因地区间文创产业发展不平衡造成的岗位少、对口难等问题。

除了对线上、远程实习的鼓励，温州大学创意中文专业为保证疫情期间学生的实习质量，调整了实习检验标准。过去，参与实习的学生只需要提交实习报告和实习日记等文字材料，由负责实习的教师鉴定即可。这样的实习验收容易流于表面，学生往往倾向于书写实习感受和心得，缺乏成果表达，我们无法深入了解学生实习的具体成果；加之不少学生的实习工作成果比较难用文字形式表现,如全部依靠文字材料检验,很难了解学生真实的实习情况。更系统、表达方式更多元的成果反馈不仅有助于提高实习质量,更能够搜集数据,优化培养方案。所以2020届毕业生的专业实习设计中,增设了成果验收环节,规定学生要在实习答辩环节,具体展示自己在实习岗位上参与的项目,可以是新闻稿、新媒体稿件、策划书、影视剧本、文案等文字成果,也可以是海报、录音、短视频等图像影像成果。在成果数量方面,由于岗位工作量不同,各岗位对实习生要求不同,只做最低限度的成果要求,不设定硬性标准,根据每个人完成成果的质量予以考核打分。在过去,这种分散实习如何评定成绩是一个难点,不少教学论文都反映了实习效果难检验的问题:"分散实习、自主联系实习的模式使学生如同断了线的风筝,专业无从掌控。除了专业无法了解学生是否真正参加毕业实习外,即便是那些参加实习的学生,他们是否就按照专业的要求全程参与,实习过程中是否遵守单位的规章制度,是否存在打折扣实习,实习过程表现如何?专业对诸如此类的问题也是'眼前一片漆黑',基本上无从了解。"[①]这种依据成果检验实习质量的形式,在一定程度上解决了分散实习考核难落地的问题,有助于在制度上规范分散实习成果考核。

三、线上自主实习——基于OBE理念的改革

如果说普通线上实习在一定程度上缓解了地方院校创意写作专业实习单位难找、考核难落地的情况,那么线上自主实习不仅进

① 颜贻极:《地方性师范高校非师范类学生毕业实习工作存在的问题及对策》,《现代教育科学》2014年第3期,第170页。

一步打破了实习的地域限制,更从根本上贯彻了 OBE(Outcome-Based Education,基于学习产出的教育模式)理念。

在温州大学创意写作专业实习的方案中,我们设计了由学生主导的自主实习项目,相当于向学生发布不同类别的课题,模拟具体实习场景,产出成果。我们将与创意中文专业相关的、可自行操作的、具有专业培训价值的工作分为三大类和一个专题,并规定了每个类别需要产出的成果量。

一是网络写作类:①微信公众号的建设。完整建设一个具有发布原创资格的公众号,发布文章不少于三十篇,文字量不少于三万字,原创内容在公众号中占比百分之六十以上,平均文章浏览量五十次以上。②在任意网络文学网站上登载自己原创网络小说作品,题材不限,要求必须有一定的完成度,起码讲述一个阶段的故事,字数在六万字以上,单章点击量二十次以上。

二是培训教学类:录制一门以"如何写好一篇作文"(小学、初中、高中不限)为题的简易网课,录制设备不限,录制软件可参考目前流行的超星、雨课堂、腾讯课堂等网课软件,录制场景不限。每节课四十分钟,一共完成六讲以上。

三是非虚构写作类:搜集相关家族资料,采访家中长辈,梳理家族的渊源历史,记录祖辈、父辈的奋斗历程和人生故事。要求内容真实,图文并茂,字数不少于一万五千字。

四是疫情专题:①选取任一地区(温州或各自家乡)主流报纸和流量较大的公众号,不少于四个,做一份该地区媒体对于当地疫情发布的调研报告。时间从 2020 年 1 月 20 日至 2 月 29 日,需要统计其报道数量、报道类型,并分析报道内容和传播影响;另附三篇以上你认为重磅的报道,并进行点评。字数不少于六千字。②某地区官方公众号传播影响力的调研报告。选择近半年来发布的内容进行分析，特别是分析公众号在本次疫情中发挥的作用。字数不少于六千字。③选择身边五个不同领域、不同类型、有代表性的人物进行采访，了解他们在此次疫情中的经历、见闻、感受，写作通讯报道。要求图文并茂，字数不少于一万两千字。④以“打好翻身仗”为题，出具一份针对文旅行业的行业宣传建议书，主要内容为如何在受疫情影响损失惨重的情况下扭转局势，应该采用什么样的营销宣传帮助“翻身”（可结合具体景区）。要求图文并茂，字数不少于六千字。

OBE最早开始于工程教育领域，后经过推广，近些年在国内受到大范围认可，成为热门教育理念，并收获不少应用实绩。OBE的核心即产出导向，必须有清晰的培养目标和能力指标，教学计划、课程体系最终都要服务于学生学习结果。目前对OBE理念的实践和分析，主要集中于培养计划的设置方面。专业实习这样的重要培养环节，本来最能够体现OBE成果，却往往最容易被忽视。温州大学创意中文专业这次特殊的实习模式，正是对OBE教学理念的贯彻和实践。

第一，每一类别的实习都要求学生自主完成，让学生在走向就业岗位前，率先尝试自己独立完成小型项目。这与创意写作（创意中文）专业的特性紧密相关。创意写作专业非常强调培养学生运用语言文字的能力，专业实习不仅可以让学生得到锻炼，更是一次对学生文字能力的检测。所以创意写作专业的学生实习，并不一定要有具体的实习单位，更需要的是实习场景。经营自媒体、网络小说撰写、短视频拍摄等工作都可以看作小型创业项目，布置相关实习任务相当于发布虚拟的实习场景，学生可将其视为创业实验。在温州大学创意中文的培养方案中，每一项写作类课程都有对应的实践和实训。但这些训练相对分散，在实习时能够聚合应用平时的实践训练,做出整体性成果,可以进一步巩固夯实所学知识,鼓励学生学以致用。

第二,这些实习项目充分结合专业特点,有着清晰的成果规定和目标导向。比如,自主经营公众号,不仅要求发布内容,更要求点击量,这就使这一工作不是简单地完成文字作业,发布上网,而是融排版、运营、营销为一体的实习项目。实习过后,学生不仅能够得到自己独立实践的成果,而且在这个过程中增强了独立就业的信心。前文已述,地方院校创意写作专业存在着职业导向不明朗的问题,学生只知道延续汉语言文学(师范)专业的就业路径,对自由职业和文化创意岗位缺乏认知。线上自主实习不仅可以敦促学生进行成果产出,而且能让学生在自主完成实习的过程中体验自由职业与创意职业带给人的获得感,从而拓宽职业视野,树立职业信心。不同类别的自主实习侧重点不同,网络写作类偏向自主写作,培训教学则偏向体制外培训业,非虚构与疫情专题重点训练融媒体从业能力。独立完成这些实习,不仅可以使能力提升、观念转变,还有助于学生积累经验资本。在实习答辩中,就有学生表示,自己经营的公众号受到了正在招聘的企业人力资源部门的关注,并肯定了她的写作水平和运营能力。这些实习成果区别于过去相对死板的实践报告和实践日记,更为生动立体地展现了学生的综合能力。

第三,过去的分散实习,往往出现企业(校外)导师学校不可控,校内专业导师无法有效指导的尴尬局面。又因为地方院校师资力量薄弱,很难在人员配置上实现双导师,所以往往使专业实习"不专业",效果不佳。选择线上自主实习项目,虽然由学生独立完成,但校内专业导师可以更好地进行跟进、参与实习指导。在学校缺乏资源配备双导师的前提下,起码专业导师可以承担主要责任,深度参与专业实习,并从中获取经验反哺教学。跟进学生整个实习过程后,校内专业导师对学生的实习成果给出的评价也就更为客观准确,更能起到激励引导作用。对于教师自身来说,指导学生自主实习也是对“三全育人”理念的实践,实现育人主体、时间、空间三个维度的有效协同,感受人人、时时、处处育人。制度性地跟进学生实习,有助于明确培养目标,明晰培养职责,明辨专业特色,在专业上指导学生,在观念上引领学生,在实践中教育学生。

四、线上自主实习常态化探索

温州大学创意中文专业的上述实践,在疫情比较严重的时期,为毕业生提供了更多更为变通的实习选择,帮助学生顺利完成实习的同时,也带来了全新的实习体验。线上自主学习可以在一定程度上解决地方院校创意写作专业的三个实习难题。首先,普通线上实习可以打破实习地域限制,减少实习生活成本,鼓励学生去文创产业更为发达的城市寻求专业对口的实习机会。线上自主实习更是以互联网为创业平台,地域因素的影响降至最低。其次,线上自主实习鼓励校内教师深度参与学生实习,在师资力量不足的情况下,可以更好地把控实习的专业性。深度参与实习后,也有利于对学生实习做出相对客观的评价。最后,无论是普通线上实习还是线上自主实习,都坚持成果检验,鼓励学生创造作品,完成项目,真正将所学运用到实践中。这样的过程有助于学生建立专业信心,增强职业意识,拓展就业方向。

但是,线上实习也存在很多不足。以温州大学创意中文专业2020届毕业生的这次线上实习为例,线上自主实习环节主要存在以下几点不足:

首先,囿于专业实习时间的要求,有些实习项目成果虽然达到标准,但仍处于半成品状态,一旦完成实习,学生因为临近毕业事务繁多,难有继续完善的动力,殊为遗憾。比如,有学生在起点中文网上连载玄幻小说,收获不少好评,但实习结束后,因为忙于寻找工作,小说就此搁置。一些从事新媒体创作的学生也面临相似情况。孕育孵化新媒体账号需要一定的时间,而毕业专业实习往往要求在一到两个月内完成,所以常常虎头蛇尾。所以,有必要放宽线上自主实习的时间范围,可以让选择线上自主实习的学生从第七个学期就开始准备,这样更有利于最终效果的呈现。

其次,实习项目设计较单一,而实际生活中的创业类目细分种类却很多,很难一一涵盖。比如本次实习中,有的学生独立经营哔哩哔哩动画网账号进行直播,学院鼓励这样的实习方向,却很难提前设定该类项目的实习内容和成果指标。还有一些学生从事抖音短视频创作工作。短视频有制作周期,可能一两个月内无法完成实习规定的额度,并且往往是团队协作共同完成,可能学生的脚本已经准备完毕,但成片还没有拍摄出来,这时就需要更为实际、宽泛的成果评判标准。与此相反,有些实习类目过于个人化,比如非虚构写作类,更类似课程作业而非实习,无法进行团队协作锻炼,设计上有待完善。

最后,一旦疫情有所好转,线下分散实习仍是主流,线上实习既要做到敢为人先,也要考虑实际情况,平衡好线下和线上实习的分布比例。大方向上依旧鼓励学生参与线下实习,到企业中锻炼,同时也要着手推广线上自主实习概念,并且将其和创新创业相联系,鼓励学生进行互联网创业。创意中文专业的部分学生曾经参与过创新创业大赛,学院不妨有针对性地帮助扶持这些学生进行线上自主实习,延续大赛成果。当然,有些学生是因为寻找实习单位困难才选择线上实习，误以为线上自主实习比较简单，有逃避竞争的倾向。一方面，学院必须更为合理地规划线上实习难度，并且适当加入团队训练元素，让实习变成就业前共同完成项目的沙盘演练，而非又一次以文字感想为主的课后作业；另一方面，还应对学生解释清楚实习政策和实习导向，实习的最终目的是服务学生就业，学生应该珍惜实习机会，按规定完成实习任务，不应认为实习只是形式，是耽误自己“考研”“考公”的绊脚石。

创意写作专业是一个应用性很强，强调创意、实践的专业。相较于传统中文系，创意写作专业与互联网经济、文化创意产业联系更为紧密。正因如此，创意写作专业的实习也就具备了线上操作的可行性。尤其是地方院校，线上自主实习不仅可行，同时也能冲破一些固有限制，为困境提供相对有效的解决之道。要想使线上自主实习逐渐常态化，必须不断完善实习方案，在实践中打磨实习设计。在大方向上，要将线上自主实习变成分散实习的重要选项，有针对性地鼓励有能力的学生参与进来；在方案设计上，要考虑实习的难度系数，尽可能与线下实习相协调，不能让线上自主实习成为“更容易”的实习选项；师资配备上，在鼓励校内教师深入参与的同时，学院也应该加大投入，尽可能多地利用学校资源，帮助学生创设实习场景，邀请校外导师进行短期项目指导；在实习考核方面，重视成果呈现，鼓励多元成果；并且可以联通兄弟院校，一同制定更加合理更加与时俱进的实习标准。温州大学创意中文专业将不断完善发展线上自主实习的方案，进一步细化、落实各项标准，克服地方院校创意写作专业的种种限制，提高实习教学质量，以学生为中心，贯彻OBE理念，培养学生，服务社会。

他山之石

英语写作中的创意教学设计与实践

顾 弘[①]

英语写作教学作为培养英语专业知识应用型人才的一个主要课题，无论是加强学生英语写作能力，还是培养学生英语实际应用能力，都显出必不可少的作用。

近些年来，英语写作教学也在不断地改革和发展，从提倡“写长法”“体验英语写作”到提倡“思辨英语写作”，逐步从枯燥单调的传统写作教学发展到注重培养学生思辨性思维的过程，使学生在积极写作中寻找解决问题的方法，激发他们的写作灵感，锻炼他们的思辨能力，从而灵活自如地写作。

2012年，英语创意写作作为选修课程在浙江理工大学英语专业三年级开设，和高级英语写作课相配合，给学生创造自由创作的学习机会。英语创意写作的教学其实也是对学生进行创新思维能力的训练过程，而创意在英语写作中起到了非常重要的作用。它不仅需要用英语来写作，而且也鼓励学生通过观察身边发生的故

① 顾弘，浙江理工大学外语学院教授，主要从事英文创意写作教学与研究。

事，表达自己的感受，让读者更深切地体验英语语言的魅力和感染力。

写作中的创意是每个学生集思想、观点、情感、人物、情节以及故事等多种因素来进行思维创作的过程，更好地促使学生进行创意思维的写作也是每个写作教师面临的挑战。为了体现创意写作过程中的新颖性、方法多样性、内容创新性的特点，教学过程一般分为三个阶段。

一、教学第一阶段：触动写作灵感，启发创意思维

初级阶段，学生分成几个思维训练小组，进行写作相关的初级训练，通常采用先口语表达后写作的形式。教师给出不同的练习方式引导学生进行自由表达，对于学生的想法给予肯定和鼓励，使学生在一个轻松自由的学习氛围里积极思考，不断激发学生的灵感，进行创造性思维。

例如句子接龙。先让学生说出一句话，此后的学生复述前面的句子后再加一句，以此类推，要求句与句之间有逻辑关联，直到最后的学生完成一个完整的故事，要求故事有情节，结尾有惊喜。

再如单词创作。给学生六至十个单词，学生必须用给出的单词编写文章，可以用叙事体也可以用抒情诗；或者只给一个单词让学生独立创作，从各自不同的理解来诠释单词的意思，抒发自己的情感。如要求学生就Key这个单词进行创作。学生给出了很多不同的想法："The Key to Life""Find Your Key""The Skeleton Key""The Key to Your Inner World""If I were a Key"等。有学生以"The 88 Keys Formed His Life"为主题，以钢琴琴键来书写人生，创造性

地呈现了对于key这个单词的遐想。

又如看图说话。鼓励学生对图中情景进行多角度想象,表达自己的感受。给学生一张红玫瑰的图片,学生描述各类意境:"Invisible Love Between My Parents" "The Wedding Day" "First Love""It Feels Good To Be Concerned With"。在"The Red Rose"题下,学生写道:When she was 5 years old, she was stopped and robbed of crystal hairpin in the alley of slum by several naughty boys. She cried out at one stroke when a boy ran to drive away those guys, and then he held her hand to send her home. She forgot to ask his name, only remembering the warmth of his palm. .... Later, an old man with a blind old women was trembly walking on the red carpet, smelling the sweet fragrance of the red rose in the hall. With tears in her eyes, she felt as if she were like the little girl handed by him 70 years ago. 对于爱情的向往跃然纸上。

这个阶段的教学强调观察、思考和头脑风暴。在这个学习过程中,创意性思维会经常激励学生审视自己的想法,理顺自己的观点,并把它们合理组合成文字,进而流畅地表达出自己的思想。

二、教学第二阶段:汲取知识营养,提高语言技能

中期阶段,把学生分成不同的阅读讨论小组,进行写作相关的分享评判,往往采用先讨论后改写改编的形式。

作为输出性的写作创作一定要有不同输入性知识的积累。所以在这个过程中,要求学生阅读各种文本并注意观察其语言表达形式、文章体裁,尤其是叙事技巧、修辞手法等,使学生有范文可

依、有内容可写，实现语言输入与输出的有机结合。

课前学生以小组为单位进行课外阅读、赏析和写作，课堂上学生就文章中不理解的内容提问，或就作品进行评判。在整个过程中，学生都要进行批评性思考，就某个普遍问题开展以全班为单位的研讨会，从而培养学生积极主动的探索能力和团队合作精神。

作品一般分成以下几类：一类是学生自己创作的作品。要求学生对于自己或同伴上传的作品认真阅读分析，用批改的方式进行讨论，因为作品是学生表达思想、感受和情绪的结果，通过相互讨论，可以有很好的交流和合作，激发他们再创作的冲动。如《一份沉默的爱》学生习作，先要求学生自我审批、同学互评，然后全班批改，从题为 A Good Story with Poor Expression 改成 Two "Mutes"，让学生真正感受到火花碰撞、思维共通的学习，从而在原作品的基础上增加了故事的悬念，有了更好的润色和修正。

一类来自英美文章，以短篇作品为主。学生通过阅读分享，去探索作者的写作意图，感知不同的语言内涵，充分体会语言表达情感的乐趣，用自己的理解去改编和再创作。如 Roald Dahl 的 The Taste，要求学生根据自己的理解改编成剧本；利用"综合英语"教材以"主题"作为编写基础，教师有意识地将每个单元围绕一个主题或话题展开，引导学生学习讨论感兴趣的相关议题，如"社会热议的大学教育问题""如何处理好教师与学生的关系""爱的力量""艾滋病的防范""牛仔裤文化"等，将视野由课本扩展至课堂之外，把课文所涉及的问题与现实社会联系起来，使学生产生内在的情感表达需求，用已有的社会文化知识和现有的英语语言能力去思索、发现、判断和解释新的问题或体验，培养他们的创新思辨能力。

另一类来自音频、视觉、网络等新媒体素材，如 TED 演讲视频等。这些不拘一格、日新月异的媒体文本可以提供给学生不同领域、不同时刻的丰富信息，各式各样的叙事声音、人物形象、场景设置以及语言风格，能给予学生广阔的想象空间，激发学生领略语言叙事和人物抒情的作用，使写作具有主题性和社会性以及当下的意义，培养学生把随时随地全方位汲取灵感的能力变为一种本能。

这个阶段的教学强调分享、讨论和改编。通过这两个阶段的学习，学生认识到英语写作并不是一个独立创作的过程，它也可以是通过合作来进行集体学习的过程。学生从初期的自我理解和思维想象，到第二阶段的合作评估和文本学习，在课堂环境下，经过相互质疑、激烈辩论和共同思考，提高他们的沟通能力和合作能力，从而训练他们对各种问题深思熟虑，不盲从不固执，能以开放的态度理性地倾听和接受各种不同的声音，从而创造出更有新意的文章。

三、教学第三阶段：提高自我认知，提升写作能力

最后阶段为创意写作的真正阶段。到这个阶段，学生在课堂里已经建立了较稳固的有集体目标的写作小组，在这个既有支持力又有协作力的小组里，学生愿意展示他们丰富的内心情感世界，在写作中既有协作又有竞争，便于他们独立创作出各自的创意作品。

这个阶段的练习有两种形式：即兴创作和课后写作。即兴创作是教师设定一个特殊的场景，要求学生通过创新思维，从单一的内容要求中去发现多个相关的有用点，通过反思、质疑、互论等一系列思维活动，在写作中完整地完成写作。课后写作则要求学生完成读书报告、日记、小说、剧作、博客等多种小说或非小说的自由

创作。有学生自己开设了博客(博客名为"小星星红嘟嘟的空间"),已发表一百七十一篇文章。

创意写作需要有创意或创新的思考,这种思考可以开辟新视野、新方法、新角度,引导学生对一个事物或问题给出各种不同的解决方式和进行多种不同的挑战,从而激发学生对世界充满想象力的写作兴趣。即便是同一个故事,学生都可以从各自的角度用完全不同的表现手法和写作技巧来创作,如对叶子和花瓣的描述,"The Change of A Maple Leaf's Life"和"Seven Petals"的学生作品中就透露出他们自己的生活态度和真情实感。这个阶段的教学强调创作、交流和再创作。

由于创意写作要求在创造条件和自由表达的空间之间保持平衡,具有很大的挑战性,在教学过程中我们存在很多的不足与缺陷。一是课堂讨论时间不可控,导致思维活动不够深入。二是学生语言水平不同,造成表达语言简单粗糙,语言设计不完善。最重要的是在这个创意教学中,不仅要求学生富有想象力,超越局限,保持对世间事物的新鲜感,而且需要教师具有丰富的知识面、扎实的语言能力和无限的创造力。诸多因素使这门课程没有继续在浙江理工大学开设。但即使有很多的不足,我们还会在写作教学的改革中不断尝试,希望我们的尝试能提供给学生多维度思考、反思生活的机会,提高学生理解作品体裁和语言内涵的能力,学会品味作品,而这些又能同时与他们个人的思维想象、思辨创新产生共鸣,从而使他们进入他们最喜欢的创作氛围里。如果这就是成功的话,那么作为他们的老师,我希望能送给他们这把开启成功大门的钥匙,使他们在英语创意写作的道路上成功解锁,有所收获。

新加坡中学华文创意写作实践

——“驻校作家计划”

[新加坡]荣丽春[①]

“创意写作”(Creative Writing),也可译为”创造性写作”,原指英美大学语文系开设的一门与文学创作有关的写作课程及其写作形式。[②]复旦大学葛红兵教授在2004年从英国访学回国之后,就把创意写作这一概念引入学界。国内著名高校纷纷开设创意写作专业。新加坡南洋理工大学中文系在2014年8月也推出了创意写作副修课程。由于新加坡大学数量不多,而且从网站资料来看,只有南洋理工大学中文系开设了创意写作课。因此,本文从新加坡中学创意写作实践入手,主要探讨“驻校作家计划”的实施过程及效果。新加坡中学的教育体制与中国的不同,因此本文在介绍新加坡中学华文创意写作概况之前,先介绍一下新加坡中学的类别以及中学写作课程概况。

---

① 荣丽春:新加坡南洋理工大学汉语国际教育硕士,新加坡ISS国际学校高级教师。

② 安德鲁·本尼特、尼古拉·罗伊尔:《关键词:文学、批评与理论导论》,汪正龙、李永新译,广西师范大学出版社2007年版,第83页。

一、新加坡中学概况

新加坡是一个实行精英教育体制的国家，学生在小学三年级就开始进行分流，小学六年级离校考试后学生会根据分数申报不同类别的学校，中学教育实行差异化教学，因材施教。根据新加坡教育部网站上的信息，新加坡中学分为政府中学、政府资助中学、自主学校、专科自主学校和专科学校这五种类型。政府中学是四年制中学，学生在中学四年级毕业后要参加O水准考试来申请初级学院(Junior College，JC)。自主学校和专科自主学校是六年制的直通车学校，学生在修读完四年中学课程和两年初级学院课程后，通过A水准成绩(其中有三所学校有IBDP，即International Baccalaureate Diploma Programme)申请大学。专科学校是为那些在小学六年级毕业考试后不能进入中学学习的学生提供符合要求的课程，并且以实践学习为主，目的是让学生在走入社会之后更好地适应社会，有一技之长。在新加坡的中学中，由于历史遗留下来的传统，有男校、女校、英校、华校。莱佛士书院和华侨中学被公认为新加坡英校和华校的顶尖学校，每年都有大批学生被牛津剑桥和美国很多高校录取。在教育部列出的一百五十二所中学中，其中有十一所是华文特选学校[1979年被选入的特选学校有圣公会中学、新加坡公教中学、华侨中学、中正中学(总校)、德明政府中学、海星中学、南洋女子中学校、立化中学、圣尼各拉女校，2000年南华中学加入，2012年南侨中学加入]，在这些中学的“特别源流”班开设英语和华语作为第一语文并重的课程。这些华文特选学校肩负着为新加坡培养双语人才以及传承华族传统文化的使命，挑起了为华文教育薪火相传的重任，它们在校长刻苦经营和全校师生的努力下，后来都发展成为新加坡的名校。

之所以要提到新加坡中学以及华文特选学校，是因为这些特选学校基本上又是自主和自治学校，他们有相对的自主性，可以在教学大纲范围内设计校本课程，并根据学生的能力灵活设计课程。为了推进母语教学，各学校采取各不相同的写作教学模式。显然，这些学校学生的整体华文水平很高，写作能力自然也很强。在驻校作家计划项目的实施过程中，很多被选入选集的优秀作品出自这些特选学校的学生之手。

二、新加坡中学华文写作课程概况

新加坡是一个由华族、马来族、印度族三大种族组成的多元语言、多元文化的国家。自新加坡1965年独立建国以来，双语教育即成为主流教育体系的基石。所有新加坡学生除以英语为主要教学语言外，还必须修读所属族群的"母语"课程。[①]华族学生自然从小学就要修读华文课，小学阶段的华文课程分为普通华文和高级华文。到了中学阶段，由于学生语言背景和语言能力不同，为了因材施教，根据新加坡教育部中学华文课程标准(2011)，中学华文课程包括华文(基础)、华文(B)、华文(普通学术)、华文(快捷)与华文(高级)五门课程，其写作教学特点(根据2011年中学华文课程标准整理)见表1。

① 吴英成:《新加坡双语教育政策的沿革与新机遇》,《台湾语文研究》2010年第2期,第63页。

表1 新加坡教育部中学华文课程标准(2011)

	华文（基础）	华文（B）	华文（普通学术）	华文（快捷）	华文（高级）
写作技能	10%	20%	30%	30%	45%
读写能力等级	3	4	5	6	7
写作能力	能初步运用基本的写作技巧；能写简单的记叙文；能写比较简单的实用文	能运用基本的写作技巧；能写记叙文和简单的说明文；能写简单的说明文	能运用复杂的写作技巧；能写记叙文、说明文和简单的议论文；能写比较复杂的实用文	能综合运用写作技巧；能写记叙文、说明文和议论文，并初步进行简单的文学创作；能写复杂的实用文	能写记叙文、说明文和议论文，并进行简单的文学创作；能综合运用各种表达方式，写复杂的实用文
识读字、识写字	能认读1500—1600个常用字，能写其中的1000—1100个字	能认读1600—1700个常用字，能写其中的1100—1200个字	能认读2200—2300个常用字，能写其中的1800—1900个字	能认读2400—2500个常用字，能写其中的2000—2100个字	能认读和写2700—2800个常用字
适用年级	中一到中四	中一到中四	中一到中五	中一到中四	中一到中四
华文周课时	2	3.75	3.75	3.75	4.25

从表1中可以看出，新加坡中学的华文教学在课程标准的框架下，因材施教，写作的知识和技能要求也从基础华文到高级华文逐渐提高。新加坡的华文教学根据学校性质也呈现明显的差异化倾向，华校基本上开设高级华文课程，所有中四的学生如果在中四的华文O水准考试中通过了，到了初级学院就不用再学习华文了，如果没有通过O水准华文考试，还要在初级学院（中五）继续学习华

文(普通学术)。从表1中还可以看出,华文写作技能的要求也逐级提高,到了高级华文阶段达到45%。了解了新加坡华文写作教学的大致概况后,我们对后面的中学华文创意写作教学就会更容易理解。

三、新加坡华文创意写作实践:“驻校作家计划”

“驻校作家计划”是由新加坡“推广华文学习委员会”主导,为提高中学以及初级学院华文写作能力而推行的专项计划。

推广华文学习委员会成立于2005年,其宗旨是为学生营造一个学习与应用华文的大环境,争取华社对华文教学改革的支持以及加强学校、社区组织和媒体之间的合作。2007年,推广华文学习委员会与新加坡作家协会合作推广“驻校作家计划”。本计划借鉴其他国家和地区的经验,结合本地客观现实环境确立了一套校园写作推广机制,邀请本地知名作家到学校为学生提供华文写作培训,以提高学生的写作能力,同时激发学生对文学鉴赏与创作的兴趣。这项计划包括五个部分。

(一)铺垫部分——文学论坛

文学论坛分为面对学校师生的校园场和开放给社会公众共同参与的公开场。每年邀请两位海外知名作家以及三至五位本地优秀作家举办文学讲座,具有广泛普及推广的作用。在举办的文学论坛活动中,曾邀请中国和马来西亚著名作家等前来演讲。还曾特别邀请过中国作家协会主席铁凝女士担任论坛主讲嘉宾。本地著名作家尤今、艾禺、陈志锐、君盈绿、周德成等,也都曾受邀在论坛上分享他们对文学的看法和写作心得。

(二)核心部分——驻校指导

“驻校作家计划”主要由推广华文学习委员会的习作组负责，协作组掌握参与驻校作家的名单和有意向邀请作家入驻校园讲授写作的学校名单。通常在每个学年初，写作组在作家和学校之间做好协调沟通工作后，就由学校直接与对接的驻校作家联系，具体确认驻校时间以及课程安排。驻校作家一般每周入驻校园一次，每次两小时，四堂课，共计八小时。以教授写作方法、分享写作经验为主要教学内容，鼓励学生进行文学创作，收集学生作品，并把优秀学生作品推荐给写作组青春文选编委会，编委会进行筛选后，获选作品将收录在每年4月出版的《“驻校作家计划”学生作品选集》中。2007年第一批驻校作家有尤今、英培安、艾禺等十六位新加坡本土作家。随后每年参与的驻校作家人数都有二十几位，2011年曾多达三十位。报名参与驻校作家的学校也在逐年增多，每年通过“驻校作家计划”受惠的学生人数近千名。例如，新加坡南洋女子中学就设有尤金创意写作班，写作班通常经过筛选或华文老师推荐，挑选华文写作能力强的学生，一个班通常不到二十人。又如，南华中学邀请新加坡本地著名作家虎威给部分中一和中二的学生进行散文写作培训。老师以理论与实际相结合的方式，先进行理论教学，然后让学生自己动笔写作。学生都能从一无所知到独立写出一篇通顺的散文，激发出对文学鉴赏与创作的兴趣和潜能。

(三)跟进部分——出版学生作品及颁发证书

“驻校作家计划”的实施效果，是通过驻校作家推荐学生作品显性表现出来的。被推选的作品经过筛选、整理后结集出版。目前已经出版了十二本作品集，两本十年特刊（诗文卷、小说卷）。2008—2020年共出版十二部“文学四月天”系列青春文选，依次为《青春物语》（2008）、《青春摩天轮》（2009）、《青春滨海湾》（2010）、《青春花季》（2011）、《青春风雅颂》（2012）、《青春漂流记》（2013）、《青春脸谱》（2014）、《青春洋溢》（2015）、《青春本色》（2016）、《青春南洋风》（2017）、《文字拼图》（2018）、《春华秋实》（2020）。文集中的作品体裁包括诗歌、散文、短篇小说、微型小说、闪小说、新诗、广播剧、剧本、歌词等。学生以华文记录情怀，抒写情感。目前，“驻校作家计划”每年都有超过一千名学生参与，当中近百篇优秀作品就收录在每年的青春文选当中。

（四）延续部分——写作新秀培训

在新加坡，有关文学创作方面的培训始终十分匮乏。推广华文学习委员会写作组于是决定有规划、有系统地为莘莘学子提供这方面的训练，以增强学生用中文写作的信心，并为本地华文文坛培育新一代的写作人才。他们的优秀作品有机会获得推荐和发表，主办单位也能及时将学生作品精选后结集出版。此外，对于个别表现突出的学生，也有机会开展“一对一”具有针对性的进一步提升计划。自2010年开始的“写作新秀培训”，通过不同方式强化并巩固计划的执行效果，使学生得到更多鼓励、发表和发展机会。

（五）扩展部分——驻校作家校园讲座

“驻校作家计划”开展以来，几乎所有的华文特选学校都纳入了这个项目。主动申请参与“驻校作家计划”的学校也曾达到五十七所（2012年）。为了让更多学生受惠，有些学校在作家驻校指导之外，还单独邀请作家进校园讲座，让全年级或全校的学生都有机会通过讲座与作家见面，聆听作家的写作经验来获取一些写作知识和灵感。

四、结语

新加坡是华族人口占多数的国家，华语与英语、马来语、泰米尔语同为官方语言。由于英语的优势地位，学生不重视华文，中学华文如本文第一、第二部分所介绍，依据不同学校类型因材施教。“驻校作家计划”为新加坡中学华文写作及创意写作打开了一扇门，让学生接触本地作家及其文学创作，在能够产生未来作家的园地里，播撒文学种子，开拓耕耘，希望假以时日，能看到成效和收获。[①]正如推广华文委员会主席刘燕玲女士所言，“驻校作家计划”不仅指导学生如何运用语文、如何通过不同的文体和文字表达情感，也让学生有机会通过写作对切身的课题深入思考。写作不仅仅是一项施展语文能力的活动，更是一个反思价值和思维、分享生活体验的过程。[②]

---

① 蔡志礼、希尼尔、艾禺主编：《文学四月天系列文选10 青春南洋风》，推广华文学习委员会2017年，第222页。

② 蔡志礼、希尼尔、艾禺主编：《文学四月天系列文选10 青春南洋风》，推广华文学习委员会2017年，第4页。

澳大利亚创意写作掠影

[澳大利亚]刘俊娜[①]

一、澳大利亚创意写作学科发展历程

澳大利亚创意写作史本身就是澳大利亚文学史。人们普遍认为,1996年,澳大利亚写作协会(Australian Association of Writing Programs,AAWP)的成立是创意写作成为澳大利亚大学的一门专业性学科的标志。如果在澳大利亚AustLit数据库中检索"创意写作"字眼,最早出现的时间是1999年,距离美国哈佛大学第一次公开教授创意写作课程,大概有一百年。与美国创意写作产生模式不同,澳大利亚创意写作的产生更像一种无目的的机缘巧合,没有任何一个个人或者机构可以被认为是学科的创始人。虽然"创意写作"一词早期不断在澳大利亚教学系统中出现,但更多的是作为一种辅助的教学手段而呈现,作为文学或文化研究的附属品。1999年,新南威尔士州(新州)教育培训部的报告中曾经提到,"创意写作"是英语教学领域的一项重要活动,其目的是娱乐。

① 刘俊娜,澳大利亚弗林德斯大学传播学硕士。

“创意写作课程”最早引入澳大利亚是作为中小学教育的课程，而且这种创造性写作并不具备任何文学色彩。直到今天，中小学的创意写作课程在澳大利亚仍很盛行，有很多培训机构，包括作家协会都有儿童创意写作课程。创意写作最早进入高等教育领域是从师范学校开始的，旨在培养教师的创造性写作能力，从而更好地进行教学实践。1962年，悉尼师范学院的杂志《曙光》(*Drylight*)中，A. D. Hope曾经提到他在美国和加拿大访学期间对创意写作课程项目的一些见解，于是他在该校试上了一门创意写作的实验课程，以鼓励一些有写作经验的教师在教学时可以适当扩展写作知识和写作方式，这也因此被认为是澳大利亚高校教育的第一节创意写作课。

任何一个文学体系的形成都与其历史文化背景关系密切，澳大利亚写作体系的形成也深受英国文学的影响。然而，创意写作的产生既离不开英国文学，又带有其自身的历史特点。1997年，利戴尔(Leigh Dale)在《英国人》一书中曾经提到，澳大利亚大学英语教育是保持与英国联系的一个必要纽带，也是以这种“英国化模式”来消除澳大利亚第一批移民的罪犯属性以及殖民地位。虽然19世纪中后期，澳大利亚与亚洲及美洲的联系日趋密切，但是英国化始终是澳大利亚的文化根基。很多学者认为，正是这种英语文化阻碍了创意写作在澳大利亚作为一门学科的发展。早期大学的英语课程，基本上是对英国文学文本的接受和阅读，缺少辨析性，写作课的主要内容是文学写作。因此，创意写作的出现在某种意义上是对英语文化的一种叛逆与调侃。

二、澳大利亚高校创意写作起步

推动创意写作走向专业化的关键原因，不仅在于个人愿望的表述，而且在于需要一个特定的文化环境。随着20世纪60年代末到70年代初澳大利亚新写作热潮的出现，一些短期班或者夜校开始开设创意写作课程，很多人在这一时期开始投入写作的热潮中，并且由于当时免费期刊和小型出版物的盛行，越来越多的人考虑到自己文章发表的可能性，或者成为一名专业作家的愿望得以实现的可能性，于是写作逐渐开始在一些大学里占有一席之地。

事实上，澳大利亚高校创意写作是1960—1990年澳大利亚高校教育体制和学科改革的产物。1961年，澳大利亚联邦政府任命一个调查委员会，对高等教育发展情况进行调查并且提供一些建议。结果显示，教学多样化和技术教育需求不断扩大的呼声特别强烈。所以在这种反对传统教学形式的形势下，20世纪80年代末到90年代初，堪培拉高等教育学院（The Canberra College of Advanced Education）、西澳大利亚理工学院（Western Australian Institute of Technology）和新南威尔士州理工学院（New South Wales Institute of Technology）率先设立了写作专业，这也为创意写作成为一个学位专业的发展奠定了基础。之后，麦考瑞大学（Macquarie University）和迪肯大学（Deakin Univerity）率先开设了创意写作的专业课程。卧龙岗大学（The University of Wollongong）是澳大利亚境内第一个开设“创意写作”本科专业的大学，也是第一所可以通过提交一部小说、戏剧，或者诗歌作品来获得学位的大学。卧龙岗大学1985年的学生手册中提到，创意文学学士的培养目的是“寻求培养具有技能灵活性和富有创造力的艺术家”，学生需要通过不同艺术形式的理论和实践来丰富他们自身的知识建构。到2010年为止，创意写作已经在政府优秀调研项目（ERA）中，获得了比文学和文化创作更高的科研成果。

三、澳大利亚创意写作与土著居民(Indigenous)文学创作

土著居民(Aboriginal and Torres Strait Islander people),也叫第一民族(The First Nations),是澳大利亚本土的原始居民,由上百个不同语言、历史和文化传统的群体组成,土著文化也是更加纯粹的澳大利亚本土文化。在当前的文化现象中,由于西方标准的过度强调和影响,本土叙述的作品经常被忽视或者被边缘化。近几年,土著文化得到澳大利亚政府的重视,澳大利亚人文学科研究基本上要覆盖和涉及这一领域,这也是近期澳大利亚人文研究的特色。

土著文学作家在澳大利亚文学史上开创了一个全新概念。土著文化是一种口口相传的文化,直到今天还有很多专门的类似于"说书人"的角色。他们通过自身的创作,将他们的生活呈现在文学作品、艺术品和舞台银幕上。同时很多作家也都从土著居民的声音、故事、恢复力和创造力中得到灵感。而土著居民的写作,无论是土著居民作为作者的作品还是由土著文化延伸出来的作品,以及口述历史被再抄写的作品,都是创意写作不可或缺的一部分。在悉尼大学创意写作的很多课程中,土著文化的内容都有所体现,比如后殖民主义和澳大利亚舞台与银幕等课程,同时这也是专业实习课程考核中的一部分。以堪培拉大学(University of Canberra)创意写作课程为例,2015—2017年,曾经专门针对土著文化研究做了一个创意写作项目,通过不同背景下土著居民的故事讲述,从历史的源泉、文化意识、演绎、国家的声音、叙述的责任等几个方面进行研究,从而推进土著文化和创意写作相结合。

四、澳大利亚高校创意写作课程概况

创意写作是高等教育中后劲增长很强的一个领域，这和创意产业和创意艺术的发展密不可分。澳大利亚联邦政府和各个州政府都很支持创意文化产业的发展，以获得更多的国际机会和经济效益。所以在澳大利亚高校中，很多科目都会用“创意”来突出其自身特点，比如昆士兰大学的创意工业学院有超过一百个以“创意”开头的学位和课程。

在澳大利亚的高校中，从本科到博士阶段都有创意写作课程。澳大利亚迄今为止一共有四十三所综合性大学，基本上每所大学都有与创意写作相关的本科课程或者学位点，全澳大利亚大学中有超过七十个与创意写作相关的项目，二十一个创意写作硕士点。这些课程有的隶属人文学院，有的隶属艺术学院，属于创造性艺术学位下的创意写作方向。

澳大利亚创意写作课程和其他学科的兼容性很强，各学科课程交叉重叠，除了本身的文学类科目以外，还包括视觉艺术、工艺设计、舞台表演艺术、影视艺术和电子媒体产业等，甚至包括建筑景观和烹饪艺术。以悉尼社区大学的创意写作课程为例，就包括以下几个主要方向：浪漫写作讨论课、回忆录、当代诗歌、歌词创作、剧本创作、日记、旅游写作、文案写作、小说、纪实文学、网文等。

另外，因为是在澳大利亚文化背景下学习创意写作，所以该类课程对英美文学介绍较少，更多的是对澳大利亚本土文学作品和作家进行研究和学习。以墨尔本皇家理工大学(RMIT)为例，自2009年创立创意写作本科课程以来，学生一直以澳大利亚本土学生为主，留学生所占比例不大。第一学年，学生会接触到电影研究、哲学、文学研究以及澳大利亚当代写作。从第二学年开始，学生就可以根据自己的兴趣选择写作或者文体写作。在一年级的主体课程“澳大利亚当代写作”中，对“写作”一词进行了丰富的解释，包括其在诗歌、小说、文学期刊、影视评论、学术期刊等的体现。在2011年的课程中，研究对象均为本土作家，如蒂姆·温顿(Tim Winton)、汤姆·曹(Tom Cho)、凯特·肯尼迪(Cate Kennedy)、金·斯科特(Kim Scott)、凯特·格伦维尔(Kate Grenville)和南·勒(Nam Le)。所有的研究文本也都是以澳大利亚本土为主。同时，为了避免忽略历史背景的情况下对当代文学的浅显化研究，又将本土早期文学作品与当代作品进行了对比研究。

下面谈谈悉尼大学的创意写作课程规划。

悉尼大学是澳大利亚本土八大高校之一，各项综合实力在澳大利亚都属于领先水平。艺术人文学科就业率在澳大利亚排名第一，在2020年世界大学排名中处于第二十二位。澳大利亚大学普遍重视实践性以及学科的交叉性，悉尼大学艺术与社科学院2020年学生手册中提到(2019)，创意写作课程在提高学生写作、结构和编辑的核心技能，理解写作的理论、历史以及实践的基础上，探索和发展学生在小说、纪实文学、诗歌和其他形式文体方面的写作能力，同时为学生创造更多与社会密切接触的相关活动、专业实习和实践讨论课。比如，帮助学生联系并参与一些境内主流的文学文化事件，定期安排集体阅读活动、跨学科实践讨论课、舞台表演等。创意写作课程还提供了很多实践单元，包括以研究性为主导的创造性实践、批判语境下的创意写作、文学变迁、作家日常和以悉尼为文化中心的核心单元。悉尼大学创意写作课程在澳大利亚具有最密集的研究型课程，其宗旨就是“探索、求知、创造和实践”(Critical, Curiosity, Creativity, and Craft)。

悉尼大学创意写作硕士课程和本科课程都要求学生最少完成七十二学分。到2020年春季学期为止,本科课程和硕士课程一共有七十一门,包括选修课和必修课(见附录)。教师队伍也包含着特别多的一线作家,除了澳大利亚三大期刊的诗歌编辑(*Southerly*的Kate Liiley、*Meanjin*的Judith Beveridge和*Overland*的Peter Minter)以外,还有至少三十名一线作家以及项目合作者。

五、澳大利亚创意写作相关活动

首先,作家节(Writers Festival)。澳大利亚每年有五个主要举办城市,分别是悉尼、墨尔本、布里斯班、珀斯和阿德莱德,节日内容和演讲内容在官网上同步发布。除了这几个主要城市的大型作家节,在其他城市和地区还有上百个写作类活动或者节日。

其次,作家中心(Australian Writers' Centre,AWC)。作家中心会面向社会开放很多与写作相关的课程,包括创意写作、自由写作、商务写作等。教授对象从儿童到老年。

再次,写作社区(Community of Writers)。每个州会有自己的写作社区,比如新南威尔士州有写作社区The writing NSW。写作社区同样会提供一些简单课程,比如网络课程、一天课程等。同时,也会举办一些定期的作家演讲会和文学作品讨论会。另外,写作社区会有自己的图书馆,同时写作社区每个月会举办和参加二十多个与写作相关活动。

最后,写作讨论会(The Writing Workshop)。澳大利亚写作讨论会的宗旨是"创造力、读写能力、自信、感恩、大脑的智慧、无限的乐趣",主要针对中小学生群体、教师群体以及社会写作爱好者群体。写作讨论会定期举办一些实践类讨论会,以增加上述群体对写作的信心和能力,并为他们创造更多与写作相关活动接触的机会。

附录 悉尼大学2020年创意写作课程体系

序号	学期安排	课程名称
1	第二学期	Englishes: Language Society Text Time
2	第二学期	Global Literatures in English
3	第二学期	Creative Writing
4	第一学期	Imagining the Black Atlantic
5	第一学期	The Idea of the Classic
6	第一学期	The Medieval Imaginary
7	第二学期	Literary Theory: An Introduction
8	第二学期	Screening Sexuality
9	第二学期	Novel Worlds
10	第一学期	Camelot: Text Stage Screen
11	第一学期	Creative Writing: Theory and Practice
12	第一学期	Australian Stage and Screen
13	第一学期	Postcolonial Modernisms/Modernities
14	第一学期	Modern Irish Literature
15	第二学期	Introduction to Old English
16	第一学期	The Literary in Theory
17	第二学期	The Brontes
18	第二学期	Advanced Creative Writing
19	第二学期	African American Literature
20	第一学期	Text, Action and Ideology
21	第一学期	Industry and Community Project
22	第二学期	Industry and Community Project
23	第一学期	Interdisciplinary Impact

续 表

序号	学期安排	课程名称
24	第二学期	Interdisciplinary Impact
25	S2CIJL	Interdisciplinary Impact
26	第一学期	English Honours Thesis 1
27	第二学期	English Honours Thesis 2
28	S1C	Approaches to Critical Reading
29	第二学期	Approaches to Literary History
30	第二学期	Approaches to Global English Literatures
31	第一学期	Approaches to Genre
32	S2CIJL	Shakespeare and His Contemporaries
33	第一学期	The Secret History of the Novel
34	第二学期	Critical Contexts for Creative Writing
35	第二学期	Introduction to Old English
36	第一学期	Language and Subject
37	第二学期	Introduction to Old English
38	第二学期	Approaches to Literary History
39	第一学期	Approaches to Genre
40	第一学期	Approaches to Critical Reading
41	第二学期	Approaches to Global English Literatures
42	第一学期	The 18th Century Novel: Theory and Example
43	第一学期	Language and Subject
44	第一学期	Dissertation Part 1: Creative Writing
45	第二学期	Dissertation Part 1: Creative Writing
46	第一学期	Dissertation Part 2: Creative Writing
47	第二学期	Dissertation Part 2: Creative Writing

续　表

序号	学期安排	课程名称
48	第二学期	Life Writing Workshop
49	第一学期	Creative Writing: Supervised Project
50	第二学期	Critical Contexts for Creative Writing
51	第一学期	Research Methods for Creative Writing
52	第一学期	Literary Culture: Sydney
53	第一学期	Writers at Work
54	第二学期	Literary Movements
55	S2CIJL	Shakespeare and his Contemporaries
56	第一学期	Poetry Workshop
57	第一学期	Fiction Workshop
58	第一学期	Old Norse
59	第二学期	The Idea of the South
60	第二学期	Sentiment and Sensation
61	第一学期	Modern Australian Poetry and Poetics
62	第一学期	History Writing in English, 1500-1900
63	第一学期	Wooing Women in Middle English Romance
64	第一学期	Reading Suburbia
65	第二学期	Shakespeare and Modernity
66	第二学期	Henry James and the Art of Fiction
67	第一学期	Creative Non-Fiction Workshop
68	一二学期	Academic English for Postgraduates
69	一二学期	Critical Thinking and Persuasive Writing
70	第二学期	Professional Writing
71	第一学期	Professional Editing

中心展痕

新闻评论创意写作中需要避免的几种"硬伤"

——以红网第二届全国大学生"评论之星"选拔赛作品为例

陆高峰[①]

新闻评论写作是对评论作者发现能力、判断能力、社会观察能力、写作表达能力和科学与社会人文学识的综合检验。通常认为论点、论据和论证是新闻评论的三个要素,事实上一篇优秀的新闻评论仅有这三个要素并不够,还要包括选题和结构这两个要素。也就是说,一篇新闻评论要在选题、结构、论点、论据和论证上均能达到"出人头地",才能堪称优秀。而这几个评价新闻评论优劣的基本要素,也是普通评论作者容易出问题的地方。

作为湖南省委、省政府重点新闻网站的红网举办的全国大学生"评论之星"选拔赛的发起人和连续两届评委之一,笔者在参赛

① 陆高峰,浙江理工大学史量才新闻与传播学院教授,资深媒体人、时评家,主要从事舆论传播研究及时评写作,浙江理工大学创意写作研究中心研究员。

作品评选中发现，一些大学生评论作品之所以没有获得好的成绩，大多是因为在选题、结构、论点、论据和论证方面存在这样或那样的“硬伤”。

一、论据中出现的“硬伤”

论据出现“硬伤”通常有论据违反常理、论据违反法律、论据不符合逻辑、论据错误、论据缺少新意和论据关联度低等几种情况。

（一）论据不符合社会伦理和常理

一位作者在论述“区分‘的、地、得’的用法没多大必要”的观点时，拿开放性婚姻来作为论据，认为只要夫妻双方都能接受，就没有必要反对。他在评论中写道：

> 站在道德制高点来看，开放式婚姻有悖忠诚，尤其是肉体忠诚；但抛开社会对于婚姻道德的普遍期待，只要夫妻双方能够彼此认可这种相处模式，同时可以在不伤害别人的前提下继续维持现有婚姻的平衡，这样的婚姻理念似乎也无可厚非。

作者的逻辑是清晰的，即开放式婚姻只要彼此认可又不伤害别人就没必要非议，“的、地、得”使用在大家认可又没有伤害的情况下当然也没必要反对。但是，他忘了一点，他论据中使用的开放式婚姻，不仅仅是夫妻之间达成默契的事，还是一个社会问题。在现有社会环境下，有违社会公德和常理，很难获得普遍认同。这样的论据显然无法支撑论点。

类似的论据不符合常理问题，在盐城交警劝说人们骑电动自行车要戴头盔的宣传中也存在过。2016年12月15日，江苏盐城市公安局交通巡逻警察支队官方微博@盐城交警 发布的两张交通规则海报的文案分别为：

1. 像我们这个年纪，骑电动车一定要记住戴安全头盔，否则会被开奔驰宝马的同学认出来。

2. 像我们这个年纪，骑电动车一定要记住停车不越线，否则在路口会被开保时捷、路虎的同学认出来。

这两则交通规则文案说理看似俏皮幽默，也很有创意，但是其使用的论据涉嫌嫌贫爱富，价值观有违社会公德常理，不仅不会被公众接受，还会受到批评质疑。

（二）论据不符合法律规定

新闻评论写作的目的是扬善惩恶，激浊扬清，合理合法是其最基本的要求。但是，很多评论并不能达到这个基本要求。

一个学生在论述怎样治理校园暴力、防止校园凌霸现象时提出的观点，竟然是“向校园凌霸说‘不’，‘以暴制暴’未尝不可”。这种提倡“以暴制暴”的说法，显然有违现有法律规定，甚至存在教唆校园暴力嫌疑。

另一个学生在论述“黑科技”软件不该被禁止时，使用了这样的论据——“也许有人会说：如果一方确实对婚姻不忠，另一方用该软件来取证，连法律都无法判定其侵犯对方隐私权，你凭什么认为该软件不应该存世？”

事实上，夫妻之间、父子之间，不管出于任何目的，采用软件等监听、监视其中一方,都涉嫌侵犯对方隐私。这是法律明确禁止的,而不是上述评论中所说的"连法律都无法判定其侵犯对方隐私权"。这种使用违反法律规定的论据,不仅没有说服力,也为法律所禁止。

(三)论据错误

网上经常会有嘲笑知识无用、读书误人的各种说法。其中最常用的段子是联合利华香皂包装生产线的例子:

> 联合利华引进了一条香皂包装生产线,结果发现这条生产线有个缺陷:常常会有盒子里没装入香皂。总不能把空盒子卖给顾客啊,他们只得请了一个学自动化的博士后设计一个方案来分拣空的香皂盒。博士后拉起了一个十几人的科研攻关小组,综合采用了机械、微电子、自动化、X射线探测等技术,花了几十万,成功解决了问题。每当生产线上有空香皂盒通过,两旁的探测器会检测到,并且驱动一只机械手把空皂盒推走。
>
> 中国南方有个乡镇企业也买了同样的生产线,老板发现这个问题后大为发火,找了个小工来说:
>
> "你他妈给老子把这个搞定,不然你给老子爬走。"
>
> 小工很快想出了办法:他花了90块钱在生产线旁边放了一台大功率电风扇猛吹,于是空皂盒都被吹走了。
>
> 这个故事告诉我们:(1)知识并不一定都是生产力;(2)能吹是多么重要。

这个段子从创意写作的标准来看,的确很有创意。但是作为表达观点的论据来使用就存在一些致命的缺陷，不仅存在偷换概念的弊端，而且还是一个虚构的故事。这个故事据考证是编造出来的。

（四）论据典型性、相关性不足

论据典型性强和主题相关性密切才更有说服力，在评论论据选择上必须尽量选择那些典型性、相关性较强的论据，这需要平常多积累。在重复掌握论据材料的基础上，才能好中选优，而不是以次充好，勉强应对。

一个学生在论述要加强雾霾治理时，使用了“人血馒头”这样的论据：

> 可以说当今英美良好的空气环境都是吃了前人的人血馒头，还记得谭嗣同被捕前说的那句话吗？“各国变法，无不从流血而成，今中国未闻有因变法而流血者，此国之所以不昌。有之，请自嗣同始！”所以如果想快速获得蓝天，没有人血馒头的改革是很难进行下去的。

也许作者暗含了治理雾霾必须要杀鸡儆猴的观点，但是，从他曲折隐晦的论证中，你很难领会其中的真实意图。这种论据显然不利于作者观点的表达。

相反，一个学生在论述规则的重要性时，使用了胡适的说法，就很有典型性和说服力。

> 一个肮脏的国家，如果人人讲规则而不是谈道德，最终会变成一个有人味儿的正常国家，道德自然会逐渐回

> 归;一个干净的国家,如果人人都不讲规则却大谈道德,谈高尚,天天没事儿就谈道德规范,人人大公无私,最终这个国家会堕落成为一个伪君子遍布的肮脏国家。

除了以上几种情况,论据中出现的比较常见的"硬伤"还有论据陈旧问题。比如论述孩子的重要性,就用孩子是"祖国的花朵"这样的论据。这种老生常谈的论据非常影响说理效果和读者的阅读兴趣。

二、论证中出现的"硬伤"

论证中出现的"硬伤"包括论证不符合逻辑、批驳的靶子虚假等。

(一)论证不符合逻辑

一名学生在论证我们中国足球水平低下问题时,认为原因是我们国内重视不够。他引用了国内一名足球解说员的说法:

> 如果你是家长,你会让你的孩子踢足球吗?
> 如果你是班主任,你会支持班里组建球队吗?
> 如果你是校长,你的学校有足球队吗?
> 如果你是市长,你知道你的城市有多少足球场吗?
> 如果你是房地产商人,你盖的小区里有足球场吗?
> 中国足球上不去,不是几名球员的问题,而是我们所有人的问题。

事实上，我们国内对于体育比赛项目非常重视，对于足球也不例外，从这些年花大力气引进国外知名足球教练就能看出，而且包括高层领导都十分重视足球运动。足球上不去绝不是因为重视不够。

从评论作者论证的逻辑来看，因为你们不重视——小区里没有足球场，班里没有组建足球队，等等，所以我们足球上不去。这个逻辑看似有理，但是，仔细想一想，我们小区不仅没有足球场，也没有排球场，班级里不仅很难组织起足球队，排球队也未必都有，但是，为什么同样条件下排球上去了，足球没有上去？显然不是因为重视不够。相反，马拉多纳等球星所在的小区里也未必都能自建足球场。

另一个学生在批评广东省发布了“志愿广东，信用南粤”广东志愿者守信联合激励计划举措的评论中，认为广东省“志愿者将可以享受升学就业优先录用、消费折扣、入户积分、优先申请廉租房等诸多便利和优惠”的做法，会因为“物质激励淹没了志愿精神”，同样不符合逻辑。物质激励也好，精神鼓励也罢，都是为了发动更多的市民参与志愿活动，物质和精神历来不是绝对对立矛盾的。

（二）批驳的靶子虚假

驳论是论证的常用手法。但是，一些评论作者通过驳斥别人观点来表达自己观点时，往往把别人的观点归纳错了，导致自己徒费精力去驳斥一个并不存在的观点，这种“大战风车”式的做法是驳论写作中最常见的问题。

一位评论作者在评论自媒体“刷阅读量”弊行曝光后，一些原本阅读量十万次以上的公众号纷纷“裸奔”的事件时，归纳出“一些人就此得出结论，‘自媒体完了’的言论再度占据公众眼球”的结论。事实上,绝大多数人没有通过少数造假自媒体的“裸奔”就得出“自媒体完了”的结论。因此,他无论如何驳斥这种“自媒体完了”,论述“泡沫的戳破不应该是自媒体的末日,反而是重生的良机”的观点,都是徒劳无益的。

我当时对这篇评论做了这样的点评:“作者以这样一个不存在的观点来批驳,事实是自己虚构一个‘盾’,然后用自己的‘矛’来戳这个不存在的‘盾’。既然靶子是虚构的且不堪一击,又怎能证明你的‘矛’锋利有力呢!”

一位作者批评海淀区教委在中关村二小欺凌事件发生后,发文要求各校成立“防止学生欺凌和暴力教育”工作小组的做法是“机构依赖症”,并认为这种“凡事先设工作组、特别办,依赖于设置机构去解决问题,某种程度上是行政系统机制失灵、治理无能的表现”。

事实上,这种工作组是临时协调机构,对于集中解决一些临时性问题有一定作用。这种工作组并不是那种固定占用编制、财力的机构,没必要非要和机构膨胀、机构依赖联系在一起。

除了论证逻辑和批驳观点虚设等问题,论证缺少效率和条理,东扯西拉,细枝末节太多也是论证中经常出现的问题。

三、论点立意中出现的“硬伤”

论点立意中出现的“硬伤”包括三点:立论陈旧,老生常谈;立意空洞,无法解决社会问题;就事论事,缺少提升。

(一)立论陈旧,老生常谈

立意缺少新意是评论写作中的常见问题,也是评论写作中最致命的问题。例如:一位作者在批评北京和平里医院两名护士在聊天中自曝戏弄重症病人事件时，其核心论点是“呼唤职业素养的回归”；一位作者在批评利用互联网诈捐现象时，提出的论点是“规范‘互联网+慈善’行为，无非两种手段，一靠自律，二靠严管”；一位作者在批评网民围观乔丹“出轨门”事件时，提出的观点是“警惕伦理与法律的错位”。这些评论立意几乎任何一个稍有常识的人都能够想到，这样老生常谈的评论显然没有多少价值。

（二）立意空洞，无法解决社会问题

一位作者在为如何治理校园暴力，消除“校园小霸王”问题时，提出的观点是用爱包容。

> 如果真的想做点什么，与其盲目跟风谴责曝光，倒不如在日常生活中做好自己，尽自己所能地传递温暖，用爱去关怀整个社会，将校园欺凌者包裹在爱中，化解掉其身上的戾气和暴力倾向。

虽说这种观点比起“以暴制暴”来更胜一筹，但是，“爱”不是万金油，如果解决任何事情都停留在“爱”的层面，就像解决任何事情都呼吁加强伦理道德一样空洞乏力。

（三）就事论事，缺少提升

很多评论写作没有深度和高度，很大原因就是作者停留在某一新闻事件层面，没有归纳同类事件，没有上升到一定的社会现实意义层面。比如，批评张靓颖母亲不该把儿女私事晒到网上，就只会就事论事，历数其母亲的不是。批评罗尔网络募捐事件，就反复叙述罗尔事件细节，然后事无巨细地加以辨析，看不到事件背后的

社会心理、互联网管理、医疗保障等更加重要的社会问题。

四、题材中出现的“硬伤”

题材中出现的最大“硬伤”是题材选择不准，超出自己的驾驭能力。任何一个评论作者都有自己的知识盲区和表达风格特点，这就决定了评论作者不可能对任何事情都发表看法，都写出评论作品。比如有的作者文笔较好，就适合写一些题材“轻软”的社会、文化和娱乐新闻评论。而一些作者专业和抽象思维能力较强，就适合写一些政治、经济等专业性评论和一些题材“正硬”的评论。

一位作者在批评一男子在重庆轨道交通2号线列车关门时突然强行冲门，结果脖子被门夹住的新闻事件时，写了一篇《我们究竟在急什么?》。这篇评论属于典型的题材轻软型社会评论，这样一些看似轻巧，有些“软”的评论题材，需要较高的语言表达技巧和丰富的材料积累，这样才能从平淡中见奇谲。但是作者缺少表达功力，语言材料平淡，这一题材显然超出了他的驾驭能力。

我在评审评语中以木心的《从前慢》为例，这篇同样是写“不要急”的文章，简洁而又有趣。

> 记得早先少年时/大家诚诚恳恳/说一句是一句/清早上火车站/长街黑暗无行人/卖豆浆的小店冒着热气/从前的日色变得慢/车，马，邮件都慢/一生只够爱一个人/从前的锁也好看/钥匙精美有样子/你锁了，人家就懂了

同样写“不要急”的评论还有童大焕《中国你慢些走 等一等你的灵魂》:

中国哟，请你慢些走，停下飞奔的脚步，等一等你的人民，等一等你的灵魂，等一等你的道德，等一等你的良知！不要让列车脱轨，不要让桥梁坍塌，不要让道路成陷阱，不要让房屋成危楼。慢点走，让每一位公民都顺利平安地抵达终点，每一个生命都有自由和尊严，每一位公民都不被“时代”抛下！

虽然表达意思一致，都是建议“不要急”的评论，但表达能力、表达水平，高下立见，非常人能比。

一位作者在写作一篇题为《为北京高校不再扩大办学规模点赞》的评论时，由于选题超出自己的材料积累和驾驭能力，写出的评论不仅流于表面，而且缺少可读性。这与作者的知识积累和表达风格不匹配都有关系。

还有一些常识性和专业性话题，在写作上也有更高要求。对于常识性话题，或者作者在写作中能有新材料，能够用新材料弥补观点的平淡，或者能够写出趣味，用趣味提升读者的阅读兴趣。否则，像“社交平台不应成为负面情绪的放大镜”“公民信息安全岂能置于法外之地？”“虚假‘儿童专用’商品，坑爹又坑娃”“遭遇低价游陷阱，别只怪‘老人太傻’”之类常识性选题，写出来只能味同嚼蜡。

一些专业性强的选题，在写作上更需要有研究积累。如果没有研究积累，非要赶鸭子上架去写一些专业性评论，要么是隔靴搔痒，要么是乱弹琵琶，乱开药方。如针对“我们需要怎样的儿童性别教育”“网络视频如何治理”等选题，就需要有很强的专业知识，非专业层次人来写，只能停留在高度重视、加强法制、提高道德等废话层面。

五、结构中出现的“硬伤”

题材选择的合适与否解决的是作者能不能写的问题,而结构问题和论点、论据、论证一样解决的是评论写作好不好的问题,其中,论点、论据和论证是评论的“血肉”,而结构是评论的“骨骼”。

评论结构中最常见的“硬伤”是结构不合理,甚至结构混乱。有的作者对文章结构缺少合理安排,或头重脚轻,或拖沓繁杂,或缺少变化。

例如《对温州民房倒塌事故别再一味感动》一文,虽然这篇评论题为“别再一味感动”,但前面六七段都是写与感动相关的内容,感动的部分占比超过一半,而文章主体反思部分不仅占比太少,而且还欠力度。这是典型的结构不合理问题。

一位作者在批评“全程监控教学”现象时,在开头和结尾采取改编歌词的写法。开头写道:“简单点,改革的方式简单点。全程的监控请省略,你又不是个演员,别设计那些情节。”改编几句歌词,用以表明作者对《中山大学关于全面深化本科教育教学改革提高人才培养质量的若干意见》这份文件中中山大学拟“对教学实施全过程监控”的态度。结尾写道:“别逼上课的师生即兴表演,什么时候开始没有了底线,顺着监控的眼睛,被动显得那么可怜。”同样借用改编歌词作结,表明全程监控教学绝不是深化本科教育教学改革、提高人才培养质量的良方。

这样的开头和结尾不仅冗长无趣,而且缺少变化,显然在写作表达和结构上缺少创意。

写好新闻评论,对作者的能力、素质和技巧都有很高的要求,而避免出现一些常规性、常识性失误,是最基本的要求。写好评论,不妨先从消除写作的不足,治好写作的“硬伤”开始。

新闻评论写作怎样出“新”

陆高峰

一篇好的新闻评论，除了紧扣社会热点和公众关注热点外，还要在选题、立意、论证、表达等方面具备创新意识，达到六个“新”，即新发现、新见解、新材料、新高度、新表达（新语言新手法）和新问题。

作为湖南省红网全国大学生“评论之星”选拔赛大赛发起人和连续两届评委之一，笔者在大学生参赛评论作品评选中发现，那些能够获得各评委一致好评的作品，无不是具有创新意识，在选题、立意、论证和表达等方面能够出新的作品。

一、选题创新：选题要有新发现，要能发现新问题

新闻评论通常是以新报道的新闻为评论由头，有的媒体在发表新闻评论时甚至规定必须以当天或者前一天发生的新闻事件为评论由头，以此保证新闻评论能够紧跟新闻和公众关注的热点。但是，这样做往往导致全国成百上千的评论员都扑在每天发生的少数新闻热点事件上，导致选题严重扎堆、撞车现象。比如，“罗尔

事件”发生后，大家都来评论罗尔网络募捐的合法性和伦理问题，“北京中关村二小霸凌事件”发生后，大家又同时开始批评校园暴力现象。

一篇新闻评论如果在选题上和其他评论重复，而作者对这件事情又没有自己独到的见解、缺少新的材料和新的表达的话，那么基本上这篇评论只能是平庸之作。

要想在选题上创新，必须紧扣新闻热点，但是又要尽量避开大家都能看到的热点。这就要求评论员除了关注每天的新闻排行榜，还要独辟蹊径找一些其他评论员不容易发现的热点。

一是扩大新闻事件的搜索范围。尽量避开其他评论员都关注的新闻热点排行榜和重点新闻媒体，着重关注那些大多数评论员都注意不到的行业媒体和地方媒体。这些行业和地方媒体报道的新闻事件能够获得全国重点新闻媒体关注或者登上新闻热点排行榜往往需要一天左右的时间差。这个时间差是你在选题上获得出新，避免与更多人撞车，甚至成为独家评论的绝好时机。

二是避开那些过于火爆的热点，选择那些不太热，但是有重要社会意义的新闻事件进行评论。这样的次热点事件如果选择得当，经过评论员独到的点评，同样能够引起社会关注，而成为新的热点。如2007年1月5日，笔者就避开当天媒体报道的热点，而选择一个当天并不算热点，甚至不算是新闻的一条招聘启事——嘉兴日报为了探索新形势下媒体评论记者工作机制，以年薪十万元招聘评论部主任和评论记者的招聘启事，撰写评论《从年薪十万聘“评论记者”说起》和《年薪十万招聘与硕士下跪求职》等，在《中华新闻报》、香港《大公报》等媒体发表，并被腾讯、新浪等门户转载。其在搜狐博客发表后，也获得了近万次点击量。

三是评论员自己发现新闻自己独家评论。新闻评论虽然通常是以新报道的新闻为评论由头，但是并不排除评论员以通过自身研究观察或者亲身体验发现的新事实、新现象、新问题和新思潮等作为评论素材。新从事新闻评论写作的人往往只知道将媒体公开报道的新闻事件作为评论由头，而不知道自己亲身体验、发现的“新闻”也能作为评论由头。

笔者在新闻学核心期刊《青年记者》开辟的“高峰观察”专栏稿件，很多文章并非依托某一新闻事件，而是依托自己对当时一段时间的新闻热点观察或者社会关注的传媒问题作为评论选题。如2010年5月发表的《烂尾新闻与蛇尾新闻》不仅首次提出了烂尾新闻问题，并对烂尾新闻下了定义，而且引起了人们对烂尾新闻的广泛关注。如今烂尾新闻成为一个普遍使用的概念，这篇文章还被《杂文选刊(上旬版)》2010年第10期转载。

根据近期网络直播和主播出现的问题，笔者写作的《拿什么治理网络直播(主播)乱象》一文在“今日头条”号发表后，获得了二十九万次的推荐量和三万多次的阅读量。

本届“评论之星”选拔赛12月份的月度之星评选作品——杨喜喜同学的《套路化的新年献词，观众为何不买账》也不是来自当天的新闻热点事件，而是来自作者的观察思考。作者对每年“密集轰炸的新年献词，挣不脱仪式化的套路”现象进行批评。批评这种“让人无感的新年献词，逐渐让观众越来越不买账”，“这种约定俗成的贺岁方式，既让观众日渐麻木，也在稀释媒体人最初的新闻理想”。这篇评论也因为选题独到，加上作者较好的文笔而获得评委一致好评。

本届“评论之星”选拔赛中蒋梦雨同学的《改变死亡观，让缓和医疗不再举步维艰》，看到了癌症晚期患者如何面对死亡，如何“能实现少痛、体面而有质量的‘尊严死’”问题。这个话题有较好的社会现实意义,是一个值得关注的问题,同样也获得评委好评。

二、立意创新:立意要有新见解,要能升到新高度

好的新闻评论还要有新意,要对新闻事件有新的见解,这是新闻评论存在的价值基础。否则,一个新闻事件,人人看了都知道其中的问题,人人都能看到其中的意义,何必还要看你的评论。这就要求新闻评论要能看到别人看不到的问题,想到别人想不到的见解。然而,真正能够做到这一点的评论并不多,大多数评论都停留在人云亦云的浅表和平庸层面。

如批评老师变相向学生推销书籍的都在呼吁加强师德建设,批评雾霾严重的都呼吁加强治理,批评大学生“裸贷”的都呼吁女生自重,如此缺少新意的评论甚至不如网络新闻下面一条机智尖锐的网友点评或吐槽更有价值。

本届“评论之星”选拔赛中一些作品没能获高分,多数是因为缺少独到的见解。如《围观“出轨门”:警惕伦理与法律的错位》,从标题就可以看出作者的切入点是伦理和法律,这几乎是每个人都能想到的。而《“互联网+慈善”需信息公开来净化》一文中提出的观点,“规范‘互联网+慈善’行为,无非两种手段,一靠自律,二靠严管”,同样是有些常识的人都能想到的。

好的评论除了见解要新,还要有高度,要有超越一般层面的见识。这样才能提高评论的价值,体现评论员的专业水准,特别是一些专业性和非热点性评论,更要有专业高度。在本届“评论之星”选拔赛中一名同学写了一篇《我们需要怎样的儿童性别教育》评论。从标题和评论事件选择上看都不具备热点性,而偏向专业性。但是,由于作者缺少对这个话题的深入研究,评论缺少专业高度。

我给的点评是："专业问题不能泛泛而谈，泛泛谈不出新意。"

另有一名同学的评论《不要让物质激励淹没了志愿精神》，批评广东省新推出的"广东志愿者守信联合激励计划"提出"志愿者将可以享受升学就业优先录用、消费折扣、入户积分、优先申请廉租房等诸多便利和优惠"政策，认为政府物质激励"淹没了志愿精神"。虽说这个观点有新意，但是缺少必要的见识。志愿者在原有的精神激励基础上，如今又有了物质激励，岂不是更有利于扩大志愿者群体，更有利于社会获得更多的志愿服务，何来"淹没"之说?!

可见，评论员不但要喜欢评头论足，还要有专业素养，要有专业见识，甚至要知道什么是自己能说的，什么是自己驾驭不了、不能说的。笔者在新闻评论课堂上给学生举过一个例子，有人曾经对高铁是否提速到每小时三百五十千米进行网络投票，结果百分之九十以上的人投给了赞成提速或者反对提速，其中赞成的又占大多数。只有百分之几的人选择了专业问题要进行专业论证选项。这说明我们大多数人习惯于发表意见，但是缺少必要的舆论素养，无法对自己的观点负责任。

三、论证创新：有新材料，表达要有新手法

新闻评论往往依托新闻事实，如果仅仅停留在新闻报道的奇闻怪事或者新鲜爆料等层面，或者仅仅围绕事件做一些点评，也就失去了价值。对于那些选题已经和别人撞车，观点表达也在大多数人都能想到的层面的评论，更需要在材料组织和表达技巧上进行创新。有些评论虽然观点是老生常谈，但是因为其使用的论证材料说服力较强或者更加新鲜，同样可以弥补观点和选题平淡的弊端。

强德平同学的《公考重拳打的就是公然漠视规则者》，虽然选题和立意并不十分新鲜，但是他很会组织材料，比如他在文中使用了胡适的话作为论据，即“一个肮脏的国家，如果人人讲规则而不是谈道德，最终会变成一个有人味儿的正常国家，道德自然会逐渐回归；一个干净的国家，如果人人都不讲规则却大谈道德，谈高尚，天天没事儿就谈道德规范，人人大公无私，最终这个国家会堕落成为一个伪君子遍布的肮脏国家”，以此来论证规则的重要性，一下子切中要害，使他获得了本届大赛11月份的月度之星。

对于一些新闻热点性不强，以及一些软性的社会新闻，由于社会关注度不高或者社会意义不如那些国计民生或者突发事件等价值大，只有在表达技巧上出新才能补拙。笔者2007年7月发表的《给三枪击中劫匪头部的德惠警方之“贺词”》一文针对的事件就是当年德惠警方的一起营救人质事件。由于营救人质事件时有发生，通常的批评营救不力等往往落入俗套，笔者在写作手法上进行创新，通过“表扬”“祝贺”的方式进行讽刺，起到了意想不到的效果。

笔者2004年看到当时日本首相小泉文凭造假新闻事件时，也不是采取通常的批评小泉人品的做法，而是采取反向思维，发掘其中社会监督机制完善的正面价值，看到“日本媒体为了维护民众的知情权，敢于‘在太岁头上动土’，这种没有‘为尊者讳’的精神是真正的‘阳光’举动，是媒体实施监督的积极表现”等正面意义，写出了《小泉文凭造假新闻的正面意义》一文，发表在当时的《外滩画报》等媒体上。

笔者获得北京市杂文奖一等奖的作品《不妨正面解读市长电脑抵嫖资案》，同样是通过反弹琵琶的方式，通过德国市长嫖妓用电脑抵嫖资，无法实现“吃喝嫖赌全报销”的清贫事件，看到了“德国政府对‘一把手’权力制衡的有效性”，看到了“德国警察部门毫不含糊的秉公执法作风”，看到了“诸如舆论监督、反腐有效等值得借鉴的因素”。

相比于人们每天喜欢阅读新闻或者关注奇闻怪事来说，新闻评论并不是人们信息消费的必需品或刚需品。这就要求新闻评论必须出新，有新的观点、新的材料、新的见识、新的表达，给人以新的启发，才有可能引起人们的关注。

论虚构写作作为创意思维训练的方法

肖　泳[1]

创意思维(Creative Thinking),被认为是人类所拥有的“取之不尽的可再生资源”[2]。创意思维所带来的创新性不言而喻,也因此容易使人们产生误解,认为创意思维就是从无到有的创新思维过程。说从无到有,就一种新创意的出现而言,的确如此。但是,仔细观察就会发现,构成这个新创意的思维材料要素,并非这个地球上绝无仅有的新事物,而只是已有的材料要素的新排列组合形式或者新角度而已。因此,创意思维的关键在于,如何启动思维,突破已有成见的监控,放开想象力,让那些看上去陈旧的材料要素获得一种新秩序,组成新的形式而重新出现。脑神经科学家发现,当人们进行创意性思考时,大脑中负责自我监控的那部分处于休眠状态,自动关闭了对新想法进行抑制的功能,让想象力自由驰骋,

---

① 肖泳,浙江理工大学史量才新闻与传播学院副教授,浙江理工大学创意写作研究中心研究员,主要从事美学与创意写作教学与研究。

② 蒂娜·齐莉格:《斯坦福大学最受欢迎的创意课》,秦许可译,吉林出版集团有限责任公司2013年版,第4页。

这种现象在艺术活动,比如爵士乐手表演时,表现得非常明显。[①]艺术活动能够启动创意思维,本文并不想再次论证这个观点,而是希望借助这个观点指出,作为与艺术活动有相同功能的虚构写作对创意思维训练的方法意义。

一、虚构与创意思维

16世纪的英国诗人和学者锡德尼在《为诗辩护》一文中从"诗人"的希腊文词源上来解释其与"创造"之间的关系,他也是文艺复兴时期最早对诗的创造性进行明确肯定的诗人之一。锡德尼的观点在维柯的《新科学》中进一步得到强有力的支持。维柯断言,人类文明源于早期先民的诗性智慧。他较细致地对诗性智慧进行了不同分类,这种源于对未知自然的恐惧,以及强烈肉体想象力的自然智慧,使部落中最杰出的少数人为族群建立了最初的制度。这正是人类文明开始的标志,也产生了最早的历史叙述——神话故事。到荷马的时代,诗性智慧已经发生了分野,荷马是英雄诗人的典范,他接过流传至他手中的、已几经修改的神话故事,使它具有了最完善的虚构性。维柯描述了诗如何从真实的叙述到神话故事,再到虚构的发展过程,荷马因此从古到今被盛赞为"把谎说得圆"的最伟大的诗人。[②]或许我们从维柯在词源上对"记忆"一词进行的语言分析,能较清楚地看到虚构与创意思维之间的关系。在拉丁文里,记忆与想象是一回事,"记忆有三个不同的作用,当记住

① 蒂娜·齐莉格:《斯坦福大学最受欢迎的创意课》,秦许可译,吉林出版集团有限责任公司2013年版,第5页。

② 维柯:《新科学》,朱光潜译,人民文学出版社1986年版,第404页。

事物时就是记忆,当改变或模仿时就是想象,当把诸事物的关系做出妥帖安排时就是发明或创造”[①]。对于虚构写作来说,正是通过模仿,把诸事物的关系重新做出妥帖安排。

创意思维有三个显著特征:一是突破成见陈习;二是极大胆的想象力;三是新形式的出现。有人认为创意思维是不可学的,实际上,脑神经科学的研究表明,人类的大脑结构天生就有潜在进行创意思维的功能,关键在于如何激活和开发它。[②]在写作教学中,我们发现,虚构写作特有的模仿、重新安排事件秩序及想象力的综合运用等特点,对创意思维是极好的训练。

二、诗歌写作与创意思维

人们通常认为诗歌创作是少数有天赋的人的事业,诗歌中的佳作往往与不可思议的灵感有关。但是,源远流长的文学传统对诗艺的各种研究,已越来越多地揭开了诗歌创作的神秘面纱,写诗并不是不可学的。

首先,诗歌写作需要想象力。人的惰性使人在没有外在刺激的时候,想象力也处于休眠状态,诗歌,无论是写作还是鉴赏都可作为一个契机,使人不得不运用其想象力。诗歌特有的隐喻性表现的特征,使得写作者必须在本体与喻体之间构设一种联系;而本体与喻体,也即能指与所指之间的关系,有时是接近的,有时却天遥地远相差不止十万八千里,这一巨大的落差正是想象力驰骋的

---

① 维柯:《新科学》,朱光潜译,人民文学出版社1986年版,第399页。

② 蒂娜·齐莉格:《斯坦福大学最受欢迎的创意课》,秦许可译,吉林出版集团有限责任公司2013年版,第4—5页。

空间。

其次，诗歌的惯例与如何突破惯例是每个创作者的必经之路。无论哪个民族，都有其特有的诗歌传统，它包括韵律系统，也包括独具特色的象征体系，它们共同构成的惯例夯筑了诗歌世界的基础。这种惯例的存在，一方面，以较为确定的形式回答着“什么是诗歌”的问题，令初学者和爱好者进入其中有如进入安稳可靠的家园；另一方面，这种惯例同时也成为规定诗歌创作的有形藩篱，令创作者在安于其稳定界限的同时难于拓展新疆域。对于诗歌传统有自觉意识的创作者来说，当他/她清楚认识到横亘在创作面前的传统藩篱是什么时，也将激发他/她对突破藩篱做出尝试。

在一次诗歌写作课上，我随机给出了四个词语——塑料袋、高架桥、稻田、封面女郎，要求学生写一首诗，必须包含这四个词语。有一个学生，最初写的诗主要是“稻田”的意象，仍然在“稻田”能指与“收获”这一表征生命喜悦的所指之间建立习惯性的联系。我认为没有新意，问他为什么不换个角度，甚至从完全相反的角度来写。这名学生的角度转换得非常大胆，把田地里割倒的稻子比喻成战士死亡的尸体，稻田是一片鲜血染红的战场，瞬间便使“稻田”具有了生与死的象征意义。这样的一种写作训练，使学生体会到即使同样的词语“稻田”，仅仅换个角度，把“生”作为所指转向把“死”作为所指，就在能指形式上完成了意想不到的重新排列，呈现出令人震撼的意象效果。

三、小说写作与创意思维

作为虚构写作的典型文体，小说写作比诗歌具有更多的模仿性特征，表现在需要大量具体的细节，以及由诸多事件而产生的情节安排上。在写作教学中，虚构写作对写作者的需求显然比其他类型写作更复杂；并且与其他类型写作，如实用写作不同的是，虚构写作并无真实发生的事实因素作为基础来进行思维，必须调动写作者已有的知识储备和素养，在“空无”的基础上凭记忆和想象来建构故事的楼阁。

首先是作为虚构的故事，必须构想一个故事发生的背景。故事是发生在过去、现在还是未来？时间的设定基本决定了小说的类型，发生在过去的是历史小说，现在的是当代小说，而未来的则是科幻故事。故事发生地则具有地理、文化的意义，对写作者的知识水平和文化素养提出了高要求。

其次是人物。人物从来不是脱离环境的超然仙子，现实主义的创作原则，即“典型环境中的典型人物”任何时候都是有效的。

最后是叙述技巧。当把环境与人物、人物与人物关系构思妥当，希望人物在特殊环境里悲欢离合、生离死别，或者经历各种奇遇与冒险、险象环生时，怎样把各种事件与时间、空间巧妙糅合，从而叙述得引人入胜？我们就发现，虚构写作真是一个思维上的浩大工程。

我曾经在写作课上以“一次旅行”作为故事起点，让学生进行故事接龙，按座位顺序由前面的学生提出人物、时间和地点，后面的学生依序编织故事情节。这虽然是一次即兴发挥的课堂练习，但是，学生们也发现，如果不把前面同学给定的人物、时间及环境要素充分考虑进去，随意编织情节，那么很容易导致故事漏洞百出，难以为继。此外，除人物性格与环境因素的决定性之外，什么样的事件可作为推动情节发展的动力，也让学生们颇费心思。受时下影视剧“穿越”“一夜情”情节影响，学生们感觉构织情节困难时，就抛出这类事件。很快他们发现这样的情节并不是适合每个人物的，当不适合的时候，它们只会让故事“死”得更快。

集体完成的故事接龙，主要让学生们建立起推动情节发展的“动力”意识，而更多细致的思考则需要每个学生在自己的写作练习中进行。我曾布置过一个虚构写作作业，为一个给定的故事开头，续写完成这个故事。学生们展开大胆的想象和严密的思维，交上来的故事令我大为惊讶。其中有一个学生构思了父子交换身体的情节，这远远早于今年大热的日本动画片《你的名字》。

除了在情节上开动脑筋，对叙述形式感兴趣的学生，则在技巧上精心探索，有学生发现了“重复”这种叙述修辞可以形成故事的节奏美，使小说整体表现出叙述的流畅与轻松。

当然，不少学生通过一次虚构写作发现了自己的不足。

四、结语

通过诗歌与小说等虚构写作的练习，作为一种创意思维训练方法，我认为有以下突出的特点：

第一，这样的练习为想象力的展开提供了充分契机。

第二，这样的练习是一个调动学生记忆材料和知识储备，并使之获得某种艺术形式的思维过程。

第三，在运用思维材料使之符合某种形式的过程中，这样的练习使学生发现严密思维的重要性。

第四，这样的练习使学生完成了如何从分散的材料中发现联系，并使之获得富有意义的组织形式的创意思维过程。

上述特点都是创意思维中的决定性因素。因此，虚构写作对创意思维是一个非常有效的训练方法。

论大众文化反馈回路中的创意写作教学

肖　泳

首先要解释一下“大众文化反馈回路”。对“大众文化”的界定，本文既借鉴法兰克福学派有关文化工业的相关阐述，也借鉴伯明翰学派雷蒙·威廉斯的观点。法兰克福学派，以阿多诺对文化工业的批判为代表，大众文化被认为是技术手段支持下的、标准化的、工业流水线上的、生产的文化商品，目的是通过控制消费来获取商业利润价值。大众文化的本质是商品，其生产与消费依赖强大的技术支持，至于商品质量，其追求并非审美的或反思性的伦理价值，但是却以审美的假面来掩盖其商品的经济利益目的，达到商品消费的效果。

雷蒙·威廉斯对大众文化的阐述则比阿多诺积极得多。首先，文化是一种整体的生活方式。其次，大众文化是现代社会随着“大众”的出现而为大众所生产为大众所享受并由大众创造的文化。虽然他承认大众文化中存在低俗的趣味，但是总体上他反对阿多诺式的对大众文化的指责。

本文并不想就上述两种观点展开对大众文化社会学意义的讨

论,仅从当前大众文化已有的现实基础讨论它对创意写作教学的影响,以及创意写作教学面对的文化现实是什么、作为教师能够做些什么。

我们面对的大众文化,正如法兰克福学派所描述的,是大众在强大的技术支持之下生产、传播和消费文化产品的文化民主的现实。主要产品如电影、IP剧、动漫、网游、网络文学等。由于三大不可或缺的决定性因素的存在,完全可以不夸张地说,文化的确是在文化工业之中。这三大因素分别是资本、技术工具、工业化生产。文化的生产、传播和消费已经形成巨大的网络。单从生产到消费路径来看,它们已生成因果链条关系,即根据消费来计划生产,再以生产促进消费,循环往复形成回路。在电子技术中,这样的网络关系被称为反馈回路。传播学也借用此术语来描述信息的传播及传播效果。当前的大众文化现实就是,我们每个人既作为生产者,也作为消费者处于这一反馈回路中。本文借"反馈回路"这一术语来描述在大众文化传播影响之下的创意写作教学的当下处境。

创意写作教学,参与课程的教师和学生都处于大众文化的反馈回路中。其表现是,教师面对的学生是被标准化的、工业流水线所生产出的文化商品传播影响之下的文化消费者,他们的意识形态、审美趣味、思维定向,已经被大众文化商品所笼罩和渗透。

而教师所面对的课程性质,则要求必须启发和提高学生的想象力,调动其个人体验和突破惯常意识形态的思维。

大众文化商品为了迎合消费者追新逐异的戏剧化冲动(故事化),对戏剧性的追求目前已经达到有史以来的极致,出现穿越剧、跨物种之恋等。当这种戏剧性成为标准化元素不断用来生产文化产品时,戏剧性反而走向其反面,进入消费者的日常意识。在学生的创意思维中,不合逻辑的戏剧性元素渐渐作为日常意识进入写作构思,对此他们却毫无觉察且缺乏批判意识。

我的教学中,有一个课堂设计是故事接龙,给定的框架是“旅行”。比如,一个人物,要去某地。人物角色由学生来设计,时间地点也由他们设计,然后大家轮流对这个人物的旅行进行想象和添加情节。开始接龙之前我一再强调,每个同学接龙的时候都要考虑旅行的可持续性,让故事尽可能“长寿”,不要因为不合逻辑的添加而让故事快快地“死掉”。但是,每一次,学生们都遏制不了他们在大众文化反馈回路中获得的戏剧性元素——已经化为日常意识的头脑反应,很冲动又快乐地加上穿越、同性恋、变身、一夜情、谋杀、生化试验等这些很不寻常但其实已经很俗烂的情节套路,结果就是编不下去,早早让故事“死掉”。我很失望,我的失望打击了他们编故事的热情,所以师生不欢而散。

当然,一两次失望之后,我也调整了自己的情绪和思路,不表现失望,同时让学生反思自己的表现,意识到这种思路其实并不具有创造性。教学有一定效果。学生意识到他们看的影视剧是无创意的,因此构思上开始有意偏离影视剧、动漫套路。我的做法是:回到日常逻辑。虽然是创意写作课,但是我要求他们放下那些神话性的元素,穿越、变身、精灵、跨物种之恋,统统不要,就是作为一个有常识的普通人,遇到比如旅行中钱用光了该怎么办这种日常际遇中,动脑筋进行行动和事理的建构。虽然这样的扭转让学生感到困难,因为他们很缺少实际生活经验,但是不少人也体会到其中坚实的逻辑,回到日常才是进行创意的开始。

"工坊制"写作人才培养机制浅谈
——以浙江理工大学为中心

薛亚军　宫　富[①]

作为一项人类创造活动和重要技能,写作具有人生自我实现、综合素质提升、信息传播高效等功用,同时也是大学人才培养,特别是文科生实践能力培养的重要内容。[②]"工坊制"作为西方历时百余年、行之有效的创意写作培养方法,[③]近年来在国内也进行了程度不一的实践。本文以浙江理工大学为中心,对这一高校写作人才培养途径进行初步思考和探索。

---

① 薛亚军,浙江理工大学史量才新闻与传播学院副教授,浙江理工大学创意写作研究中心研究员;宫富,浙江理工大学教授,法政学院、史量才新闻与传播学院副院长,浙江理工大学创意写作研究中心研究员,主要从事现当代文学研究和公文写作教研。

② 董小玉、梁多虎、蒲永川:《现代基础写作》,西南师范大学出版社2003年版,第4—5页。

③ 许道军、葛红兵:《创意写作:基础理论与训练》,广西师范大学出版社2012年版,第35页。

一、"工坊制"实施的基础

"工坊制"并不是小班化、讨论式以及写作活动的简单拼合,其施行必须在认识上、实践上和基础条件上具备一定的基础。

从认识方面讲,经过多年的写作学理论学习、写作实践和写作教学工作,我们对于写作和写作课的认知已发生根本性的变化。写作不仅是一项技能,而且是一种交流工具、一种思维训练、一种自我实现手段;写作课程不仅是传统的写作理论学习和写作技能训练的简单相加,写作训练也不仅是写作技巧和修辞运用的练习,而是培养创新思维和批判思维的有效手段,是自我认知并形成价值判断和理性精神的主要方式,还是自我实现的途径之一。只有突破传统认知,从更高的层面上重新认识写作和写作课程,才能由观念的变化引发变革的愿望以及实践的可能。

在实践方面,经过充分调研和多年教学实践,我们对"重知识、轻实践""重共性,轻个性""重写法,轻创意"的传统授课模式进行了深入反思,切实认识到"讲授+练习"的中文系写作课教学方法对学校兴趣和教学效果的负面影响。况且,"轻实践"和我们的课程性质、"轻个性"和我们的学生特点,"轻创意"和我们的社会需求均有很大矛盾。因此,在过程教学、思维训练、课外拓展、创意激发等方面,我们进行了多方尝试,积累了比较丰富的经验和教训,完成了从事"工坊制"写作课程改革的前期工作。

在条件准备上,"工坊制"是由写作专家即作家牵头开展的写作人才培养活动,所以专门的师资队伍建设是第一要务。2003年浙江理工大学即引进两名国家一级作家启动写作人才培养工作,2005年开始"工坊制"写作人才培养探索,2007年9月正式实施写作优秀人才选拔与培养计划。为了使写作人才培养更趋系统化，学校还聘请了兼职教授，从而完成了创意写作三个方向的师资准备。此外，学校将写作实验班纳入其优秀人才培养体系，也为“工坊制”的开展创造了比较好的客观条件。

二、“工坊制”的内容及特点

“工坊制”，有人理解为一种工作、教学和学习单位，即类似于教学组织和团队的性质，[①]有人理解为一种教学方法。我们的“工坊制”是依托学校优秀人才培养计划、校级创意写作研究中心及创意写作教研团队，以“写作坊”为中心，以“创意场”和“实战法”为两翼的创意写作人才培养机制。其具有以下特点：

第一，“工坊制”培养机制的核心是“写作坊”，它是写作人才培养的模式。

“写作坊”是以所聘两类驻校作家为导师（专职和兼职），采取小班化、师徒制培养写作人才的模式。“写作坊”实际上是作家写作坊，其核心是以作家为写作培养导师，我们的团队即是以导师为中心构建的。导师团队包括李杭育、朱晓军和李森祥等三位国家一级作家，其创作领域覆盖散文写作、小说写作、纪录片写作、纪实特稿写作、报告文学写作以及影视剧本写作等多个方面，他们是人才培养的中坚力量。团队的第二个层面是助教团队，基本上由学校中文系承担写作课程的教师组成，主要协助导师组织教学活动、指导学生完成写作任务、帮助导师处理学生作业等。团队的第三个层面是管理团队，主要负责协调教学计划、配置教学资源、主办创

① 许道军：《故事工坊》，中国人民大学出版社2015年版，第2页。

意写作杂志、组织创意写作比赛以及每年一届招生工作等。我们具有得天独厚的导师资源优势：李杭育是中国当代文学史上“寻根派”文学的重要代表，朱晓军曾获得鲁迅文学奖（报告文学，2007年），李森祥的《卧薪尝胆》获得第二届首尔国际电视节最佳长篇电视剧奖、第四十七届蒙特卡洛国际电视节提名、亚洲国际电视节提名。

我们“写作坊”设置的写作方向主要有小说散文、纪实特稿和影视剧本三个方向。在所培养的写作方向方面，三位导师具有互补性，也有一定的交叉性，比如散文创作方面朱晓军和李杭育有交叉，小说及影视剧本写作方面李杭育和李森祥也有交集，这种交叉和互补对最大程度发挥“工作坊”作家群效能有益处。

小班教学是中外“写作坊”共同采用的授课方式，浙江理工大学“工作坊”的小班化教学，班级规模控制在五至十人，教室配备实物投影仪以便随时投影师生作品。

“写作坊”的目标不仅仅是为社会培养具有良好创意写作能力的写手，更是要培养具有综合素养的人才。我们的作家“写作坊”积极容纳了中国传统的师徒制人才培养方法，采用师傅带徒弟、言传身教的方式传道授业解惑，承继我国历来专业人才培养中人品与技能并重的教育理念，即首先培养学生做人，其次培养学生成为具有工匠精神的专门人才。这种模式既突破西方创意写作工坊（Creative Writing Workshop）的单一课堂组织形式，又不同于上海大学的写作实验班和夏令营，也在一定程度上弥补了缺少创意写作学科背景的现实条件。

第二，“工坊制”培养机制的引擎是“创意场”，它是写作人才培养的方法。

写作首先是一种创造性活动，写作教学自然应该把创意训练放在首位,因此"创意场"的营造是写作课堂教学的重中之重,也是我们教学改革的亮点。"创意场"是通过围绕某论题或者作品的讨论、陈述、辩论、展示等,在课堂上营造创意氛围,从而拓展师生创新思维、激发写作灵感的写作教学方法。在学生之间、师生之间、师生与校外专家之间,以面对面、视频对话方式,以远程通信及多媒体等手段,通过对选题、立意等前写作问题的讨论,通过对师生作品的品评,在课堂上形成回环往复、立体互动、多重碰撞的创意场域,从而取得立意与写作结合、教学相长、学创一体的积极效果,进一步激发师生创作潜能,促进师生写出更多更好的作品。

上述创意引领的营造"创意场"的教学方法吸取了西方写作过程教学法的优点,凸显了前写作(写什么)和后写作(评论)的重要性,实现了写作法和教学法的有机融合,从而使写作课堂高度互动、亲切热烈且充满活力和吸引力,最终较好地克服了传统写作课堂不重视创意训练的不足,解决了写作课程任务推进缓慢、枯燥乏味、吸引力不足等问题。

此外,在更具体的教学方法上,我们的教法体现了导师个性和所授体裁的特点,表现出一定的丰富性。比如,特稿写作课程主要采用讨论式,散文小说写作主要采取作品评点的聊天式,等等。不管具体采取哪种方法,最后的指向都是激发学生的个性创意,鼓励学生进行个性化、创造性的写作。

第三,"工坊制"培养机制的方法是"实战法",它是写作人才培养的实践环节。

不论是作家"写作坊"的模式,还是营造"创意场"的方法,具体目标是学生能写出作品。如何写出优秀的虚构或非虚构作品就需要进行实战训练。

在"工坊制"的改革与实践中,我们根据不同的方向特点形成了三种不同的写作训练方法。第一种是订单式写作，即根据部分报纸杂志的风格特点和用稿偏好，指导学生进行定向创作并发表作品，如此日积月累，学生在加入某一媒体作者队伍的同时，也成为这些媒体的潜在从业人员；第二种是高标准写作，即根据某种文学体裁本身的特点，指导学生写出能达到或基本达到较高水准的作品，然后修改后推荐发表；第三种是合作式写作，即导师和学生共同完成某一作品，比如纪实特稿，由学生完成采访和初稿工作，导师进行补充采访及深度加工，然后发表。

“实战法”执行过程中，导师个体经验会起到重要作用，这也是学生最为受益的地方。“实战法”的实施有时还通过与创意写作实践基地的项目合作来完成。“实战法”让学生提前介入当下多业态的创意文化产业，不仅提高其写作水平，而且能提升其从业能力，而提前参与媒体的运作，也能使学生在多出作品的同时，了解市场，熟悉文化创意行业，从而最终实现创作与社会的密切联系，培养与就业的无缝接轨。

“工坊制”写作人才培养机制的优势是理论教学和实践教学的有机结合，课堂教学和课外实践的良性互补。比如，在特稿写作方向培养中，导师充分利用新媒体手段使师生有了更好的互动平台，QQ和微信上的互动实现了对课上内容的补充。

“工坊制”培养机制具有目标明确、方向清晰、方法实用、运作高效的特点，解决了知识传授与实践能力培养脱节、学校培养与社会需求脱钩，以及所培养人才缺乏个性、缺乏情怀的问题。

“工坊制”培养机制还具有灵活性。因为得到浙江理工大学优秀人才培养计划和教学管理部门的有力支持，我们的“工坊制”写作人才培养从招生到授课完全自主，既没有招生人数的最低限制（有的时候仅五人左右），也没有烦琐的教学考核，不需要进入网上教学系统。

经过十多年的教学实践和机制探索，浙江理工大学以“一核两翼”为特色的“工坊制”已经初步证明是一种与创意思维特点、写作活动规律和高等教育目标相适应的写作人才培养机制。

三、“工坊制”的成效

作为较早在国内探索并实施“驻校作家”制度及“工坊制”写作人才培养的单位，浙江理工大学所施行的“工坊制”，既囊括国外作为写作课体系的写作工坊及作家坊，又不同于国内一些高校的学科平台或选修课程（如上海大学创意工坊），更不同于一些大学尝试的中文专业的方向培养（如广东对外经贸大学），它把西方写作工坊的师资特点、课堂形式和中国师徒制的传统手工业培养方式进行整合，形成了自具特色的写作人才培养机制，这一教学改革和实践取得了一定的成效。

第一，搭建了多维写作平台。我们围绕“工坊制”，打造了分类培养卓越写作人才的写作平台。该平台横向主要由纪实特稿、散文小说和影视剧本三个区块构成，纵向每个区块均由写作教学、写作研究和创意写作等三个部分组成。这个平台的创新点在于它形成了浙江理工大学创意写作“教·学·研·创”相结合的培养格局。

第二，形成了“创意场”“实战法”等教学方法。营造“创意场”和写作实战训练的教学方法融汇了威斯顿和格兰顿的四类教学方法，即教师中心方法（讲授法、谈话法）、相互作用方法（讨论法）、个体化方法（习作专讲）和实践方法（练习法），极大地提高了写作课堂效率。这种混合型的教法可以激发学生的创作兴趣，可以强化团队的创意意识，可以实现教学相长的效果。

第三，培养了社会需要的写作人才。“工坊制”共培养学生两百余名，这些学生或在《浙江日报》社、浙江广电集团、浙江在线、家庭期刊集团、《知音》杂志社及浙江影视公司等单位实现了较大比例的高端就业，或于澳大利亚墨尔本大学、香港中文大学等国内外高校继续深造，或活跃于其他创意文化产业。

第四，发表了不少高质量作品。“工坊制”所培养的学生共发表作品两百多篇，有些作品发表于全球综合类期刊排行前三的《家庭》杂志、前十的《知音》杂志上，有些作品发表于《钱江晚报》《都市快报》《文学港》《妇女》《莫愁》《华夏女工》《华西都市报》《杭州日报》等有一定影响的报刊上。学生作品曾多次获得各种荣誉和奖项，一些作品曾被国内有影响的报刊转载。在“工坊制”机制下，教师的创作热情也得到激发，创作成果丰硕，共计出版虚构、非虚构作品近二十部，部分作品成为畅销书，并荣获包括鲁迅文学奖在内的若干重要奖项，入选浙江省文化精品工程扶持项目资助。

第五，形成了一定的影响。我们在“工坊制”写作人才培养机制上探索和实践，解决了过去写作教学中存在的一些问题，获得了写作学研究专家以及高校同行的认可，获得了学生所从业媒体的充分肯定，也获得了学生的较高评价。作家写作坊师生的作品取得了良好的社会效益，产生了积极的社会影响，浙江省各大主流媒体、门户网站对我们的培养模式做过报道。当前，浙江理工大学的“工坊制”培养机制在本科生写作人才培养方面系浙江唯一，在全国也处于领先水平。

四、结语

我们依托学校优秀人才培养体系和创意写作研究中心，立足个性化、创造性和实践性等创意写作理念，充分发挥驻校作家优势，采取创新“写作坊”、营造“创意场”、推行“实战法”等方法，培养了一批创意产业领域的优秀写作人才，形成了具有一定特色的写作人才培养机制。在这个尝试的过程中，我们积累了一些经验，但也有不少问题没有得到解决，或者说没有得到彻底解决。[①]

第一，如何扩大受益面的问题。一项教学改革，不论是学校管理部门还是项目组本身，最关注的是学生受益面的大小。写作的本质是创新思维训练、自我认知手段、潜能发掘途径和理性完善方法，写作课程为师生互动、创意交流、表达自我的场所，“工坊制”培养机制又提供了写作人才培养的平台。但是，作为一种人才培养机制，当前其受益面受到各种主客观因素的限制，其中之一就是这种培养机制不能纳入本科生的专业培养计划中。目前我们采取的与本科生培养计划并行的“双轨”形式，在二者相冲突的情况下，只能让位于专业培养计划。因此，为了让更多的学生获益，也为了打造中文专业的特色，我们正尝试在汉语言文学专业中设立创意写作方向，希望通过这种方式找到“工坊制”培养的小班化特点和受益学生最大化之间的平衡点。

第二，如何发挥示范作用的问题。通过十多年来的教学实践和教学改革，我们的写作教学理念、方法和实绩得到了兄弟院校的充分肯定，所取得的教学成果也得到了国内从事写作学研究、从事写作教学的专家学者的高度认可，在浙江以至国内也形成了一定的影响力。“工坊制”写作人才培养机制及其具有创造性的教学方法既拓宽了写作人才培养的途径，又提供了创意人才孵化新的可

① 宫富、薛亚军、苏志俭：《“驻校作家”制度与创意写作人才培养》，《中国大学教学》2016年第5期，第27—31页。

能，对写作课程的改革具有示范意义，对高校文科教育以及国家创意人才培养也有借鉴作用。但是，如何发挥这一教学成果的示范作用，仍是摆在我们课题组成员面前的问题。

第三，如何打造研究特色的问题。因为这个培养机制是教学、创作和研究的有机结合，目前我们在创作和教学甚至教学研究方面做了一些工作，也取得了一些成果，但是如何通过创意写作研究推进教学和创作，并进而打造写作人才培养特色，这是我们正在积极寻求突破的问题。

此外，还存在师资队伍青黄不接、多方投入不够等现实问题。这些亟待解决的问题需要花费更大的精力、更多的时间去交流探讨。

（该文刊发于《广播电视大学学报》2017年第1期）

后　记

后 记

编辑这部书的初衷是希望有一本能够体现浙江创意写作研究现状，反映在浙高校创意写作教研水平，展示浙江理工大学创意写作研究中心人才培养及学科探索成果，同时能够为国内创意写作深入开展提供借鉴的书。

这本书稿内容上的特点有三：第一，浙江高校从事写作教育的教师关于写作人才培养的新近论文尽量裒集；第二，浙江理工大学创意写作研究中心的相关论文尽量收录；第三，有关文学创作、创意写作学科以及创意写作教学这三方面的内容尽量覆盖。

在组稿的过程中，曾得到浙江理工大学朱晓军和李杭育两位国家一级作家的鼎力相助，得到杭州电子科技大学人文社科处处长王轻鸿、浙江农林大学文法学院副院长彭庭松、温州大学中文系主任易永谊的大力支持，也有幸得到浙江省各高校作家教授包括浙江工业大学肖瑞峰、浙江海洋大学倪浓水、杭州师范大学郭梅、浙江师范大学常立、浙江传媒学院叶炜、温州大学东君、绍兴文理学院钱刚等老师的积极响应，得到在浙高校从事写作教学教研的一线教师的慷慨赐稿。

可以毫不夸张地说，这部论文集可以代表浙江高校创意写作研究的最新成果和实际水平，它对于浙江以及全国其他地方的创意写作课程建设、创意写作人才培养以及更进一步的创意写作学科发展有望带来切实的帮助和有益的启示。

薛亚军

于浙江理工大学25号楼1518室非遗研究所

2021年5月19日